KB146083

사고력 함양을 위한
국어교육 설계

사고력 함양을 위한

국어교육 설계

이 상 태 지음

도서
출판 박이정

저는 지난 40년 동안 두 가지에 초점을 두고 우리말을 탐구를 해 왔습니다.

하나는 우리말 문법에 대한 이론적 탐구입니다. 대학시절에 새 문법 이론을 소개하는 글을 대학생 연합 논문발표 대회에서 발표한 일이 있었습니다. 그때 여러 어른들의 격려를 많이 받으면서, 생성 이론을 우리말 연구에 적용하고 그 연구 결과를 논리와 사고력을 계발하는 것과 통합할 수 없을까 하는 데 대한 생각을 오랫동안 많이 해 왔는데, 그 결과가 제가 쓴 여러 편의 접속어미 연구 논문에 반영되어 있습니다.

또 하나는 우리말 교육에 관한 탐구였습니다. 제가 다닌 중고등학교가 사범대학부설학교였고, 교사로서 처음으로 일한 곳도 그 학교여서 수많은 국어교사와 교육실습생들을 만날 수 있었습니다. 그리고 1970년대 초에는 국민학교 과학 교과서를 편찬하는 일을 도우면서 과학 교과서를 자세히 들여다 볼 기회가 있었는데, 그때 과학과의 교육과정 구성이 국어과와 너무나 다르다는 점을 발견하고, 국어과의 교육과정을 국어과답게 구성하는 데 필요한 고민을 많이 하였습니다. 그 고민을 1978년에 책으로 묶어서 당시 문교부 편수관들에게 보냈고, 이를 계기로 1980년 문교부에서 4차 국어과 교육과정을 만드는 데 직접 참여했습니다.

이어서 다섯 차례에 걸쳐 국어교육 과정이 바뀔 때마다 그것을 고치는 데 참여하였고, 또 고등학교용 작문 교과서를 만들어서 국어과 교육 과정을 학생들의 논리적 사고력이 신장되는 쪽으로 실질적으로 이끌어 가고자 노력해 왔습니다.

국어과 교육과정을 고칠 때마다 저는 국어교육의 영역을 둘로 간추려서 하나를 '논리적 사고와 표현' 영역으로, 또 하나를 '문학' 영역으로 잡아야 더 효율적인 국어교육이 가능해진다고 늘 생각해 왔습니다. 모국어는 무엇보다 사고(思考)의 도구라는 점과 아는 만큼 말하고 쓸 수 있을 뿐만 아니라, 듣고 읽는 만큼 생각이 더 치밀해지고 깊어진다는 점을 생각하면, '논리적 사고와 표현'을 국어과 활동의 중심에 두지 않을 수 없습니다.

이 책에는 이와 같은 저의 생각이 바탕에 깔려 있습니다. 대여섯 해 전부터 저는 국어교육 현장에서 부딪치는 논리적 사고와 표현 교육에 대한 문제를 해결해 보려고 여러 편의 글을 써 왔습니다. 그러나 제가 워낙 머리가 작고 소견이 좁은 데다가 게으르기까지 해서 지금껏 그 일을 뚜렷이 해결하지 못하고 있었는데, 주변의 여러 벗들이 "혼자 고민하지 말고 이런 문제들을 함께 생각할 분들도 많이 있을 터이니, 설익은 생각들이라도 묶어서 내어 보이면 함께 이 일을 해결할 수 있는 계기가 되지 않겠느냐?" 하고 여러 차례 권하기에 그간에 써온 글을 모아서 이렇게 책으로 묶게 되었습니다.

제가 예전에 처음 썼던 책이 한자나 어휘 수준의 국어교육에서 말과 글 전체를 표현하는 수준의 국어교육을 실시하는 쪽으로 이끄는 데 조금이나마 기여를 했다면, 새로 펴내는 이 책은 학생들이 국어를 모국어로써 대상을 더욱 정확하게 인식하고, 이를 바탕으로 바르게 추리하고 해석하면서 자신이 전하고자 하는 말을 하고, 남의 생각을 주체적으로 따져서 들으며, 나아가 자기 자신의 삶을 보다 풍성하게 가꾸어 나가는 쪽으로 국어교육을 설계하는 데 초석이 되기를 바랍니다.

끝으로 출판 시장의 현실이 어려움에도 불구하고 원고를 책으로 출판할 수 있는 기회를 주신 박찬익 사장님, 그리고 거친 원고를 이처럼 깔끔하게 편집해 주신 편집부원들께 감사드립니다.

2010년 10월 1일

이상태

차 례

03

사고력을 기르는 독서 교육

04

'사고＋문법＋논리'의 융합을 위하여

05

국어 정책

01

한겨레의
말 쓰기

자연 상태로서는 각 겨레가 쓰는 말은 개가 짖듯이, 꿀벌이 8자 춤을 추듯이 자연적 삶의 필요를 충족한다. 개나 벌의 말과 사람 말의 차이는 어휘수와 정보 통합의 크기에서 볼 수 있다. 옷 입고 밥 먹고 집에서 잠자는 삶에 필요한 정보가 동물들보다 많은 것이다.

말은 사고의 도구이기 때문에 삶과 앎을 반성적으로 가꾼 겨레는 그만큼 어휘가 풍부하고 정보 통합이 치밀하다. 소크라테스나 플라톤이 자기네 말을 가지고 정신적 삶의 터를 넓혔고, 르네 데카르트(1596-1650), 프랑시스 베이컨(1561-1626), 임마누엘 칸트(1724-1804)가 자기네 말로 자기네 정신적 삶의 터를 넓혔지마는, 자립형 종합학교를 연 이황(李滉 : 1501-1570)이나 불교나 유학 철학에 관심이 많던 이이(李珥 : 1536-1584)는 주희(朱熹 : 1130-1200)의 형이상학을 자기 겨레말로 번역하지도 않았고 자기네 말로 개념 정리를 새로이 하지도 않았다.

다행히 인간은 겨레 사이에 보편적 이성이 있기에, 그리고 남의 말들이라도 우리말로 번역이 가능하기에 그런 외국인의 사고 세계를 지금은 우리가 우리말로 어느 정도 살필 수 있게는 되었다.

1

한국어에 관한
인식의 깊이와 한국 문화

1.1 들머리

오래 전 일이다. 남들이 조상의 무덤치장을 한다, 빗돌을 큼지막히 놓는다해 쌓길래 나는 돌아가신 어른들의 행적을 찾아 글로 엮어 일가 아이들에게돌려 읽어 보게 하려고 옛 문서들이 든 궤짝을 뒤져 보았다. 그 속에서 내국민학교 때 상장이 하나 나왔다. 두꺼운 종이에 세로로 노란 줄을 긋고 그곳에 세로로 '賞狀 / 優等賞 / OOO / 右者는 品行이 …' 라고 씌어 있었는데왜정 때 받은 작은아버지의 것과 어쩌면 그 글의 틀이나 글자가 그리도 닮았는지, '-는, -이' 따위 토만 일본 글자에서 우리 글자로 바뀌었을 뿐이었다.

광복이 되고 우리말을 되찾게 되었다든지 정치·사회적 여건이 변했다든지해서 왜정 때와는 크게 달랐을 테지만, 십년 가까이 지나도 글로 적은 문화의틀은 말끝 '-는, -이' 정도로 바뀌는 데 그치고 있었구나 하는 생각이 들어자못 착잡했었다.

여덟살짜리 아이에게 주는 정보체 치고는 포장이 너무 딱딱하여 그걸 뜯어볼 수는 도저히 없었을 터이다. 광복 후 반세기가 된 지금은 사정이 많이 바뀌었다. 개인이나 사회의 여러 부면을 두고 볼 때, 말과 글이 백성에게 쓱 다가간 쪽도 있고, 과거로부터 진 빚이 많아서 아직 백성에게 덜 다가선 쪽도 있다. 또 우리의 시야도 많이 넓어져서 연변을 비롯한 중국이나 옛 소련 지역, 미국과 일본 지역에 우리 겨레가 많이 살고 있고, 이들 모두를 싸잡는 정보 공동체를 위한 말과 글의 통로도 필요하게 되었다. 이런 점에서 우리말과 글에 대한 인식을 사회의 각 부면은 어떻게 하고 있는지 살펴보는 것은 더욱 질 좋은 문화를 이룩할 터전을 다지는 일이 될 것이다.

1.2 겨레와 겨레말

말은 개인과 겨레에게 여러 가지 구실을 한다. 말은 생각과 느낌을 표현하는 도구이며, 생각과 느낌을 형성하는 도구이기도 하다. 말에 의해서 생각과 느낌이 구체적으로 고정되기 때문이다. 또 말은 겨레를 겨레답게 덩이짓고, 겨레의 문화를 형성하는 중요한 도구가 된다. '겨레'란 일반적으로 피로써 연결되고 삶의 방식과 가치가 통하며 이에 관한 상호소통이 자연스레 이루어지는 동아리를 말하는데 이것은 주로 그가 쓰는 말에 의해 다른 무리와 구분된다.

가장 자연스런 상태를 두고 볼 때 누가 어느 겨레에 속하는가를 나타내는 본질적 지표는 그가 쓰는 말이다. 왜냐하면 특정의 겨레말 속에는 삶의 방식과 세계를 바라보는 안목과 태도가 녹아 있고, 아이는 그 말을 익히는 과정에서 그런 것들을 은연중에 습득하게 되기 때문이다. 말이 개인의 겨레됨의 표상인 또 다른 이유는 모국어를 선택하고 태어나는 사람은 없다는 사실에 있다. 이는 마치 아비를 선택하고 태어나는 사람이 없는 것과 같다. 인간은 태어날 때 후자에 의해 육체적 삶의 조건을 부여받고, 전자에 의해 정신적 삶의 조건을 부여받는다. 보통 대다수의 사람들은 그의 모국어가 잡아 놓은 만큼의 터전 위에서 삶을 영위하게 된다. 전문적인 학자나 문인들은 모국어가 마련한 삶의 터전을 더욱 넓히고, 주춧돌을 더욱 든든하고 바르게 놓는 사람들이지만 그래도 마치 피아니스트가 피아노를 버릴 수 없듯이 학자나 작가가 모국어의 한계를 영 저버릴 수는 없다. 오히려 피아니스트가 피아노로 낼 수 있는 소리 폭과 소리 특성에 더욱 충실함으로써 그가 더욱 위대한 악기의 질난이[마에스트로]가 되듯이, 작가나 학자도 모국어의 한계를 가능성으로 바꾸어서 그 특성에 충실하여야 도구의 주인됨[to master]과 숙달됨[to command]에 이를 수 있다.

세계에는 삼천이 넘는 겨레말이 있다고 하는데 각 겨레가 그 말을 쓰는 데에는 많은 차이와 등급이 있다. 겨레말의 등급은 겨레가 그 말을 얼마나 일찍 인식했는가, 얼마나 철저히 총체적으로 부려쓰고 사랑해 왔는가에 따라서 생긴다. 말이 그 겨레에게 온전히 봉사하기 위해서는 우선 글자가 있어야 하고 이를 통하여 문학과 역사의 기록이 정착되고 계승되어야 새로운 창조도 가능해지는 것이다. 말이 겨레에 봉사하는 최상급은 고유의 글자로 삶의 역사와 앎의 터를 종교 경전으로 응축시켜 지니고 있음을 우리는 몇몇 언어에서 보고 있다.

우리의 경우는 글자의 제작이 500여 년 전으로 일본과 몽고와 만주에 뒤떨어져 있고, 문학과 역사의 기록도 역시 그러하다. 고유의 종교 경전이 없음은 물론, 외국의 종교도 그 경전을 한글로 번역한 것은 극히 최근의 일인 바, 불교와 기독교를 놓고 볼 때 종교 신자의 해당 종교의 교리에 대한 이해도는 그 경전 번역의 순서와 완성도에 비례하는 것이 아닌가 생각될 정도이다. 온 겨레가 대중가요를 즐겨 '가요무대'라는 프로그램이 교포가 있는 곳마다 불티나게 팔린다고 하는데, 고유의 종교가 없는 곳에 이것이 겨레의 시편 구실을 하는 것이 아닌가 여겨지기도 한다.

우리 고유의 글자를 만들어 지닌 지는 500여 년에 불과하고, 통치의 통로로 고유어를 쓰기 시작한 것은 반만년 역사에 이십 년이 채 못 되지만 현재 우리 말과 그것을 가장 과학적으로 표현하는 한글은 겨레 문화의 계승, 번역, 생산에 현저한 구실을 하고 있다. 이 짧은 동안에 사회의 각계각층에서 우리의 말과 글에 대한 인식의 변화는 매우 괄목할 만한데, 그 방향은 민주사회에 걸맞도록 모든 사람이 문화생산에 참여하는 길을 열기 위해서 겨레의 '총기억 부담량'을 줄여가는 쪽으로 바르게 잡혀가고 있다.

여기서는 사회의 몇몇 부면에 걸쳐 말글에 대한 인식의 변화를 따져봄으로써 우리 말글의 발전 방향을 점검해 보기로 한다.

1.3 한글의 인식과 의사소통의 통로

말과 글은 겨레의 의사소통의 수단이다. 여기서는 정부의 국민에 대한 의사소통과 국민 사이의 의사소통 통로로 쓰이는 한글에 관한 인식의 변화를 살펴보겠다.

지금 다시 글자 문제를 들먹이는 것은 매우 쑥스러운 일이나 아직도 한자를 쓰는 신문들이 많으므로[1], 또 그것 때문에 고통 받는 사람이 많기에 이 이야기를 하지 않을 수 없다.

베이컨이 지적했듯이 지식은 통치의 정당한 힘이 될 수 있기 때문에, 그리고 글자는 지식을 저장하고 전달하는 수단이기 때문에, 역사적으로 글자는 통치와 불가분의 관계에 있었다. 일찍이 최현배는 이를 다음과 같이 옳게 지적했다. "인류 사회의 글자의 구실은 그 처음에는 다스리는 계급이 다스림을 받는 계급을 지배하는 데에 도움이 되는 일이었다. 모든 살아가는 도리와 다수 사람을 휘두르는 방법을 그 글 속에 간직해 두고, 소수의 사람만이 이를 배워 지위와 권력과 명예와 이익을 독차지했다. 이런 현상은 어느 나라, 어느 글자를 막론하고 봉건 사회에서 공통된 일이었다."

한글을 만든 세종도 이를 통치의 직접 통로로 쓸 생각은 하지 않았다. 백성을 순치하고 교화하기 위해서 훈민정음을 사용하고, 왕조실록이나 국가 경영의 본들은 모두 한문을 썼는데 봉건사회에 걸맞게 훈민정음의 통로와 '경국정

---

1) 이 글은 1994년에 쓰였다. '한겨레신문'이 1988년 5월 창간하면서 한글로 가로쓰기를 시작했으나 1999년 3월에 가서야 '조선일보'가 가장 늦게 한글 가로쓰기 편집으로 바꾸었다.

자(經國正字)'이라 할 한문 통로가 2원적으로 쓰였다.

백성의 의식이 깸에 따라 이에 비례하여 한글의 쓰임이 넓혀졌다. 연산군 시대에는 백성이 한글 대자보도 붙였고, 다급한 문제가 생기면 왕도 한글 담화문을 발표했음이 드러났다. 임진왜란 때 왜적에 붙어 정보를 주고 힘을 빌려 준 우리 백성이 많아서 골칫거리였다. 이들을 귀순시키기 위해서 만든 한글 윤음(綸音)이 커다란 임금도장이 찍힌 채 경주 부근에서 발견되었다. 말이 부드럽고 백성 사랑하는 마음이 가득하여 광복된 뒤 정부의 담화문과 크게 대조가 되므로 아래 이를 소개한다. [맞춤법과 띄어쓰기만 고쳤음]

> 백성에게 이르는 글이다.
>
> 임금이 이르시되, 너희 처음에 왜에게 후리어서 인하여 [함께] 다니는 것은 네 본 마음이 아니라, 나오다가 왜에게 들려 죽을까도 여기며, 도로 의심하되, 왜에게 들었었으니 나라이 죽일까도 두려워하여 이제까지 나오지 아니하니, 이제는 그런 의심을 먹지 말고 서로 권하여 다 나오면 너희를 각별히 죄주지 아니할 뿐 아니라, 그 중에 왜를 잡아 나오거나 왜 하는 일을 자세히 알아 나오거나 후리인 사람 많이 더불어 나오거나 아무런 공 있으면 양천을 논하여 벼슬도 하일 것이니, 너희 생심도 전에 먹던 마음을 먹지 말고 빨리 나오라.
>
> 이 뜻을 각처 장수에게 다 알렸으니 모두 나오라. 너희 설마 다 어버이 처자 없는 사람일따! 예 살던 데 돌아와 예대로 도로 살면 우연하랴.
>
> 이제 곧 아니 나오면 왜에게도 죽을 것이요, 나라이 평정한 뒤면 너흰들 아니 뉘우치랴. 하물며 당병(唐兵：중국군)이 [온 나라에] 가득 있어, 왜 곧 빨리 제 땅에 아니 건너가면 합병하여 부산 동래 왜들을 다 칠 뿐 아니라, 강남 배와 우리 배를 합하여 바로 왜나라에 들어가 다 분탕할 것이니 그 적이면 너희조차 쓸려 죽을 것이니 너희 서로 일러 그 전으로 쉬 나오라. 〈만력 21년 9월〉

나라 이름을 '대한제국'으로 고치고서 고종은 1895년쯤 통치의 통로를 한문과 한자 섞어 쓴 글과 순한글의 셋으로 잡았는데, 이는 백성의 힘이 그만큼 커졌다는 증거였다. 그러나 왕조의 멸망과 함께 흐지부지되었다.

광복 뒤 백성이 주인됨을 표방한 체제에 걸맞게 통치의 통로를 한글로 정하는 법이 일찍이[법률 제6호, 1948년 10월 9일] 정해졌으나 그것을 만든 국회나 그것을 지켜야 할 정부나 오래 동안 지키지 않았음은 다 아는 사실이다. 그럼에도 한글 맞춤법 파동을 일으킨 장본인인 이승만 대통령은 한글 통로의 정착에 상당히 적극적이었다. 여러 차례 한글 통로만 쓰자고 권한 이분은 1957년에 국무회의 의결로 '한글전용 실천요강'을 만들어서 공문서나 간행물은 한글로 쓰라, 기관의 현판과 모든 표지를 한글로 고치고, 관청의 도장도 한글로 새기라고 지시했으나 왜정교육의 골을 겨레의 물로 씻지 못한 지식인들이 당시까지 왜정의 물이 깊이 배어 있던 신문들을 앞세워 심한 반대를 폈다.

10년이 지난 1968년에 다시 '한글 전용 촉진 7개 사항'을 박정희 정부에서 발표하는데, "1970년 첫날부터 행정 입법 사법의 모든 문서와 민원서류에 한글을 전용하라, 언론 출판계에 한글만 쓰기를 적극 권장하라, 1948년의 '한글 전용에 관한 법률'을 개정하여 그 단서 조항을 빼자, 각급 학교 교과서에서 한자를 없애라, 고전(古典)의 한글 번역을 서두르라."라고 지시했고, 이때에야 비로소 정부의 한글 전용은 본궤도에 오르게 되었다.

어느 시대에나 최고 통치자의 한글 전용에 대한 의지는 매우 강했으나, 백성의 삶과 직접 관계가 있는 중간 관리나 백성의 삶에 터를 두고서 문화를 발전시켜야 할 지식인들이 그 일에 훼방을 놓거나 소극적이었음을 알 수 있다. 주로 왜정시대에 한자를 일본어로 익힌 이들이 보인 한계라 할 것이다.

'몰래 술 담가 먹지 마라'는 정부의 담화나, '물이 깊으니 들어가 헤엄놀이를 하지 마라'는 경고 따위를 모두 한자로 적어서 그걸 읽지 못하는 어른이나 아이에게 보라고 붙여 놓았으니, 쇠귀에 경 읽기도 아니고 무슨 코미디를 하는 것도 아닌 담화 행위를 우리는 한참이나 했었다. 이 시대 행정부가 담화 행위에 많이 쓴 말은 '무슨 法, 第 몇 條, 몇項에 依하여 嚴重 處罰한다'는 살벌한 문구였다. 은행에 예금한 제 돈을 찾을 때도 '이만 원'을 '貳萬 원'이라고 적지 않으면 안 되었던 불편하기 짝이 없는 시대를 우리는 겪었다.

단순히 글자만 한글로 써서는 안 된다는 생각이 해방 30년 뒤에야 들었다. 그래서 정부나 여러 기관에서 일본식 용어를 우리말로 바꾸는 작업을 시작하여 지금은 상당한 성과를 얻고 있다.

한글은 세계 글자들 가운데 가장 과학적인 글자라고 하면서도 한글만 쓰기를 반대하는 학자들이 있다. 이런 이중성은 신문이 한술 더 뜨고 있다. 독립신문이 창간된 날을 '신문의 날'로 잡아 놓은 것은 그 고귀한 정신을 이어받자는 뜻일 것이다. 그토록 정부가 한글만 쓰기를 권해도, 독립신문의 창간호가 밝힌 '우리 신문이 …… 다만 국문으로만 쓰는 것은 상하귀천이 다 보게 함'의 정신은 외면하고 있는 것이다.

요즘 신문들은 그 체제의 번잡함으로 극치를 이루고 있다. 한글과 한자를 섞어서 쓰고 있고, 신문의 기사와 아래 광고의 판짜기가 다르며, 속에 어느 면은 또 가로짜기가 되어 있다. 세로로 왼쪽으로 읽는 원칙이 가로로 걸린 제목에 이르러는 거꾸로다. 예전 신문은 한 원칙뿐이어서 본문이나 광고나 가로 제목이나 모두 '세로로 왼쪽으로'원칙만 지켜졌다. '김일성 사망'이란 가로 제목은 왜정 때나 해방 직후 같으면 '亡死 成日金'으로 썼을 것이다.

한국인 2, 3세나 한국학을 공부하는 외국인이 우리 신문을 읽으려면 골치 아픈 일이 한둘이 아니다. 가로로 읽을까 세로로 읽을까가 면마다 다르고 위치마다 다르며, 한국어를 힘들여 배워도 한자를 다시 익히지 않으면 모든 것이 허사가 된다. 다 불필요한 일이요 괜한 기억 부담량의 증가일 뿐이다.

신문에 나는 내용을 방송으로 들을 때, 아나운서의 말이 한자로 바뀌어 듣는이의 눈에 박히지 않아도 우리는 잘들 이해한다. 이런 괜한 기억 부담량의 증가, 또는 접근상의 어려움을 조장해 놓으니 세계에 퍼져 있는 교포 2세나 한국학도에게도 우리 문화에의 접근을 더디게 하고 못 하게 하는 중요한 요인이 되고 있다. 1996년 4월 7일은 독립신문이 태어난 지 백 돌이 된다. 그 '신문의 날' 이전에 우리 신문들은 독립신문의 정신을 깊이 새겨 이런 잡스러움과 정보 접근의 불필요한 어려움을 벗겨 내어야 할 것이다.

1.4 여러 학문에서의 고유어 인식

인간 생활과 자연 현상을 체계적으로 기술하고 규칙을 찾아내는 학문은 말을 통하여 그 과정과 결과가 표현된다. 학문들은 저마다의 개념 체계가 있고, 그것은 그에 상응하는 단어로 표현된다.

자생적으로 학문을 발전시킨 겨레는 학문의 말과 일상의 말에 차이가 있을 수 없다. 일상의 젖소와 학문의 젖소가 다를 수 없고, 농부의 벼농사와 농학의 벼농사가 다를 수도 없기 때문이다. 그러나 학문이 남의 나라에서 수입될 때에는 사정이 전혀 다르다. 농부는 벼농사를 짓고, 농학자는 '稻作'을 연구한다고 하며, 실제 생활에서는 '젖소를 기르고' 있지만 축산학과의 교과서에서는 '乳牛를 飼養'한다고 하여 같은 일과 사물을 두고 말이 겹으로 생기게 되는 것이다.

우리말 어휘의 가장 큰 특징은 이런 다중 체계에 있다. '아버지'와 '부친' '자네 아버님'과 '자네 춘부장'에서부터 '혀뿌리'와 '설근(舌根)'에 이르기까지 한 개념에 말이 두 겹, 세 겹으로 존재하는 것이다. 이것이 겨레에게 불필요한 기억 부담량을 크게 늘려 창조적 문화생산을 가로막고 있다.

일상의 말이건, 학문의 말이건 간에 담론은 어휘로 이루어진다. 어휘는 담론을 이루는 원소인데 이것이 겹으로 되어 있으니 일상의 담론은 의사소통에 큰 장애가 되고, 학문의 담론은 그 들머리인 술어 익히기 단계에서 모든 힘을 다 빼고 만다.

어느 학문이든지 술어는 그 학문으로 들어가는 들머리에 놓인 연장이면서 그 연구를 마무르는 결정체이기도 하다. 학문은 대상을 쪼개고 합치고 하여 개념[뜻의 넓이]을 정확히 잡은 뒤에 그것으로 대상이 되는 세계를 기술하고 규칙을 찾는 작업을 하게 되는데, 이런 과정의 들머리와 마무리의 술어들을 겨레의 말로 쓰지 않으면 학문의 본질에 접근하기가 그만큼 어려워진다.

이런 데 대한 반성이 몇몇 분야에서 이루어져서 큰 성과를 얻고 있음에 우리는 주목한다. 조국 광복과 더불어 우리나라의 식물이름을 체계적으로 분류한 박만규님[2]의 덕으로 린네식 분류에 '미나리과'니 '꽃상추과'니 하는 고유어

이름이 실리게 되었다.

박물관은 어린이나 어른이 자주 가서 공부하는 곳이다. 옛날에 조상들이 쓰던 물건들을 진열해 놓았는데 그 이름을 '高杯, 釵, 長頸壺, 耳餌'로 써 놓았으니, 대다수의 겨레가 알 턱이 없었다. 도대체 이런 물건들을 사용한 이들이 그렇게 불렀을까도 생각해 보아야 한다. 1980년대에 이 분야의 학자들이 모여 이들의 이름을 '굽잔, 뒤꽂이, 항아리, 귀걸이'로 바꾸어 [원래대로] 달기로 결의하였다.

이를 본받아 서양글을 쓰는 학문들도 그 술어를 고유어로 바꾸는 움직임을 보이고 있다. 대한화학회는 1987년 술어를 바꾸는 모임을 만들어 'blind test'를 '어림시험'으로, 'product ion'을 '딸이온'으로, 'accepter'를 '받개'로 고치는 등 그 학문에 접근을 더 쉽게 해 주려는 노력을 하고 있는데 이는 크게 평가받아야 마땅하다.

이 땅의 대학교육 역사로 볼 때 상당히 일찍 시작된 농학이나 의학, 지리학 계통 등에서는 그런 변화를 보이지 않고 있는데, 그 학문들의 겨레삶과 가까운 정도를 고려하면 안타깝기 그지없는 일이다. 반면에 최근에 컴퓨터 계통의 술어들은 고유어로의 번역에 관한 논의가 매우 활발하고 그 성과 또한 상당한데, 이들 두 양상, 즉 한 쪽은 늦게 들어와 겨레에게 적극적으로 다가서고, 한 쪽은 일찍 들어왔으나 겨레에게 멀리 동떨어진 채 있는 상반된 두 모습을 보면 많은 것을 생각하게 한다.

꼭 싸잡아 그렇다고 말하기는 어려우나, 왜정시대에 들어와 안정된 체계를 이룬 학문들은 대개 그 때의 술어체계를 고집하고 있다. 농학 계통이 그렇고 의학에 쓰이는 신체나 뼈 이름이 그렇고 지리학과 경제학 계통의 용어들이 그렇다. 그 때의 교육의 분위기는 지금과 달라서 학문의 말은 겨레 일반의 말과 달라야 한다든지, 그런 개념 익히기를 학문 자체와 혼동하는 수준에 학자가 머무르고 말았다든지, 더 나아가서 일반 겨레는 무지몽매하므로 이를 끌어올려야 한다든지 하는 등 가르침과 배움의 마당에 덮씌워진 이데올로기

---

2) 박만규(1976) "개부랄꽃은 요강꽃으로 고치고", 『뿌리깊은나무』 1976년 5월호.

가 있었고, 그것을 부지불식간에 익혀서는 이로부터 벗어나지 못 하는 게 아닌가 하는 생각이 든다.

1970년대 후반기에 그 때 내가 가르치던 학교의 식품가공학과 교수 한 분이 서울의 어느 대학에 박사학위논문을 내었다. 지도교수가 그 논문을 보고서 하는 말이 "자네 논문은 한자가 많다. 누가 번역해 주지도 않을 것이고 하니 국문과에 가서 말을 좀 다듬어 보라."고 하더라는 것이다. 그래서 가지고 왔는데 보니, 우리 간장의 맛 분석에 관한 것이었다. '甘味, 鹽味, 苦味' 따위의 말도 있어서 그는 이를 '감미, 염미, 고미' 등으로 고치자고 하니 이상하다는 것이다. 내가 '단 맛, 짠 맛, 쓴 맛'으로 고치면 다 해결될 것이 아니냐고 했더니, 그의 말이 가관이었다. "어찌 일반인이 쓰는 말을 논문에 써서 학문의 품격을 떨어뜨리려 하느냐?"라고 하면서 내가 나쁜 마음을 지닌 듯이 감정적으로 대드는 것이었다. 남의 학문 분야의 두 얼굴을 보고서 내 마음이 매우 착잡했었다.

후진국에 선진국의 새 물결이 들어갈 때는 그 물건의 이름도 따라 들어가기가 쉽다. 마찬가지로 후진국에 선진국의 학문이 들어갈 때도 그러하다. 그러나 물론 두 경우가 꼭 같은 것은 아니다. 우리나라에 '껌, 텔리비전'이 들어올 때는 그 말도 따라 들어오기가 더 쉽다. 그러나 우리가 '草地學'을 외국에서 배워 연구할 때는 그것이 '풀밭'이나 '쇠꼴' 연구이며, 애기머슴이 봄에 쇠꼴 베러 가서 어느 풀은 소가 잘 먹고, 어느 풀은 소가 잘 먹지 않는다는 생각인 식을 더 발전시키는 연장선에서 쇠꼴이 연구되는 것이 더욱 좋은 것이다. 사람이 먹을 수 있는 것은 '참비름'이요 소가 먹을 수 있는 것은 '쇠비름'이며, 그러나 이것은 물기가 많아 쇠죽을 쑬 때 이것을 넣으면 녹아버리므로 다른 풀을 뜯어와야 주인에게 야단을 맞지 않는다는 소박한 생각을 시골 접머슴이면 누구나 하는데, 이 생각을 과학적으로 탐구하는 것이 학문과 겨레를 연결시킨 연구이고, 겨레의 삶에 터를 둔 연구일 것이다.

소가 잘 먹으면 '쇠꼴'이요 말이 잘 먹으면 '말꼴'인데, 그에 따라 말의 항열을 맞추어 돼지가 잘 먹으면 '돛/돼지꼴'이라 하고, 이들을 싸잡아 짐승이 잘 먹는 풀을 '꼴'이라 부르면 사람이 잘 먹는 '나물'과 항열이 같아진다. 이렇게 사리를 따져서 낱말의 항열을 정하면 이미 학문의 들머리로 들어선 것이다.

농수산부 양정국장인가를 지낸 김민환님을 잊을 수 없다. 낱말 하나를 겨레에게 보태어 주기 위해 오래도록 애쓴 분이기 때문이다. 1970년대 중반에 이분이 우리말의 식품에 관한 낱말 항렬에 빈자리가 있음을 절감했다. '식량, 양곡, 곡식' 등 어디에도 아이스크림이나 요구르트, 술 등이 포함되기가 어렵다는 것을 발견했다. 그래서 모든 먹을 것을 싸잡는 [이들 말의 윗 항렬에 속하는] 낱말을 '먹거리'로 만들어서 국어 관계의 여러 학회와 개인에게 물어 보았다. 어느 곳에서는 말이 된다고 하고, 어떤 이는 사전에 없으니 안 된다고 하고, 어떤 이는 무슨 조어법에 어긋난다고 하여 이분을 실망시켰다. 그러나 개념의 그런 뭉치가 필요해진 것을 그가 처음 발견했으니 사전에 있을 턱이 없고, 조어법이란 것도 단군 할아버지가 미리 정해 놓고 한국말을 정한 것이 아니다. 필요에 따라 이미 있는 말을 뭉쳐 새 말을 만들어 놓은 것을 학자가 뒤따라 정리해 놓은 것이 '조어법'이며, 이 '먹거리'란 말이 그에 크게 벗어난 것도 아니라는 생각에서 이를 널리 펴 왔다. 10년 가까이 이를 펴서 지금은 누구나 그 말에 익숙해져서 '의, 식, 주'의 '식'에 해당하는 개념으로 '먹거리'라는 말을 쓴다. 더구나 '의, 식, 주'를 모두 '-거리' 항렬에 맞추어 '입거리, 먹거리, 살거리'라고 할 수도 있다.

어느 말이건 다 그러하지만, 우리말의 접사들은 사물이나 행위나 모습에 관한 인식의 방식을 나타낸다. 행위를 나타내는 말이 따로 없을 때는 관련되는 명사에 '-질'을 붙여 '방망이질, 도둑질, 바느질' 하면서 개념의 빈 터를 매워 넣는다. 빛깔은 자연 그대로 [대상 세계를 객관적으로] 볼 때, 스펙트럼 사진의 띠에서 보듯이 연속적이면서 점진적인 변화를 한다. '노랑, 파랑' 따위의 말은 그 연속적 점진적 변화를 마치 비연속적 칸을 막아 놓은 듯이 재단해서 표현하는 것이다. 사실에 더 가깝게 말하면 표준적인[원형적인] '노랑'이 있고 주변도 있는 것이다. 이것을 우리말은 '새-, -스름-'으로 달리 표현하여 사실세계에 가깝게 나타내려고 하는 것이다. 샛노랗고, 노르스름하고, 누렇고, 누르스름한 것은 모두 다르다.

말에 대한 인식과 사랑이 깊었던 중국은 일찍이 사전을 만들었다. '이아, 설문해자, 석명' 등은 한나라 때나 그 이전에 만들어진 말뜻사전이거나 글자사전이었다. 라틴어에 눌려 지내던 유럽의 각 겨레가 사전을 만든 것은 그리 오래지 않았다. 프랑스의 아카데미가 제 사전을 처음 만든 것은 1694년이었고, 영국은 1623년에 '영어사전'이라는 것을 만들었으나 쓸 만한 사전이 1721년이 되어서야 완성되었다고 한다. 우리가 사전을 가지게 된 것은 1880년쯤이었는 데, 이 '한불자전'은 프랑스 선교사가 한국말을 익히려고 만든 것이었다. 조선 어학회가 1929년에 우리말 사전을 만들려고 준비를 시작했으나 왜정시대의 어려움 때문에 '큰 사전'이 나온 것은 1947년이었다. 이백 년의 차이는 크다면 크고 적다면 적다. 지금 우리가 하기 나름인 것이다. 매우 늦게 자각한 만큼 그 사이에 한 일도 많고 앞으로 할 일도 많다. 최근에 우리말 갈래사전, 역순 (逆順)사전, 동의어·반의어사전, 속담사전, 발음사전 등이 나왔고, 연변 등지 에서 의성어·의태어사전도 나왔다. 그러나 제대로 철들지 못한 이들이 만든 많은 국어사전들이 일본어사전과 한자사전을 베껴서 결과적으로 그들의 말을 옮겼다는 지적을 받곤 했다.

앞으로 더 많은 학문분야들이 고유어의 중요성을 인식하고, 고유어에 숨은 뜻을 해당 학문마다 캐어갈 것을 기대한다.

1.5 철학과 문법학에서의 문법인식

미국 맥밀란사에서 나온 '철학사전'에는 영어의 일상어 'matter, must' 등이 많이 나오며 그에 대한 철학적 성찰들이 담뿍 담겨 있음을 본다. 여기서 철학 적이라고 하는 것은 그 말의 일상적 여러 쓰임을 조리있게 검토하고, 비슷하 거나 반대가 되는 말과의 의미 관련을 잘 따졌다는 뜻이다.

낱말들은 겨레의 인식의 소산이다. 대상물이 있다고 그에 상응하는 단어가 다 있는 것은 아니다. 만약 그렇다면 세계의 모든 말에는 태초부터 원자, 분자, 우라늄 등 모든 낱말이 다 있었어야 한다. 세종임금의 몸에도 '목밑샘'이란 홀몬샘이 있었을 테지만, 그가 그 낱말을 알고 있었을 것 같지는 않다. 대상물이 없어도 인식이나 생각 속에 개념이 잡히면 낱말로 태어나게 된다. 가까운 예가 '선녀, 용' 따위이다. 따라서 인식에 관한 연구를 하는 철학이 모국어나 말을 주목하게 된 것은 근세의 일인데 이는 극히 자연스런 일이다.

영어 'matter'에 해당하는 우리말은 '것'인바 우리말에서 이 말은 일상적으로 쓸 때 홀로 나타나는 법이 없다. 그 의미상 내포가 극히 적고 외연이 너무 넓은데, 보통 한정된 외연을 두고 말하는 일상어에서는 늘 한정어와 함께 쓰여야 말의 외연이 한정되기 때문이다. '흰 것'이라고 하면 모든 '질료' 가운데 흰 속성을 지닌 '질료'로 한정되고 게다가 담론에 등장하는 사물은 미리 제시되어 있기 마련이므로, 그 담론에서 이전에 등장한 '것'[질료, 사물] 가운데서 '흰' 속성을 띤 몇 개를 지시하기가 쉽다.

이렇게 일상어로서 담론 속에 묶인, 즉 상황 속에서만 쓰이는 낱말을 상황의 굴레에서 따로 떼어 인식상의 대상물로 취급해 주는 것이 철학이다. 배달 말의 철학을 해 보지 않았기 때문에 일상어에 든 '것'이 철학사전에는 올라가지 못하는 것이다.

'제비가 낮게 날면 비가 온다'는 명제는 두 명제 '제비가 낮게 날-'과 '비가 온다'는 명제가 조건 관계로 묶여 있다. '관계'란 일상적 표현으로는 그 관계에 있는 여러 사실들과 함께 쓰이는 것이 정상이다. 이 일상적 쓰임에 숨은 '관계'라는 것을 따로 떼어 인식적 대상으로 삼으면 그것이 철학이 된다. '제비가 낮게 날고, 비가 온다'와 '제비가 낮게 나니까 비가 온다'와 '제비가 낮게 날아도 비가 온다' 등에 등장하는 '-고, -니까, -어도' 뿐만 아니라, '-을수록, -는데, -거나' 등 수 많은 이음씨끝들을 사유[생각]의 대상으로 두고 그 앞뒤 명제의 엮임관계들을 따져보고, 그 의미상의 관련들을 객관적 도표로 만들어 보는 일이 바로 관계개념에 대한 철학적 연구일 터이다.

철학에서 '양상'(modality) 의미를 지녔다고 하는 영어 단어인 'must'를 우리 말로는 일단 관계개념으로 나타낸다. '네가 가야 되겠다'는 표현에서 '-어야'는 앞과 뒤의 두 명제를 이어주고 있다. 이것을 더 자세히 표현하면 상황에 따라 '네가 가야 일이 진척되겠다', '네가 가야 그가 흡족해 하게 되겠다' 등 뒷명제로써 더 구체적 상황을 얼마든지 의미할 수 있다.

여기에 우리 생각의 틀이 하나 발견된다. '필연성'이라고 하는 것은 '필연적 조건관계'로 표현되고 그 뒷명제는 상황 의존성이 매우 높다. 그 뒷명제가 없다면 '절대적' 필연성의 표현이 되겠는데 영어와 같은 말에서조차 과연 '절대적' 필연성이 존재하는가 어떤가를 논의해 쌓는 것을 보면 우리말의 '-어야'는 한국철학자들이 연구해 봄직한 주제가 아닌가 한다.

철학하는 분들이 우리말을 연구해야 한다는 주장을 지속적으로 하고 있으면서도, 단지 원론의 쳇바퀴만 헛돌리고 있는 점이 안타깝기 그지없다. 박종홍은 1960년에 쓴 논문에서 이렇게 이야기했다.

> 말은 '존재의 집'이라든가, '말 없이는 세계도 있을 수 없다'든가 하는 식의 현대 철학적 표현도 일리는 있는 일이라 하겠다. …… 그러므로 한국 사상을 연구하려면 한국말부터 연구하는 것이 옳은 것이다. 어휘의 정리와 비교, 문법구조상의 차이 등이 밝혀질수록 우리의 사상적 특색도 밝혀질 것이다. 우리말의 특색을 알기 위해서도 여러 외국어를 배워 비교 연구함은 둘도 없이 중요한 일이다."
> "한국사상연구의 구상", 『한국사상』 1,2집

한국사상을 한국말에서 찾으려면 말이 존재의 집이라는 언어철학을 '일리는 있다'는 수준으로 이해해서는 안 될 것이다. 이 현대 유럽철학은 이규호 (1968 : 『말의 힘』)으로 비교적 자세히 소개되었다. 그리고 이규호는 딴 곳에서 "철학의 언어는 이미 철학의 관념을 구성하는 데 함께 작용하는 것이다." 라고 주장했다.

'것'이나 '-어야'를 문법학자들은 불완전 명사나 어미라고 부른다. 일상어 표현에 나타나는 '불완전함'과 '말꼬리됨'의 이유를 철학에서 살펴보고, 이를 완전하고 독립된 인식적 대상으로 삼을 때 우리의 철학이 우리 사고방식이나 우리의 세상을 바라보는 방식을 잘 드러내게 될 것이라는 원론의 바퀴를 한번 더 돌리는 한계를 이 글이 지닐 수밖에 없다.

우리말은 말을 엮기 위해서 의존 형태소들을 쓰는 방식을 취하는데, 여기 참여하는 형태소의 수는 무척 많다. 이런 기능요소는 단순개념을 복합개념으로, 명제를 복합명제로 더 크게 묶어 주는 사고의 연산소(演算素)라 할 것이다. 이 연산소들 낱낱에 대한 기능을 문법학자들은 아직 다 밝히지 못했다는 점도 고백할 수밖에 없다.

우리 문법학자들 일부가 한때나마 교과서 팔기의 경쟁에 뛰어 든 일은 불행한 일이었다. 상품을 경쟁의 터에 내어 놓을 때에는 뭔가가 달라야 내 물건의 존재 이유가 서게 되니 애초에 공통적 토론의 터는 있을 수 없었다. '이름씨'가 이미 존재하면 '명사' 꾸러미를 꾸며야 하고, 갯수가 열개 든 종합선물 꾸러미가 이미 팔리면 아홉이 든 꾸러미를 내 놓는 것은 시장 터에서 항용 쓰는 행태이다.

우리말의 어순이나 어휘나 말엮기에 쓰이는 사고의 연산자들의 기본을 다 알고 있는 아이들에게 정작으로 중요한 것은 무엇을 어떻게 가르쳐야 생각을 더욱 조리 있게 나타내게 되고 뜻을 더욱 더 큰 덩이로 잡아내게 되며, 미세한 의미차이를 '아' 다르고 '어' 다른 수준까지 알아차릴 수 있게 만들겠는가 하는 점이다. 그것은 '-으면, -니까, -기 때문에' 따위의 연산소들을 가지고 훈련시키는 길일 터이요, '이를테면, 다시 말하면, 요컨대' 따위를 가지고 훈련시키는 길 말고는 달리 길이 없을 것이다. 여기서 철학자와 문법학자와 교육자가 만날 수 있다. 이들이 만나 이런 사고의 연산자들에 대한 다각적 기술을 해야 우리말의 문법이 정확히 규정되고 우리의 사고방법이 발견될 것이다.

1.6 문학에서의 총체적 인식

백성의 삶을 있는 그대로 진실되게 표현하고, 민중의 생각과 느낌을 아름답게 표현하는 문학작품들은 이들의 말과 글을 총체적으로 드러내고 있으며, 따라서 문학은 우리의 문화 전반에서 우리 말글을 가장 앞서서 인식하는 분야가 아닌가 한다.

글자가 없던 시대에도 신라노래나 고려노래는 일부 그 원형에 가깝게 전해 오고 있으며, 한글이 만들어진 뒤에 나온 소설로는 한문이나 한자를 섞어 쓴

작품이 드물다. 작품의 표현이나 전달의 매체가 한글로 굳어지게 된 것은 그 생산이나 수용의 계층이 부지불식간에 상하나 귀천 없이 전체 겨레까지로 확산된 것과 맞물리면서 왜정시대에 와서 대개 완성된다.

어휘의 측면을 보아도 문학의 확산에 따라 한자어들이 꾸준히 줄어드는 확실한 경향을 알 수 있다. 조선조에 나온 작품에는 한자어나 한문구가 상당히 많이 나오는데, 시대의 흐름에 따라 이것이 줄고 고유어가 계속 늘고 있다. 한자어나 그 출처인 '고서'(古書)에 대한 인식의 변화를 우리는 '장끼전'에서 볼 수 있다. 모두가 먹지 말라고 말리는데도 고패 앞에 놓인 콩을 먹으려고 하는 장끼에게 말을 이렇게 시킨다. "콩 먹고 다 죽을까? 고서(古書)를 볼짝시면 콩 태[太]자 든 이마다 오래 살고 귀히 되느니라. 태고(太古)적 천황씨는 일만 팔천 세를 살아 있고, 태호(太昊) 복희씨는 풍성이 상승하여 십오 대를 전해 있고, 한 태조(太祖), 당 태종(太宗)은 풍자세계 창업지주 되었으니 오곡백곡 잡곡 중에 콩 태(太)자가 제일이라. 궁 팔십 강태공(姜太公)은 달 팔십 살아있고 시중(詩中) 천자 이태백(李太白)은 기경 상천하여 있고, ……." 이렇게 허풍을 떨다가 고패에 걸려 죽게 되는 데 이르면 '고서'나 그 말들은 한낱 웃음거리로 내려앉고 마는 것이다. 김삿갓이 나타나 앞 시대까지 숭앙하여 마지않던 한문시를 가지고 말장난개끼을 벌이는 것도 거의 같은 시대이다.

낱말들은 민중의 삶과 앎의 도구로 쓰이는데, 한낱 입에서 입으로 전하면서 학자나 철학자나 아무도 거두어 주지 않았다. 홀로 문학에서 이 말들이 거두어져서 기록되고 계승되어 왔으며, 그것을 사전 편찬자들이 정리하게 되었으니 문학의 공이 매우 크다고 할 것이다. 특히 최근에 와서 우리 문학이 광대나 객주 등 서민의 삶에 한발 더 다가서면서 이들의 말들이 겨레의 유산으로 등록됨을 본다.

1.7 우리 문화의 내면화를 위하여

겨레라는 자연스런 삶의 동아리가 통시적으로 옛것을 잘 지니어 이제를 새로이 하고 공시적으로 소속 성원들 사이에 생각과 느낌을 더 잘 소통하면서 사는 것은 매우 바람직한 일이다.

쉬운 글자, 쉬운 낱말을 찾아 쓰자는 것은 그것들로 이루어지는 문화적 유산에 전체 겨레가 더욱 쉽게 접근하도록 하는 데에 뜻이 있다. 번역된 '난중일기'를 읽고서 그것을 쓴 사람의 행적을 우리가 이해함은 물론, 조선시대의 무관의 사교가 어떠하였는지, 당시의 국경일은 어떠했는지, 당시의 관청근무는 어떻게 했는지 하는 삶의 보다 큰 테두리도 우리가 짐작할 수 있다. 국가 경영의 틀인 '경국대전'의 번역판을 읽으면 당시 국가를 경영한 테두리와 함께 나라 운영 전반 뿐 아니라 그 체제 속에 사신 내 할아버지의 삶이 어떠했으리라는 구체적 사실도 더 잘 알 수 있다. 이렇게 우리 국민 모두가 내 겨레, 내 나라, 내 문화를 주체적으로 이해할 때, 각자 성원은 진정한 나라나 겨레의 주인이 될 수 있을 것이다.

쉬운 글자와 쉬운 낱말을 쓰자는 것은 문화를 이루는 중간과정의 쓸데 없는 부담을 덜어서 더 큰 문화를 알차게 생산하는 곳에 쓰자는 데 뜻이 있다. 친구 부모의 회갑잔치에 가서 그분의 삶을 기리는 시조나 한 마리 지어 드리고 오는 생활을 우리 모두가 할 수는 없을까? 가족이나 친척의 죽음을 당하여 그 삶의 의의를 뜻매김하고 내 슬픔과 상실감을 글로 적어 올리는 생활을 한다면 우리 겨레의 삶이 한층 더 가멸고 의미 있게 될 터이다.

상례 때 고인을 보내는 마디마다 올리는 축문은 그것을 만들 때는 다 뜻이 있었을 터이고, 해마다 지내는 조상의 제사에 올리는 축문도 다 그러할 터인데 지금은 그 속에 들어있던 뜻은 죽고 한갓 의식의 껍질로 남아 있을 뿐이다.

개인의 삶의 여러 마디들, 태어나서 이름 짓고, 혼인하고 회갑하고 죽고, 제사지내는 모든 일들에 삶의 의미들을 우리가 부여하고 부여받고 하면서 살면 한 번뿐인 인생을 더 가치 있게 살게 될 것이다. 우리가 진정으로 의식이 깬 문화인으로 살려고 하면 이렇게 개인 생활의 주변부터 글살이를 잘 해야 할 것이다.

다행이 가족신문이 많이 나오고 있고, 문중의 뿌리 찾기가 활발하게 전개되고 있는데, 우리말과 우리글에 대한 자신이 생기고 내 삶과 내 가족의 삶에 대한 자신과 의식이 커지는 증거가 아닌가 여겨진다. 지금은 해마다 육천 종에 이르는 잡지가 발행되고, 약 삼만 권의 신간 서적이 간행된다고 한다. 회사와 직장의 동아리들이 생각과 느낌을 활발하게 교환하게 되고, 새로운 문화가 활발하게 쏟아져 나오는 것이다.

크게 볼 때, 우리 말글을 가장 일찍 찾아 써야 할 몇몇 전문분야를 빼고는 모두 구슬의 갈고 닦기를 거의 다 이룬 듯하다. 구슬이 서 말이라도 꿰어야 보배가 될 것이다. 우리 겨레의 교육에 대한 열의는 대단하고, 교육의 조직 또한 막강한데, 나는 여기에 기대를 걸어 본다. 쉬운 낱말과 한글로 된 정보체들을 국민학교에서부터 중·고등학교나 대학에 이르기까지 그 난이도와 생활에의 접근도에 따라 구분지어 많이 읽히고 많이 생각하고 많이 쓰게 하여야 될 것이고 이 일에 모든 교과가 다 참여해야 할 것이다. 그리하면 우리의 이세들이 하나같이 가족사이의 삶의 자취 남기기와 참뜻 캐기를 더 잘 하게 될 것이고, 맡은 바 일을 적어 서로 정보와 정분을 깊이 맺으며 우리 문화를 크게 빛내게 될 것으로 기대한다.

2

조선 시대 친족 개념과 말 쓰기

우리말 쓰기의 특징 가운데 존비법[待遇法]과 상황의존성이 있는데 이 둘이 잘 드러나는 곳이 친족 사이의 말 쓰기에서이다. 친족의 개념이 지금처럼 굳어진 것은 조선 시대로서 그 때 정부의 중요 시책으로서 나라를 가정의 확대로 보고 아비에게 효도하듯이 임금에게 몸을 바치라는 이데올로기가 배어 있다. 세종(世宗)도 자기 백성의 도덕의식 수준을 콜버그 식으로 말하면 '인습단계'에 머무르기를 바랐다. 이전 단계는 개나 돼지나 호랑이일 수 있고 이후 단계까지 가면 통제가 불가능할 수 있기 때문이다. 인습단계에 백성을 비끌어 매는 데는 가족관계를 삶의 핵으로 보게 하면서 그 속의 상하관계를 엄밀히 규정하는 일이 매우 중요했다.

중국 주희의 가례에 나오는 상례(喪禮)대로 죽은 이를 모시는 집이 지금은 거의 없으나 조선에서는 그것이 양반 사회에서 엄격히 지켜졌다. 21세기에 아기들 상당수는 '할아버지'의 의미가 [어머니의 아비]로 바뀌었고 지금 매우 많은 청년들이 자기 장인을 일러 '아버님'이라고 하고 그를 부르기를 '아버님'이라고 한다.

조선에서 평민 이상은 어릴 때부터 이중언어와 이중문자 생활의 준비를 철저히 시켰다. '천자문' 외기를 시키면 글자를 쓰지는 못할지라도 한자 어휘와 250구절의 한문 문장을 내면화하여 한문문법의 틀이 심어진다. 이문구의 소설

'관촌수필'에 이런 대목이 나온다.

> "이미 이태째를 하루같이, 새벽에 일어나는 대로 사랑에 나가서 할아버
> 지 앞에 꿇어 앉아 문안드리고, 천자문 배운 것을 한바탕 외어드린 다음,
> 방안을 훔치고 요강과 타구를 부시어 놓아드린 뒤, 아침공부를 해온 터에,
> 처음으로 그 일을 잊어버린 채 남의 집에서 늦잠마저 자버린 나로서는 어
> 디론가 영원히 도망쳐 버리고만 싶게, 크나큰 불공(不恭)을 저지른 셈이
> 아닐 수 없던 것이다."

필자도 이 소설의 주인공 나이인 일곱 살 때 할아버지에게서 천자문을 배워
손님들 앞에서 그걸 내리외고 치외고 했다는데, 조선에서는 이것이 일상사였
을 터이나 지금 그런 일을 하는 집은 거의 없다.

아래 글에서는 위에 보인 우리말 쓰기의 두 특징이 조선에서는 어떻게 쓰였
는지 살펴보고 이 버릇을 새로이 따져 보고 싶다.

2.1 조선 시대 양반의 가족과 어른의 구실

세계의 여러 문화를 놓고 볼 때 가족 사이의 걸림말이나 부름말이 자세하게
발달한 정도는 문화마다 다르다. 그것은 어느 범위까지를 '가족' 또는 '친족'이
라고 생각하느냐에 따라 생기는 차이이고 이 인식은 역사와 문화에 따라 다른
것이다.

우선 전통 양반 사회에서 잡은 가정의 크기는 지금 우리가 생각하는 것과도
다르고 당시의 상민이나 종들의 가정의 크기와도 다르다. 우리 전통 사회에서
는 피의 인자로 친당(親黨)과 척당(戚黨)과 처당(妻黨)과 시친당(媤親黨, 시당)
을 구분하는데 각각 자기의 아버지, 어머니, 마누라 및 여자의 시집온 남편
쪽의 계열을 이른다. 우리는 성(姓)을 아비 계열로 이어 내린다. 이런 당(黨)
사이는 서로 엄격하게 구분된다. 사교에서 엄격한 금기로 치는 것은 처당 사

람과 이야기할 때 친당의 일이나 척당의 일을 말하지 말아야 하고 여자가 친당에 가서는 시당의 일을 말하지 말아야 하는데 후자는 더욱 엄격한 금기였다.

이(李)씨, 김(金)씨는 성이고 성이 같아도 관향(貫鄉)이 다른 경우가 많다. 관향이란 대개 그 시조가 터잡고 살던 곳으로서 경상도와 경기도 등 남쪽의 어느 고을에 관향을 두는 성받이가 많고 북한의 고을을 관향으로 두는 성받이는 매우 적다. 관향으로 많이 삼은 곳은 대개 옛날 그 나름의 문화가 있었고 살기가 좋았던 곳이다. 시조로부터 이어지는 아비와 아들의 서열에서 '세(世)'는 절대적인 한 마디를 이르는 말이고 '대(代)'는 둘 사이의 상대적 거리를 가리킨다. 경주김씨 25세(世)는 그 직계의 위로 18세(世)되는 이를 7대조(代祖)라고 부른다.

최근 산업사회가 되어 생활하는 가족 규모가 적어지고 서로 멀리 떨어져 살며 가까이 접하는 대상이 친당으로부터 처당이나 척당으로 바뀌면서 원래의 모습이 상당히 허물어지고 있음을 우리는 많이 대한다.

'일가(一家)'란 친당 계열에 들어가는 사람을 두고 부르는 이름이며 그 가운데 특히 '집안'이란 촌수(寸數)로 8촌 안에 드는 이를 이른다. 예전 농경 사회에서는 결혼을 일찍 했기 때문에 3대(할아비-아비-손자)가 서로 얼굴을 알고 몸을 부비며 살기는 보통이고 4대가 그런 경우도 드물지 않았다. 따라서 양반들이 같은 고조부(高祖父)아래, 즉 8촌 사이를 '집안' 즉 한 가족으로 친 것은 자연스런 일이었다. 자기 집 사당(祠堂)에는 4대 조상의 위패(位牌)를 모시고 제사(祭祀)도 4대를 모셨다. 자손 가운데 높은 벼슬한 이가 나오면 그 아비나 할아비에게 증직(贈職)이라는 서류상의 임명장을 나라에서 내려서 벼슬한 아들이 맨머리인 조상 대하기의 민망함을 덜어 주려고 배려했고 거꾸로 개인이 큰 죄를 저지르면 그 책임의 일부를 '집안' 모두에게 지웠는데, 이런 처사들은 집안이면 한몸과 다르지 않다는 생각에서였다. 최소한 4대에 한 사람이라도 벼슬을 하거나 과거에 급제하여야 진짜 양반 대접을 받는 집안이었다.

여러 사람이 함께 살자니 '멀고 가까움의 원리'를 정해야 했다. 이른바 촌수(寸數) 세기는 멀고 가까움을 객관적으로 재려고 생긴 잣대이다. 부부는 촌수가 없고 부자(父子) 사이 하나마다 1촌이 벌어진다. 형제가 2촌이 되는 것은 형과 아우가 공통성을 지니는 데(같은 피를 나눠받은 데)까지 올라갔다가 내려와야 하기 때문이다. 이 같아짐 때문에 고모(姑母)는 촌수로 3촌이나 고모부(姑母夫)는 촌수를 세지 않는다. 옛날 사람들은 물질과 인정의 교환에 필연적으로 생기는 차별을 이 촌수의 거리에 의해 합리화하여 등급지었다. 그것이 멀고 가까움의 원리이다. 대표적인 보기가 상(喪)을 당하여 복(服)을 입는 옷의 종류와 기간의 차별이다. 사람이 죽으면 그에게 은혜를 입음의 정도에나 죽음에 대한 (간접적일지라도) 책임의 정도에 차이가 있다고 보고 이들을 등급화한 것이다. 그 아들은 그것들이 가장 무거워 3년복(실제로는 만2년)을, 손자는 그것이 조금 덜해서 1년복을, 증손자는 다섯달복을, 고손자는 석달복을 입되 입는 옷의 종류를 달리한다. 촌수 차이에 의해 인사예절의 깊고 성글음에 차이를 두고 상대를 부르는 말에도 차이를 둔다.

이들은 질서 세우기를 엄격히 했다. 앞에서 살펴본 세대의 셈하기에서 그러하고 이름 짓기에서도 그러하다. 우리는 대개 한자로 된 두 글자의 이름을 짓는데 일가끼리는 세(世)가 같으면 [항렬(行列)이 같다고 한다.] 같은 글자를 공유한다. 세대의 흐름이 천지운행의 법칙과 일치된다고 보고 오행(五行)의 순서인 목화토금수(木火土金水)를 한자의 일부(주로 부수(部首)에 드는 것으로)를 이루는 글자를 쓴다. 이를테면 어느 가문의 22세들이 '종(鐘) 무엇'이라면 그 아랫대는 '무슨 순(淳)'이고 그 아래는 '상(相) 무엇'으로 다시 그 아래는 '무슨 현(炫)'이라는 식이다. 이 경우 25세들은 '경현, 기현, 내현, 낙현, 동현, 두현' 등을 받는데 늦게 태어나면 좋은 글자가 거의 빠지고 없어 할아비가 쩔쩔 매는 일도 생긴다.

이야기가 난 김에 이름 짓기에 관해서 간단히 살펴보고 넘어가자. 예전에는 돌림병이 많아 일찍 죽는 아기가 많았기에, 태어나면 우선 '똘똘이, 업동이' 등 '아기이름'으로 불리다가, 병을 겪고 나서 사람구실을 하겠다 싶으면 집안의 어른, 대개 할아비가 나서서 이름을 격식대로 지어주는데, 간혹 그 이름붙임의 뜻을 글로 풀이해서 아들이나 손자가 그 '이름풀이'를 간직하면서 스스로 거울로 삼도록 적어 남기도 했다. 그리고 그 이름을 맨이름으로 부를 수 있는 사람은 대개 집안의 손윗사람이나 직접 책을 편 스승에 국한하나 이들도 맨이름 부르기를 꺼리는 형편이었으니, 벗이나 다른 이들은 관례 때 어른들이 붙여주는 자(字)로 부른다. 자는 이름의 뜻을 돕기 위해 지어 주는데 이를테면 한말 지사(志士)였던 곽종석(郭鐘錫)은 자를 명원(鳴遠)이라고 지어받았다. '종석이 명원했으면(주석종이 멀리까지 울려 펴졌으면)'으로 자(字)가 명(名)을 보(補)했다.

자손이 아비나 할아비의 이름을 부르는 것은 상상할 수도 없는 일이고 극단적으로는 그것을 글자로 쓰지도 않은 이가 있었다. 조선 전기에 살았던 유관(柳觀)의 아들에게 임금이 어느 관찰사를 시켜도 나가지 않았다. 벼슬 이름에 아비의 이름재(觀)가 들어 있었기 때문에 그 직무를 감당하려면 아비 이름에 든 글자를 써야한다는 것이 이유였다. 그런 이유로 임금아들[특히 세재]의 이름은 자전(字典)에도 없는 글자를 새로 만들어 쓰거나, 백성이나 관리가 작문할 때 거의 쓰이지 않는 글자를 가려 씀으로서 그들의 작문상의 불편함을 덜어주려 애썼다. 이름과 사람을 동일시한 것이다.

집안에서의 질서 세우기가 엄격한 만큼 집안이나 문중(門中)의 어른이 지니는 책임은 여러 갈래에서 막중하였다. 어른이 가족의 관혼상제(冠婚喪祭)를 주재(主宰)하는 면에서는 요즘의 종교 교역자보다 더 큰 부담을 지녔다. 그리고 그런 데 드는 물건을 어른이 대어야 하는데 그런 때는 다른 집과 다른 집안에게 자기네 문화수준 (이른바 '범절'이라고 하는 것)이 드러나게 되므로 지금처럼 물질적 차별이 현저하지 않던 시절이었고 물질로 갈음할 성질도 아니기에 그 예의의 마디마디에 여간 정성과 배려를 하지 않았다. 요즘처럼 보통교육이 널리 행해지지 않았기에, 슬하 자질(子姪)의 인격적 책임을 집안의 어른이 다 떠맡던 시절이라 교육의 부담 또한 큰 것이었다. 어른은 직장이나 일터가 따로 있는 것이 아니고 자손과 늘 함께 살기 때문에 자기 스스로의 행신(行身)을 '소학(小學)'이 가르치는 바대로 살아야 아랫대가 본을 받게 되는 것이다. 사람이 함께 살면 그의 겉과 속이 은연중에 낱낱이 드러나게 마련인데 아랫대뿐 아니라 부녀자나 종들도 거느리고 살게 되어 있으므로 스스로의 몸가짐을 가지런히 함은 물론 이들의 교화(敎化)에 정성을 다하고 집안이 나아갈 바를 가훈(家訓)으로 정하여 더 나아지는 삶을 살도록 해야 했다. 자기네

산과 들, 논과 밭을 잘 가꾸게 하여 물질적 수요에 감당하고 곁가지를 쳐서 세간을 마련하고 살림을 내어줌에 대비도 해야 한다. 어른의 책임이 이러하니 그 권위 또한 큰 것이 당연하였다. 도덕이나 수신(修身) 교과서인 '소학'의 많은 부분이 그것을 나타낸다.

이제 사회가 다원화함에 따라 집안 어른의 책임과 권위가 많이 줄어졌다. 아들 혼인의 주재(主宰)를 남에게 맡기는 집안이 대부분이고 상례와 제례의 예절은 그 가족이 믿는 종교의 교역자에게 맡겨지고, 교육은 학교에 넘겨주게 되었으니 돈이 모든 것을 해결한다고 보기가 쉬운 시대이다. 그래서 집안을 다스릴 시간과 정력을 직업에 온통 빼앗기고 경제권을 아내에게 맡긴 사람이 많다.

2.2 친족 사이의 부름말과 걸림말

일가나 친척이 되는 사람들의 관계를 규정하는 인자가 넷이 있다. 피와 성별과 상하와 세대수가 그것이다. 피로는 아버지쪽, 어머니쪽, 마누라쪽의 셋에다 각각의 2차적 관계들이 있고, 성별로는 남자와 여자의 둘이 있으며, 상하관계는 기준이 되는 이의 위와 아래의 둘이 있으며, 세대수는 같거나 하나 차이나 둘이나 셋이나 넷 차이나 등일 것이다.

세계의 여러 문화를 놓고 볼 때 이 네 인자의 중요성에는 차이가 있다. 중심을 잡는 피에 의해서 부계사회와 모계사회의 구분이 생기고 세대 수에 의해서 가족 규모의 차이가 생긴다. 세대 수가 멀수록, 그리고 중심되는 피가 아닐수록 해당되는 이에 대한 부름말이나 걸림말이 성글어지거나 없어지는 것은 공통된 현상이다.

[표1] 친척 관계 규정 인자와 그 보기

피	성별	세대수	위/아래	걸림말
아버지쪽	남	1	위	아버지
아버지쪽	여	2	위	할머니
아버지쪽	남	0	아래	(남)동생
아버지쪽	여	2	아래	누이
어머니쪽	남	2	위	외조부
마누라쪽	여	0	위	처형
2차 (고모의 남편)				고모부(姑母夫)
2차 (이모의 남편)				이모부(姨母夫)

전통적으로 집안이라고 생각하는 상대에 대해서는 부름말과 걸림말 및 경우에 따라서는 택호(宅號)를 섞어 말하고 일가의 거리는 촌수로 셈한다. 친가의 직계 어른에게는 촌수를 쓰지 않는다. 고조부나 7대조나 15대조로 일러 말하며, 3촌이라고 이르지 않고 큰아버지/맏아버지라고 이르며 4촌이라고 하지 않고 종형(從兄)이라고 일러 말한다. 상대를 마주 대하고서 부르는 말이 부름말이고 제3자에 대하여 어떤 이를 일컬을 때, 또는 이를 때 쓰는 말이 걸림말이다.

남자가 장가를 들면 제 집의 이름을 지니는데 그것이 택호이다. 택호는 대개 데려온 아내의 마을 이름에서 따오고 뒤에 벼슬을 하게 되면 벼슬이름을 따게 된다. 예전에는 생산을 여럿 했으므로 8촌 안에 형, 아우나 할아버지 할머니가 많아서 이를 구분하는 걸림말이 필요했다. '홈실할머니, 홈실아저씨, 홈실오라버니, 홈실아주머니, 교리(校理)댁, 교리아저씨' 등으로 부르는 것이다.

여자가 생가의 지친(至親)에게 말을 할 때나 남자가 말을 할 경우에는 손위의 지친에게는 부름말과 걸림말이 같다. '아버지, 저 다녀왔습니다.'라고 불러 말하며, '이것은 아버지 젊어서 지으신 책이야.'라고 일러 말한다. 여자가 시아버지에 대해서는 걸림말이 '제 시아버님 사진이야.'로 되고 부름말은 '아버님, 잘 다녀오셨습니까?'가 된다. 복잡한 것은 남편이나 아내를 일컬어 말할 때이다. 원칙은 상대를 기준으로 걸림말을 쓴다는 것이다. 자기 자식의 이름 뒤에

'누구 아빠, 누구 아버지'처럼 쓰거나 '우리 그이' 따위를 쓰면 천박한 사람으로
보았다.

[표2] 상대에 따른 남편의 걸림말 보기

말하는 이	듣는 이	일컬을 이	말 하 기
오라버니	누이동생	아내	너의 형이
형	아우	아내	자네 아주머니가
동생댁	시누나	남편	형님 동생이
형수	남편아우	남편	아주버님 형이
아우아내	남편형	남편	아주버님 아우가
오라버니댁	시누나	남편	자네 오라버니가
어머니	아들/딸	남편	너의 아버지가
시어머니	며느리	남편	너의 시어른이

친당의 어른으로 아버지의 형제는 부름말과 걸림말이 같다. 한자어로는 백
부(伯父), 백모(伯母), 중부(仲父)나 숙부(叔父)라고 불리는 어른을 우리말로는
보통 '큰아버지, 큰어머니' 등으로 부르는데, 형제의 차례를 나타내는 '맏아버
지, 둘째아버지, 끝아버지' 등으로 부르는 것이 좋겠다는 견해가 있다(려증
동 : 1985). 이는 두 경우가 말이 같다. '맏아버지, 어디 다녀오십니까?, 우리
맏아버지가 어제 오셔서 일러 주셨어'. 이분들은 조카를 '아들같이[유자(猶子)]'
대하며 따라서 이들이 죽으면 조카는 1년복을 입는다. 고모(姑母)도 같다. '고
모, 언제 오셨습니까?'로 부르고 '우리 고모가 어제 오셨어.'로 일러 말한다.
고모가 시집가기 전에 죽으면 1년 복을, 시집가서 죽으면 아홉달 복을 입는다.
다른 어른은 부름말과 걸림말이 다르다. 할아버지의 형제를 부를 때에는
택호를 앞에 놓고 '한밤할아버지, 편히 오셨습니까?'라고 하지만 걸림말은 '아
까 우리 종조부(從祖父 : 둘째할아버지)의 말씀을 들으니'가 된다. 아버지의
종형제(從兄弟)에게는 '작은골아저씨, 어서 오십시오.'라고 부르나 일러 말할
때는 '우리 종숙(從叔)/당숙(堂叔)의 작품이야'처럼 쓴다. 여자가 시당(媤黨 :
남편네 피겨레)의 어른에게 하는 말은 남편이 그를 부르는 말에 '-님'을 받쳐

불러 말하고 ('아버님, 살펴 다녀오십시오'처럼), '-시-'를 앞세워 일러 말하는 점('어제 우리 시어머님께서 오셨어'처럼)이 다르다.

고모의 남편을 한자말로 고모부(姑母夫)라고 하는데 우리말로는 고모아저 씨라고도 부르나 '고모의 아저씨'라는 뜻이 될 수도 있어서, '새 아저씨/새 아 재'라고 부르는 곳도 있다. 그 아들을 일러 "내 고종형일세."라고 일러 말하나 부를 때는 '사도실형/ 창수형'할 수 있겠다. 왕고모의 경우도 같다. 그리고 '외 할아버지와 외할머니'는 나와 피가 섞여 있으므로 부름말과 걸림말이 같으나 '외숙(外叔)'은 그렇지 않으므로 걸림말이고 '외아저씨/외아주머니'로 부른다. 걸림말이 외오촌이나 외칠촌인 경우는 '한밤외아저씨'로 부른다. 여자는 시당 의 경우와 같다.

남자 아우는 형, 종형, 재종형들에게 '-님'을 달아 부르거나 일컫지 않으며, 형은 아우에게 이름을 부르지 않고 '아우 왔는가?'로 부르고 종제나 재종제에 게는 그의 이름 뒤에 '-아우'를 붙여 부르다가 장가들면 택호를 앞세우고 '-아 우'를 뒤에 단다. 누나의 남편에게는 '(한밤)새형' 또는 '자형'으로 부르고 '누나 남편/자부(姉夫)'로 일러 말하며 누이의 남편에게는 '김 서방, 언제 왔는가?'로 부르고 '누이남편/매부(妹夫)'로 이른다. 고모의 아들딸은 내종(內從)이고 외 조부의 손자/손녀는 외종(外從)인데 이들에게도 같다. 남자가 그의 친누나에 대해서는 '누나'로 부르고 일컬으며 여동생에 대해서는 '김실이'로 부르고 '누 이'로 일컫는다. 사촌이상은 '한밤김실이'로 부른다.

여자는 더 복잡하다. 형수가 시동생에게는 '도련님'으로 부르다가 장가들면 '아주버님'으로 고쳐 부르며, 그를 남에게 일러 말할 때는 '시맏형이 오셔서, 시동생이 와서'가 된다. 남편 형의 부인에게는 '형님'으로, 그 아우의 부인에게 는 잠시 '새댁'으로 부르다가 택호가 정해지면 '한밤댁'으로 부르는 집안도 있 지만 불리는 이가 늙어도 계속 '새댁'으로 부르는 집안도 있다. 남편 누나에게 는 '(한밤)형님'으로, 남편 누이에게는 '아가씨'로 부르다가 시집가면 '김 서방 댁'으로 부른다. 시누나의 남편에게는 '한밤아주버님'으로 부르고, 시누이의 남 편에게는 '김서방 오십니까?'로 부른다.

김 서방댁이 친정에 가서 그 오라버니댁을 '형아, 잘 있었나?'로 말차림하는 것이 경상도 풍습이다. 남동생의 부인에게는 '새댁'으로 직접 대하여 부르고 '동생댁'으로 그녀를 남에게 이른다. 여동생의 남편에게는 '김 서방, 오셨습니까?'로 말차림을 하고, 그를 남에게 이를 때는 '동생남편/제부(弟夫)'로 말하며, 언니의 남편을 직접 부르거나 남에게 이를 때는 모두 '형부(兄夫)'이다.

남자가 처가에 가서 '장인어른, 안녕하셨습니까?, 장모님도 편안하셨습니까?'로 인사하고 처남들과 이야기하는데, 처형과 처제는 내외법이 있어서 삼가는 말을 썼다. 처제의 남편을 '김 서방'으로 부르고 처형의 남편을 '동서'라고 부르나 나이가 거꾸로이면 부르기가 조심스럽다.

아들과 딸을 혼인시킨 집의 아버지끼리는 서로 사돈(査頓)이라고 부르고 어머니끼리도 서로 사돈이라고 부른다. 내외법이 엄했던 시절에는 안사돈과 바깥사돈이 서로 말하거나 그에 대한 언급을 하는 것이 예에 어긋나므로 부를 일도 없고 이를 일도 없었다. 사돈의 집안(= 査家)에서 사돈보다 높은이를 '사장어른'이라고 부르며 사하생들도 그 상대를 '사장어른'으로 부른다. '사돈, 오셨습니까? 사장어른 근력 그만하십니까? 저는 어제 서울 왔습니다.' 할 때 사장어른은 사돈의 아버지나 할아버지를 이른다. 한편 곁사돈은 형제의 사돈과 사돈의 형제(며느리의 백/숙부들과 사위의 백/숙부들)들을 이르는데 그 범위를 넘으면 곁사돈이 아니나 요즘은 이 한계를 넘어서 곁사돈으로 부르는 사람도 있다. 이들의 말차림은 이렇다. '곁사돈 오셨습니까? 사장어른 편하시고 우리 사돈도 잘 있습니까?'고 물으면 그 답은 '예, 곁사돈, 반갑습니다. 우리 아버지 잘 계시고 형은 서울 가셨습니다.'가 된다. 사돈의 아들, 딸, 며느리 되는 이를 '사하생'이라고 이르는데 사하생 되는 이는 상대가 아버지의 사돈이므로 높여서 '사장어른'이라고 부른다.

2.3 말차림법

옛날 부족들이 서로 싸워서 이긴 편이 진 편에게 복종을 강요한 것은 있을 법한 일이었다. 사회적 신분이 고정될수록 윗 신분의 사람이 아랫 신분의 사람에게 존경을 강요한 것도 있을 법한 일이었다. 그런 존경 또는 높임의 표시를 말의 마디마다 붙이게 한 것은 어찌 보면 편리하고 어찌 보면 불편한데 우리말은 그런 높임의 표지가 발달되어 있다. 영어나 중국말이나 몽고말에 이르기까지 우리말만큼 엄격하지는 않다. 일컫는 대상에 '-님'을 붙이고 그 행위의 표현에 '-시-'를 끼우는 버릇이 어떻게 해서 생겼는지 모르나 우리말의 큰 특징이다.

내 말을 듣는 상대에 따라 높임이나 공손함 또는 삼감의 뜻을 보태는 것은 여러 언어에서 보이는 현상이다. 영어에도 이를테면 'Sit down., Please sit down., Sit down please., Please have a seat., Please be seated.' 등이 정중함을 달리하여 쓰인다. 국어는 이 등급도 상당히 가지런하게 드러나 있는데 가족이나 친척 관계일 때에는 존경이나 공경의 뜻 말고도 삼감의 뜻이 곁들여 있다. 8촌 안의 집안 어른에게는 공경의 말차림을 쓴다.

나이 어린 처제나 동생남편[제부(弟夫)]에게, 심지어 외사촌의 며느리나 처남의 손부 등에게 '합니다'체를 쓰는 것은 삼감의 뜻이 있다. 공경해서 말할 때에는 '저는 어찌 합니다.'로 쓰고 삼갈 때의 말은 '나는 어찌 합니다.'로 써서 차이를 둔다. 처숙모가 질녀 남편에게도 삼가는 말로, "김 서방, 오셨습니까? 사장어른 근력 여전하시고요? 우리 박실이는 함께 안 왔습니까?"라고 한다.

형제는 등급으로 같고 차례만 앞뒤가 되는 사이여서 형이 아우를 가르치거나 아우에게 존경을 강요할 사이가 아니므로 그에 걸맞은 말차림을 하고, 부부는 동등하므로 서로 같은 말차림으로 대한다. 이 두 경우는 각 지역의 문화마다 조금씩 다르다. 충청도 어느 지역에서는 결혼을 해도 아우가 형에게 반말을 하고 부부는 서로 공대(恭待)하는데, 경상도 어느 지역에서는 아우가 형에게 '하소'를 쓰고 형은 아우에게 '하게'를 쓰며 부부는 서로 반말을 한다고 한다.

말차림의 대우법에서 일가 즉 8촌 안으로는 세대상의 위/아래가 우선이고 8촌이 넘으면 나이가 우선이었다. 열 살 먹은 재종숙(再從叔)에게 스무살짜리 장가간 재종조카는 깍듯이 존대하지만 9촌이 넘어서 그런 나이 차이를 지니면 서로 존대하는 말을 쓰는 것이 도리였다. 옛 법으로는 나이가 2배쯤(대개 스무 살쯤) 차이가 나면 부모와 같이 섬기고 십년 위이면 형으로 대하고 오년 위가 되면 어깨를 나란히 하고 따른다고 했다.

2.4 가족과 친족 사이의 예절과 가족의 문화

사람과 사람이 만나고 집안과 집안이 만나서 예절을 다하는 것은 어느 문화나 어느 시대나 있는 일이다. 만나서 반갑고 헤어져 섭섭한 것이 우리의 정인데 이를 말로 표현함은 물론이고, 살면서 겪게 되는 기쁨을 이웃과 함께 나누어 기뻐하고 슬픔을 나누어 함께 슬퍼하면서 정을 두터이 하고 사는 것이다. 이런 것이 글로 적혀 남겨져서 훌륭한 가족의 문화유산이 된 것이 많다.

인사는 가장 기본적인 예절인데 부모, 조부모, 백/숙부모에게는 문 밖에서 큰절을 드리고 그 밖의 친족에게는 문 안에서 인사를 드린다. 항렬이 같으면 나이 차이가 지더라도 맞절을 한다. 내가 집밖에 나가거나 어른이 나가면 그 인사를 드림이 마땅하고, 내가 멀리 나가 있게 되면 때에 맞게 문안 편지를 어른께 올려서 내 형편을 알려드림이 예의에 맞는 일이다. 사돈 사이에는 때에 맞게 문안 인사를 써서 시절 음식을 갖추어 주고받았다. 친당은 물론이요 처당이나 모당에서 상례를 당하여서는 만장(輓狀)을 써서 가고 그의 행적과 나의 슬픔을 곡진하게 제문(祭文)에다 정성들여 담아 올렸다. 여자들의 제문 가운데는 지금도 사람의 심금을 울리는 것이 집안마다 남아 있을 것이다.

어른에게 기쁜 일이 있거나 회갑을 맞으면 일가와 친척을 모시는 글을 정성들여 써서 이받이를 정성껏 베푸는데 여기에 온 이들은 그 기쁜 뜻을 시나 글로 적어 남기는 것이 문화적 예절이었다.

내 어른이 돌아가시면 상례를 엄숙히 하고 상복(喪服)을 벗으면 그의 시문과 잡저 및 그와 관련되는 글들을 정리하는 한편, 행장(行狀)을 낱낱이 적어 보관하는데 이것은 어른의 일생을 잘 갈무리하고 자손이 그 정신을 이어가게 하기 위함이다.

태어나서 죽을 때까지 겪게 되는 일생의 중요한 매듭을 의례화한 것을 통과의례라고 한다. 개인이 일기를 적어 하루를 알차게 살듯이 집안이나 일가친척의 통과의례를 엄숙히 하여 마디마다 그 본뜻을 살려 시행함은 가족 성원의 사람노릇을 엄숙히 하게 하는 교화(敎化)의 뜻이 있다. 게다가 그런 의례의 마디마디가 글로 적혀 전해지면 좋은 가족문화를 이룰 수 있게 될 것이다.

지금은 우리가 모두 모국어를 되찾아 한글로 글을 쓰고 게다가 인쇄나 보관이 매우 쉬운 형편에 살고 있다. 이런 문화를 생성하고 전달하는 데 품이 아주 적게 들어 마음만 돈독하게 다진다면 누구나 양반스럽게 살 수 있지만 모두를 돈으로나 물건으로만 떼우려고 하니 겨레 문화의 바탕이 되는 가족의 문화는 사라지고 없는 것이다.

2.5 마무리

한국 전통 사회에서의 가족 말차림새를 살펴보면 그 사회의 특징이 잘 드러난다. 가족의 부름말과 걸림말을 전체적으로 보면 옛날 선비들의 가족 운영의 몇 가지 원칙이 발견되는데 (ㄱ)아비 피 중심으로, (ㄴ)엄격한 서열을 세우고, (ㄷ)같고 다름을 피로 엄격히 구분하고, (ㄹ)멀고 가까움을 세대의 거리로 따지는 식으로 운영했음을 알 수 있다.

사람과 사람의 사이에 맺어지는 끈을 생물학적인 피에서 찾은 것은 사회 조직이 그만큼 단순했던 데서 말미암는다. 예전에는 태어나서 죽을 때까지 이 땅에서 어쩌면 한 마을에서 살며 평생 가지는 직업이 한 가지뿐이었으나 이를 지금의 사회와 비교할 수는 없다. 현재 우리는 삶의 터가 다양하고 넓어서 헤아리기 힘든 수의 사람과 수많은 관계를 맺으면서 살고 있다. 이런 사회에서 초등학생의 '아버지'로 배웅을 받으며 집을 나가 '어이, 김 과장'으로 결재를 얻어 '김 과장님'으로서 일을 하고 '김한별 선배님'이 되어 저녁을 먹고 집에 돌아와서 '여보'가 되어 잔다.

사람과 사람 사의의 관계를 수평적으로 동등하게 맺지 않고 위아래의 서열로 두어야 직성이 풀리는 것은 조선 시대 양반 사회에서 끼친 풍습이기는 하나, 그런 데에만 온통 책임이 있는 것은 아니다. 오히려 그 뒤에 우리 겨레가 경험한 시대와 사회의 정치 문화적 악습이 끼친 영향이 더 큰 것이 아닌가 한다. 옛날 서당이나 서원에서는 나이나 입학에 차등이 져도 같은 문 안에서 함께 배움을 무겁게 보아 서로 자(字)를 부르며 존중했으나 지금은 학교에 따라 다르기는 하나 어떤 학교 졸업생은 모이면 1년 차이만 나도 상하 구분을 지어 말가림을 엄격히 하는데 근대 학교가 일본을 통해 들어왔기에 그 시절 그 나라의 분위기가 함께 묻어 들어와 반성 없이 이어지는 것이라고 생각된다.

지금 와서 삶의 터를 논밭에서 벗어나게 되고, 교섭의 폭이 피의 맺음을 넘게 됨에 따라 우리는 헤아리기 힘든 많은 상황 속에서 산다. 이 수많은 상황에 따라 나를 상대적으로 규정하려면 현기증을 느낄 것이며, 그것이 가능하지도 바람직하지도 않다. 대신에 변하지 않는 나 '김한별'로 살며 그리 불려지는 것이 더 나을 수 있다.

우리말의 대우법[尊卑法]은 순수한 문법규칙이라고 말하기 어렵다. 손자가 그 할아비에게 "할아버지, 빨리 와서 밥 먹어."라고 하면 그 할아비는 웃으면서 "그래, 그래. 함께 먹자." 할 것이다. 대우법이 '좋은' 것이라고 이전에는 이걸 매우 열심히 가르쳤다. 그러나 달리 생각하면 대우법은 우리 겨레가 평등하게 사는 데 큰 걸림이 된다고 생각된다. 상대가 말을 높이는가 낮추는가에 따라 내 기분이 나빠지기도 하므로 이 때문에 다툼이 많이 일어나고 큰 싸움까지 번지는 경우를 우리는 너무 많이 보아왔다. 말을 주고받을 때 참말인지 논리와 추리 규칙에 맞는지 하는 곳에 더 치중해야지 상대가 나를 말로 어떻게 '대우'하는지를 섬세하게 신경을 쓰면 될 일인가? 더구나 말 따로, 생각 따로일 경우가 얼마나 많은가?

02

사고력을
함양하는
교육

사람은 의도적 교육을 하지 않아도 자기에게 필요한 만큼의 말을 하고 산다. 모국어의 의도적 교육에서 가장 중요한 일은 모국어가 지닌 사고 기능을 잡아내어 말을 사고와 맺어서 양 쪽을 더 풍부하게 넓히고 알뜰하게 잡아주는 일이다.

국어과의 교육영역을 '말하기, 듣기, 읽기, 쓰기, 매체' 등으로 잡으면 이들의 표층적 교육에 초점이 맞춰지고 그들 속에 들어 있으면서 그들을 완결되게 하는 사고와 표현의 본체가 빠지게 된다.

논리적 사고와 표현을 정면에서 가르치기 위해서는 논술 능력을 구성하는 요소를 바르게 해체하고서 이들 해체된 요소들이 학생들에게 효과적으로 통합되도록 교육을 설계해야 한다.

3

사고력을 함양하는 모국어 교육

3.1 들머리

한국인이 모국어를 정확하고 바르고 창조적으로 읽고 쓰기[운용하기]에 결정적인 인자는 개개인의 '사고력' 수준이다. 교육은 활동이며 구성주의 교육은 학생의 두뇌 활동을 부추기자는 것이 핵심이다. 이 사조의 이전부터 애초에 국어교육은 '대상세계＋사고＋한국말'의 소통을 학생의 마음속에서 활발하게 시키는 활동, 즉 '지식 구성의 내면화' 교육이었어야 했다. 왜냐하면 말은 사고의도구이기 때문이다. 이야기를 겉으로 구조적으로만 보면 '음소-음절-형태소-단어-문장-문단'의 계층으로 이루어져 있고 또 한편으로는 '처음-중간-마무리'로 이루어졌다고 보지마는 이런 정도로는 아무것도 가르쳐 줄 것이 없다. 이야기에는 필자가 대상에 대해서 인식한 내용과 개념을 체계화한 내용과 대상의해석이 녹아 있는데, 요컨대 대상에 대한 필자의 사고 과정과 결과인 것이다.

우리 교육과정에서 1~3차 시절에는 한자 가르치기에 치중하면서 모국어 운용 능력과 거의 무관한 지식의 맹목적 주입에 초점을 두었고, 4~7차 시절에는 좋게 보면 '대상세계의 인식 수준과 사고'가 빠진 '말의 표층적 운용의 기능교육이거나 이야기[텍스트]의 형식만을 교육했다고 여겨진다. 외국어가 아닌모국어를 말만으로 가르치면 가르친 것이 거의 없게 된다.

이 글은 모국어의 바르고 정확한 운용을 훈련하기 위해서는 사고와 논리를 정면으로 가르쳐야 함을 밝혀내는 데 목적이 있다.

본론을 전개하기 전에 모국어 운용에 관해서 잠깐 언급할 것이 있다. 이인제 등(2005 : 90-91)에서 호주의 연방 자국어 교육과정의 구성에 주목하고 "이 나라에서는 '듣기, 말하기, 읽기, 보기, 쓰기'가 내용 영역이 아니라 언어 양식을 다루는 것으로 이들을 통하여 텍스트와 언어가 구현되는 것으로 제시하고 있다. 이들 다섯 가지는 언어 학습의 내용 영역이라기보다는 텍스트와 언어를 구성하는 '양식(樣式)'이자[3] 그 둘의 학습을 위한 '방법'이라고 본다는 점에서 한국의 국어교육과 큰 차이가 있다."고 하고서 다시 그에 대해서 더 깊은 탐색을 하지는 않고 "이 분류가 가지는 의미에 대하여 생각해 볼 필요가 있다"는 정도로만 진술하고 있다.

그런데 이상태(1978, 1993)에서 모국어 교육을 위한 교육과정을 잡기 위해서는 '말하기/듣기/읽기/쓰기'를 능력 중심으로 환원하는 것이 모국어 운용 교육의 본질에 더 쉬 다가서는 일이라고 지적한 일이 있다. 말하기의 형식인 인사하기는 모국어로는 태어난 문화바탕이므로 따로 더 익힐 것이 없는 것이다. 대상 설명하기는 입말로 표현하거나 글로 쓰거나 간에 공통되는 부면이 더 많고 이것이 교육의 핵심을 이룬다는 사실에 주목하여 거기서는 이른바 이런 '언어사용 영역'들을 환원하여 '각 사용 영역[말하기] = 공통의 능력 + 변별적 표지[소리 내기, 끊어 말하기 등]'로 나누고 교육의 핵심을 공통의 능력에 두어야 함을 강조하였다.

이 글에서는 국어과 교육에서 길러 주어야 할 공통의 능력으로서 모국어 운용에 묻어 있는 사고력 신장과 논리의 훈련을 주목하고서 그들의 자세한 모습을 낱낱이 밝혀주고자 한다.

---

3) 이는 틀린 표현이다. '듣기/말하기/읽기/쓰기'는 이야기[텍스트]가 구성되는 양식이 아니고 이야기가 운용되는 표층의 양식이다. 한 이야기를 글로 쓸 수도 있으며 입으로 말할 수도 있다. 이야기가 어렵고 복잡하면 입말로 표현할 때 입말의 변별적 특징들, 이를테면 대우상의 위계 조정['-습니다' 문체], 대명사에 의한 조응보다는 동일어 사용, 적당한 명제의 반복, 그리고 적당한 문단 구분 제시문['그러면 그 이유가 무엇이겠습니까?'] 등을 더 보태어 말한다.

3.2 교육과정에서의 모국어 보기

각 교과 교육은 그 교과에 해당하는 대상세계, 또는 학문 이론에 관한 바른 인식에서 목표나 내용이 정해진다. 국어과는 모국어에 관한 바른 인식이 교과 교육 설계의 기본이므로 우리 교육과정에서는 모국어를 어떻게 인식하고 있는가를 살펴보아야 한다.

교육과정에서 눈에 띄는 모국어 인식 양상은 민족의식 형성의 측면과 구조주의적 측면의 둘이다.

전자부터 살펴보자. 2007년 교육과정의 '국어과'에서는 모국어에 '한국인의 삶이 배어 있다'[교육과정 '1. 성격']는 정도로 진술되어 있다. 이 밍밍한 진술은 뒤에 나오는 말 '국어를 창조적으로 사용하는 능력과 태도를 길러 … 미래지향적인 민족의식과 건전한 국민정서를 함양하여'에 잇기 위한 말로 보인다. 그런데 이 들 세 명제는 모두 지극히 추상적이어서 사실 차원의 해명들이 필요하다. 우선은 [1]한국어에 한국인의 삶이 어떻게 배어 있는가가 해명되어야 하고, 이어서 [2]미래지향적 민족의식은 어떤 내용을 지니는가가 해명되어야 하며, 또 [3]건전한 국민정서의 내용은 무엇인가도 해명되어야 한다. 이어서 이것이 국어과 교육인 이상 [4], 위의 [2]와 [3]이 어떻게 교육되는지를 밝혀주어야 한다.[4]

그러나 이들 넷은 교육과정 속에는 밝혀진 바 없다. 우선 [1]을 보자. 교육과정의 '문법 지식' 영역 속에 '국어의 특질'이란 소영역이 있으며 이에 따라 편찬된 교과서의 어디에도 모국어가 한국인 삶의 모습, 또는 한국 문화의 특징이 모국어에 어떻게 배어 있는지를 해명하고 있지 않으며 모국어가 한국인의 구

---

[4] 교육과정에서는 애초에 모국어와 사고의 관계가 잘못 정립되어 있다. 생각을 바르게[오류 없이, 추리의 건전성과 설명력을 갖추어] 해야 말이 바르게 된다는 사실을 무시하고 '말만'을 떼어서 보고 교육과정을 짜 왔다. 아래 진술[2007년 교육과정 '국어과의 성격' 일부]을 보라. "국어 교과에서 학습자는 국어 활동에 대한 지식을 바탕으로 담화 또는 글의 내용을 정확하고 비판적으로 이해하고, 사상과 정서를 효과적이고 창의적으로 표현하는 능력을 향상시킨다. 또한 국어 현상을 탐구하여 국어를 깊이 있게 이해하고 국어에 대한 의식을 높인다."

체적 삶[즉 의식주]와 사회적 삶[사회와 정치와 규범 등]에 어떤 관계가 있는지도 밝혀주지 못한다.

위의 [2]와 [3]은 교육과정의 어디에도 영역화 되지 않고 있다. 그리고 이들은 사실 진술 차원으로 밝혀낼 수 있을 것 같지도 않다. 그리고 정책 진술인 [4]는 '국어과 교육의 성격'으로 규정한 이상 마땅히 국어과의 중요한 한 영역으로 잡혀져야 하나 그런 영역은 없다. 괜히 해 본 소리인 것이다.

또 하나는 구조주의적 측면의 모국어 보기이다. 이 교육과정의 '성격'에는 '언어와 국어에 대한 기본적인 지식을 바탕으로 언어현상을 탐구하고 국어생활에 활용하는 능력을 기른다.'는 진술을 하고서 이에 근거하여 국어과의 교육내용영역 속에 '문법 지식'을 따로 내세워 학생을 예비 국어학자로 훈련하려고 하고 있음을 본다.

그런데 '문법 지식'은 스스로 한계를 지닌다. 말의 계층에서 음운, 어휘, 문장은 그 나름대로의 완성된 규칙 체계는 지니고 있으나 이들 규칙이 텍스트 덩이의 이해와 생성에 기여하는 바는 극히 적다. 왜냐하면 이들은 각각 말의 구조적 측면만을 바라보고 규칙을 생성했기 때문이다.

그리고 담화 부문은 모국어의 교육에 가장 쓸모 많은 언어학적인 층위이지마는 학문에서조차 하위 계층에서 보이는 구성요소의 체계가 없다. 이를테면 음운 층위는 자음음소의 체계표라는 것이 세종 이후에 모습을 약간씩 달리하면서 존재하지마는 담화의 구성성분인 문단이나 문장을 그렇게 체계화한 패러다임은 존재하지 않는다. 사정이 이러므로 이 층위에는 학문에서조차 자족적 구성규칙이나 생성 규칙 자체가 공인된 바 없다. 따라서 담화 부문에서 다루는 '지시'는 하위덩이인 대명사 등에서, '보조사'는 조사에서 다루는 것이 일관성이 있다. 이들은 담화의 하위 구성성분이 아니다.

이론적으로도 불완전하기 짝이 없는 이 불완전한 부문을 교육에 끌어들이게 된 말미는 무지함에서일까?

'문법 지식'의 적용에 관한 제약은 소쉬르가 구조언어학을 창시할 때 생긴 것이다. 모국어의 교육과 연구는 그 목적이 다르기 때문에 구체적 대상은 서로 다르다. 그럼에도 불구하고 이들 두 처지를 혼동하여 문제를 일으키는 경우가 있다. 근대언어학 연구의 문을 연 소쉬르(1915 : 36-39)에서는 이 점을 분명히 밝혔다. 거기서는 말을 바깥 요소와 본래 요소로 나누고 전자에는 민족학('한 국민의 풍습은 말에 반영되며 한편으로는 대체로 보아서 말이 국민을 만들고 있다.'), 정치사('식민은 정복의 한 형식에 불과하지만 한 겨레말을 다른 [말의 : 필자 보탬] 환경에 옮겨 놓게 되므로 그 겨레말에 변화가 생긴다.'), 모든 제도, 지리적 확장과 방언의 분열 등 넷을 들었다. 한편, 말의 본래 요소로는 말 자체의 구조[체계]와 규칙을 들고 언어학은 후자를 연구하는 것으로 한정하였다. 그래서 이를 따르는 이후의 말 연구를 '구조언어학'이라고 부름은 널리 아는 사실이다.

연구에 이런 제약이 있으므로 당연히 교육을 비롯한 적용에도 제약이 따를 수밖에 없다. 한국인은 웬만하면 문법적인 문장을 생성하며 이상한 문장을 판별해 낼 줄도 알지만 모국어 생성규칙이 사실차원으로 남김없이 진술되지 못하고 있는 형편이다.

또 연구의 결과로 얻은 개념의 체계[즉 '지식']는 계속 세련되어가고 깊어져 가며, 이를 학생들이 끝까지 추적하여야 구성주의에 걸맞은 탐구의 묘미를 깊이 맛보게 되고 지식구성의 체험을 심화할 수 있다. 음소 기반의 음운론을 넘어서 음운자질을 규칙 기술의 기반으로 삼으면 소리규칙을 더 세련되게 기술할 수 있음은 우리의 상식이다. 그런데 특정의 수준에만 머무르고 마는 것은 무슨 근거가 있는지 따져보지 않고 교육내용을 구성해 왔다.

더 깊은 문제가 다른 데 있다. 모국어교육의 핵심은 한국어에 관한 언어학적인 지식을 가르치는 것이 아니라 모국어를 바르고 정확하게 운용하는 능력을 길러주는 데 있다. 이 일에 '문법 **지식**'이 쓰이는 곳은 표기법 수준에 크게 넘지 않는다. '소첩[小妾], 소신[小臣], 불초자[不肖子], 짐[朕], 과인[寡人]'의 의미를 아는 이에게 이들이 1인칭대명사라는 '문법 **지식**'을 귀띔해 준다고 해서 모국어 운용에 무슨 핵심적 도움을 주는가?

3.3 정확하고 바른 운용의 속살 : 사고 능력과 논리

듣고 말하고 읽고 쓰는 일, 즉 모국어 운용의 속살 속에는 관계하는 세 가지, 즉 대상세계와 말[이야기]과 사고/논리 사이의 바르고 정확한 소통관계가 들어 있다. 대상세계를 바르고 정확하게 언어화하는 일을 표현이라고 하고 여러 현상을 묶어 해석하는 다양한 방법 가운데 타당한 해석은 바른 사고와 바른 논리에서 나온다.

모국어 운용의 핵심은 바름과 정확함이다. 교육과정에는 '바르게', '정확하게'란 말이 많이 나온다. 이 두 조건을 말에만 관련지을 때 외국어 교육은 발음과 표기와 문법적 문장 구성 등에서 할 일이 많지만 모국어 운용에서 별로 가르칠 것이 없다. 문법에 맞게 말하기는 학교에 들어오기 전부터 내면화되어 있고 표기법 익히기는 12년 교육의 극히 초기 단계에서 이루어진다. 따라서 이 두 조건은 말과 대상세계와 사고 등 세 가지 사이에 살아있는 관련을 맺어줄 때 비로소 가르치고 훈련할 거리가 생긴다.

모국어 운용의 정확함은 대상세계를 더 깊이 인식할 때 생긴다. 간단한 예를 하나 들어보자. 교육의 목적을 학생의 주체적 지식 구성 능력 향상에 둘 때 특히 초등학교 여러 교과의 과제 수행은 모국어를 통한 대상세계의 인식과 사고과정에 주어진다.[5] 이를테면 서울시교육청(2002)의 초등학교 3학년 사회 과목에 아래 과업이 나오는데 예상되는 학생의 반응은 학생의 세계 이해의 정도에 따라 여럿이 나올 수 있다.

---

5) 이런 이유로 프랑스에서는 초등학교 제3주기[3-5학년]에서 모국어를 다른 교과와 함께 묶어 가르친다(이인제 등, 2005 : 78-79).

[예시1] 다음 그림지도를 보고 마을 사람들은 자연을 어떻게 이용하며 생활하고 있는지 예를 3가지 쓰시오.

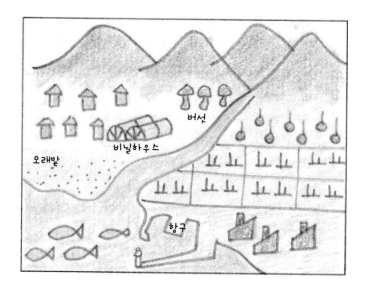

학생의 예상되는 반응

[표현1] 어부는 바다에서 고기를 잡는다.

[표현2] 순희 아버지는 이른 봄이면 아들과 함께 목선을 타고 돌섬 앞 바다에 나가 숭어를 잡는다.

　　표현이 정확해지려면 대상세계를 더 깊이 인식해야 한다. 위의 과제에 대해서 도시 학생은 [1]처럼 표현할 수도 있지만 바다 가까이 살면서 주의 깊게 삶을 관찰하는 학생이라면 [표현 2]를 쓸 수도 있을 것이다. 그런데 인식은 사고의 앞단계인 것이다. 이를 달리 말할 수도 있다. 즉 표현이 더 정확해지려면 명제를 구성하는 참여항들이 특칭화 되는 것이 바람직하다. 위의 [예시1]에 있는 [표현1]의 '어부'보다는 '순희 아버지'가 더 특칭화 되고, '바다'보다는 '돌섬 앞바다'가, '고기'보다는 '숭어가' 더 특칭화 되어 전체적으로 [표현1]보다는 [표현2]가 더 정확하게 대상세계를 표현하고 있다.

　　한편, 모국어 운용의 바름은 어디에서 오는가? 두 가지가 충족되어야 하는

데 하나는 정확함의 요건이고 또 하나는 논리적 관련의 요건이다. 이야기[텍스트]를 구성하는 명제들이 논리적 관련을 맺어야 하는 것이다. [예시2]를 두고 보자.

[예시2]

> 그렇다면 언어를 육성하고 지배하고 있는 것은 민족도 아니고 문화도 아니라면 과연 언어를 지배하고 있는 것이 무엇이냐 하면 그것은 언어사회라는 것이다. 국어는 우리의 언어사회의 소유물이란 이 점을 강력히 주장하고자 한다. 우리는 언어생활에서 우리의 언어사회에서 규정된 국어를 사용하는 것인데, 이 국어는 오랜 시일을 두고 사회적 계약으로서 이루어진 것이어서, 우리가 출생과 더불어 이 언어사회의 계약인 법전과 같이 규정된 언어를 가족과 이웃을 통하여 인계를 받고 이것을 사용하고 또 자손과 후배에게 인계하고 죽는 것이다. 이 국어란 계약은 개인의 힘으로 변역할 수 없는 계약이며, 소위 "언어는 사회적 계약"이라는 문구는 곧 언어사회를 전제로 하고 여기서 계약된 언어를 말하는 것이다. 우리는 언어생활에서 언어사회의 지배를 받는 것이어서, 한국인의 어린이를 미국에 이주시키면 그는 곧 영어라는 언어사회의 지배를 받는 것이어서, 미국어를 자연 미국인과 같이 사용하게 되는 까닭이 이해될 것이다. 그러므로 모국을 떠난 이민이 비록 모국어를 견지하려 하여도 삼대 가기 전에 완전히 그곳 언어사회의 계약인 언어를 소유하게 되는 것임은 다시 말할 여지도 없다. 오늘날 유태인이 민족정신을 견지하고 단결을 꾀하나, 언어만은 각 거주지의 언어사회의 무거운 지배를 벗어날 수 없어 각국의 유태인의 언어가 다른 이유도 또한 이해될 것이다. 사람은 그 민족별이 어떻든 그 민족의 문화가 어떻든 간에 거주하는 곳의 언어사회의 계약을 따르는 것이 원칙인 것이다. 그러므로 언어에 대하여 민족이나 문화가 그다지 지배력을 가진 것이 못 됨이 더욱 쉽게 이해될 것이다.

이 이야기는 바르지 않다. 내용상 사실에 부합하지 않은 명제가 있다. '언어는 사회적 계약'이라는 표현은 사실이 아니다. 우리는 한국어를 쓰려고 계약서에 도장을 찍은 일이 없다. 그런 계약은 존재하지 않는다. 그 표현은 이전의 일반 언어학 안내서에 (이를테면 스터트번트 Sturtevant, 1978 : 3) 말의 사회성을 설명하면서 '(겨레)말은 사회적인 계약처럼(like social contract) 한 사회에서는 어휘의 의미가 대개 고정되어 있다.'는 표현이 보인다. 비유를 위해 끌어온 보조관념을 사실로 받아들여 논술의 근거로 삼는 일은 오류(은밀한 재정의의 오류)를 일으킨다. 이야기 속의 '각국의 유태인의 언어가 다르다.'는 표현도 정확하지 않거나 필자의 논거로 쓰일 수 없는 표현이다. 이 이야기의 핵심 명제를 왜정시대 한국에 적용하면 이런 이상한 주장이 된다. 즉 '말은 언어사회의 계약인데 그때 한국은 일본의 식민 사회이므로 한국인은 일본어를 써야 마땅하다.'

필자는 이 이야기의 핵심 개념인 '민족'을 '인종'과 혼동해서 인식하고 있고 '문화'라는 핵심개념도 잘못 인식하고서 이야기를 풀었다. 이 이야기 조각의 앞부분에서 필자는 '민족'에 관한 메이예의 말을 이렇게 인용한다. "민족이란 것은 어느 물적 지점으로 연결되는 것도 아니고, 또는 언어로 연결되는 것도 아니다. 어느 민족에 속하느냐 않느냐는 감정과 의지의 문제이다. 그러나 민족을 구별하는 특성 중 가장 명백한, 가장 유효한 제일 특성은 무어니 무어니 해도 언어이다. 언어의 차이가 소멸하는 곳에서 민족 차이도 점점 없어져 가며, 또는 민족 감정이 결한 곳에 언어의 차이도 없어져 간다." 이 인용의 진짜 의미는 특정 언어는 특정 민족을 표상하는 최상의 변별체라는 것이다. 이 글의 앞 절에 인용한 소쉬르의 말도 그것을 보여준다.

백보를 양보해서 '말은 [해당] 언어사회의 소산'을 인정한다고 해도 이 일반적 표현을 특칭화하여 한국어에 적용하면 '한국말은 한국어사회의 소산'이 된다. 그런데 한국어사회의 구성원으로 자연 집단을 '한겨레'라고 부른다. 그리고 한겨레의 삶의 양식을 '한문화'라고 부른다. 삶의 물질적 양식인 의식주가 '버선, 된장, 구들목'처럼 한국어로 표현됨에서 보듯이 한국말이 곧 한문화의 표상 자체인 것이다. 한겨레가 온돌 생활을 하니까 '구들'이란 말이 필요해서 그 말을 만든 것이다. '한문화가 한국어를 육성한' 것이다. 필자의 주장을 인정한다고 해도 말은 민족과 그 문화와 관계가 깊어지는 것이다. 필자가 부정한 내용이 긍정되고 만다. 따라서 이 이야기는 내용상 스스로 모순을 범하고 있는 이야기가 되는 것이다.

잘못 생성된 이 이야기를 '바르게' 이해하려면 필자의 핵심 개념에 대한 인식의 수준을 따져 보고 필자의 개념의 분석상 바르고 틀림을 따져주며 해석의 옳고 틀림을 꼼꼼하게 따져주어야 한다. 이 작업은 사고와 논리를 동원해야 가장 효율적으로 얻어질 수 있다. 즉 모국어로 된 이야기의 생성과 이해에는 사고와 논리가 중요한 몫을 한다는 것이다.

이 [예시2]가 든 글은 5차 교육과정의 고등학교 국어 교재에 실려 있었는데 국어교육에서 글 속의 사고나 논리를 점검하는 활동을 하지 않았다는 현저한 증거가 아닐 수 없다.

쓰기나 작문은 이야기 구성의 훈련을 하는 영역이다. 모국어를 가지고 이 훈련을 하는 중심에 내용의 생성, 특히 정확하고 바른 생성에 초점이 놓여진다. 이상태(2003)에서는 모국어 이야기 생성을 위한 기능들을 아래 [1]로 밝혔는데 학교급이 높아질수록 사고와 논리가 더 중요해진다.

[1] 작문 기능의 구성 요소
　(가) 문자 표현을 위한 규약의 이해
　　　① 음소에 대응되는 글자를 익히고 맞춤법, 띄어쓰기 등을 바르게 사용한다.
　　　② 원고지를 바르게 사용한다.
　(나) 대상과 개념 표현을 위한 어휘 구사력
　　　① 마음속에 떠오른 개념이나 대상 사물을 표현하는 데 충분한 어휘를 구사한다.
　(다) 명제를 정확하고 섬세하게 표현하는 문법 구사력
　　　① 문법을 익숙하게 구사하여 명제를 정확하게 표현한다.
　(라) 자신의 객관화와 독자의 특성 인식
　　　① 자신과 독자가 다름을 인식한다.
　　　② 자신을 더욱 객관적으로 인식하고 독자의 특성을 이해하여 글을 쓴다.
　(마) 글의 구조에 관한 인식과 적용
　　　① 처음, 중간, 마무리에 맞추어 글을 쓴다.
　　　② 문단의 구조와 기능에 맞게 글을 쓴다.
　(바) 글의 종류 구분과 수사적 양식의 숙달

① 일기, 편지, 기행문이나 설명, 논설 등 글의 종류를 구분해서 쓴다.
② 비유나 강조, 변화 등 수사적 양식을 적절히 구사한다.
(새) 사고력의 숙달
① 과제나 문제를 익숙하게 해결하는 사고력이 개발되어 있다.
② 내용을 풍부하게 생성하는 사고력이 개발되어 있다.
(아) 대상 세계에 관한 이해
① 구체적인 대상물을 구조나 기능에 따라 분석하여 글을 쓴다.
② 추상적 개념 체계와 이론 구성물을 소화하고 이해하여 글을 쓴다.

모국어 운용의 능력을 이렇게 밝혀 놓고 볼 때 [1사,애가 사고력에 해당함은 물론이고 [1나,대도 사고 내지는 논리와 관련을 맺어 주어야 교육이 바르게 이루어질 수 있다. 아래 [예시3]을 두고 보자.

[예시3]

(개) 그는 어제 마당에 늘 큰 그늘을 만들던 나무를 베어버렸다. 그 바람에 그 나무둥지에 있었던 새 새끼들이 모두 떨어져 죽었다. 그는 생명의 소중함을 모르는 사람이다.

(내) 그가 주장하는 봉급 인상 불가피론은 믿을 만한 것이 못된다. 그는 요즈음 빚에 쪼들리고 있기 때문이다.

(대) 훌륭한 덕을 갖춘 사람은 고급 승용차를 타고 다닌다. 그러므로 고급 승용차를 타고 다니는 사람은 덕을 갖춘 사람이다.

(래) 우리 학급은 전교에서 가장 성실한 학급으로 인정을 받아 선행상을 수상했다. 우리 반의 영희가 나쁜 짓을 했을 리가 없다.

(매) 전쟁 중에 의심스러운 자들의 전화를 도청함으로써 당국은 적국의 간첩을 일망타진하는 큰 성과를 올렸다. 따라서 당국은 전쟁이 끝난 평상시에도 의심스러운 자들의 전화를 도청해야 한다.

위의 이야기들은 어휘나 문장 층위에서는 문제가 없지마는 추리에는 오류를 범하고 있는 표현들이다. 국어를 가르칠 때 이런 논리상의 오류에 관한 인식상의 훈련을 수행하지 않으면 모국어의 정확하고 바른 운용 능력을 적극적으로 심어주지 않는 처치(處置)가 된다.

서구에서는 문법학과 논리학과 수사학을 중세 이후 오래 동안 조화롭게 어울러 교육해 왔다. 그런 사정을 명백하게 보이는 한 보기가 있다. 권태균(1993 : 1-5)에 의하면 13세기에 파리 근교에 세워진 장세니스트 예수회 교육기관(*petites ecoles*) 겸 수도원인 포르-롸얄(*Port-Royal*)에서 끌로드 랑슬로(*Claude Lancelot*, 수도사)와 앙트완 아놀드(*Antoitne Arnold*, 변호사)가 1660년 150쪽 분량의 책을 펴내었다. 책 이름이 '일반 이성 문법(*Grammaire Générale et Raisonée*)'으로 이 책은 2년 뒤에 나온 책 '논리, 즉 생각의 기술(*Logique ou l'Art de Penser*)'과의 관련 아래 집필되었다. 이 책이 논리와 말의 관계를 얼마만큼 치밀하게 기술했는지는 여기서는 논할 자리가 아니다. 단지 우리는 그 시대에는 말과 논리를 긴밀하게 관련지어 생각했다는 사실과 논리를 교육의 중요한 부면으로 생각했다는 사실만 눈여겨볼 필요가 있다. 이런 지적인 분위기에서 '프랑스말로 된 아름다운 산문'(*The Encyclopedia of Language and Linguistics*의 'Port-Royal' 항목)이 된 '방법에 관한 담론(*Discours de la Méthode*)'이 1640년에 르네 데까르트에 의해 씌어진 게 아닌가 한다. 더구나 영국의 당시 형편과 비교해 보면 프랑스의 당시 분위기를 더욱 확실히 알 수 있다. 영국의 아이작 뉴턴이 쓴 '자연철학의 수학적 원리(*Principia Mathematica Philosophiae Naturalis*)'가 1687년에 출판되었지만 이것은 라틴어로 쓰여 있다.

역사적으로 우리 교육에서는 조선 말기까지 한자와 한문 교육을 하면서 사고나 논리가 배제된 채 남의 이야기[주로 유가 경전들] 암기 교육에 치중했고 왜정 때 이후에도 사고와 논리가 배제된 채 말만 가르쳐 왔다.

사고와 논리는 모국어 운용의 중요한 속살이다. 이들을 국어과에서 정면으로 가르쳐야 정확하고 바르게 모국어를 운용하게 된다. 논리적 사고는 인식하기와 개념 체계 형성하기와 해석하기로 이루어진다. 그리고 이 셋은 말의 의미와 긴밀히 관계한다. 말은 형식과 의미의 양면을 지니는데 어휘의 정확한 인식이 어휘의 의미가 된다. '종의 기원'을 명사 덩이로 파악하면 이 말덩이가 표상하는 세계를 바르게 인식한 것이 아니다. 이 말을 듣고 마음속에 '새 종이 새로 생긴다.'는 정도의 사태 진술적인 의미가 표상되어야 그 말을 더 잘 이해한 것이다. 만약 찰즈 다윈의 책을 읽은 자라면 '새 종은 자연 선택, 즉 최적자가 자연스레 선택되어 생긴다.'는 최상위 의미명제가 떠오를 것이다. 그 책은 대상에 대한 기술과 해석이 교묘하게 교직되어 책의 차례에 보이는 개념의 체계를 지닌다. 그 책의 진짜 이름은 '삶을 위한 투쟁에서 적합한 류의 보존, 즉 자연 선택에 의한 [새] 종의 기원에 관하여(*On the Origin of Species by means of Natural Selection or the Reservation of Favoured Races in the Struggle for Life* : 1859)'이다. 참고로 아래 이 책의 차례를 보인다. 책의 차례는 대개 필자 자신이 세운 최상위 명제의 해석을 위한 개념들의 체계이다.

  [2] 책 『종의 기원에 관하여』의 차례 [핵심 개념의 체계]
      1. 사육 및 재배에서 생기는 변이
      2. 자연 상태에서 일어나는 변이
      3. 생존경쟁
      4. 자연 선택, 즉 최적자 생존
      5. 변이의 법칙
      6. 이 학설의 난점
      7. 자연 선택 이론에 대해 잡다한 반론
      8. 본능
      9. 잡종성
     10. 지질학적 기록의 불완전성에 관하여
     11. 생물의 지질학적 천이에 관하여
     12. 지리적 분포[1]
     13. 지리적 분포[2]
     14. 생물 상호 간의 유연관계 : 형태학, 발생학, 흔적 기관
     15. 결론

이상태(2002)에서는 사고의 부면을 아래 [3]으로 구분하였다.

[3] 사고 활동의 요소

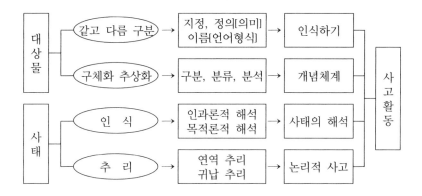

7차 교육과정에 들어와서 극히 부분적으로 단지 한두 교재가 이런 사고 활동을 국어교육에 도입하였다. 이 시기에 와서야 고등학교 심화과목으로 설정된 작문 교재 13종 가운데서 이상태(2004)가 사고 활동을 글 생성의 핵심 부면인 내용 생성[교육과정에 맞추기 위하여 단원 설정은 '문제해결하기'로 되어 있음]의 수련에서 도입하고 이후의 단원에서도 사고 활동 중심의 수련을 하도록 설계했다. 김대행 등(2004)에도 정확하게 같지는 않지만 이런 사고과정을 수련하도록 설계했다. 이것이 씨앗이 되어 다음 교재 편찬에는 더 넓고 깊이 사고 훈련을 하게 되기를 기대한다.

한편 읽기, 또는 독서 수련의 핵심에는 읽을 글 내용의 정확하고 바른 이해 행위가 놓여 있다. 이 일에도 사고와 논리가 밑바탕에 깔려 있다. 애들러 등(Adler *et al* : 1978)에 의하면 읽기 능력은 글들을 '주제 얽어 읽기'를[6] 할 때이고 바로 아래 단계가 분석 독서이다. 이 단계를 달리 말하면 '따져읽기', 즉 비판적 독해가 된다. '비판'이란 '대상/사물을 분석하여 각각의 의미와 가치를 인정하고, 그들과 전체 의미와의 관계를 분명히 하며, 그 존재의 논리적 기초

---

6) 'syn-topical reading'을 번역하지 않고 '신토피컬' 독서라고 쓰면 독자에게 친절하게 번역한 것이 아니다. 주제얽어 읽기는 주제나 대상이 같으면서 관점이나 처지가 다른 글을 읽고 각각의 인식의 수준과 개념체계의 정밀함, 해석의 타당성 정도 등을 따지면서 읽는 행위이다.

를 밝히는 일'이다. 비판적 독해에서 할 일은 글이나 책을 읽고서 저자가 대상 세계에 대해서 사고한 내용, 즉 인식의 수준과 개념체계의 정밀함과 정확함, 해석의 타당성 등을 따져 주는 일이다. 고등학교 2학년에서 생물을 심화교과로 선택한 학생이 찰즈 다윈의 책을 읽을 때 학생이 저자가 다룬 대상을 가지고서 저자와 함께 대상을 인식하고 새 사실을 발견하며 저자와 함께 해석의 궤적을 마음속에 구성해내는 과업을 수행할 수 있다. 이렇게 해야 구성주의 교육의 진수를 수행하는 것이다.

그런데 국어과에서는 책읽기 훈련은 거의 시키지 않고 '읽기에 관한 지식'을 교육과정에서 아래 [4]로 잡다하게 늘어놓았다.

[4] '독서'의 내용 체계 [2007년 교육과정]

지식		글의 유형
○ 독서의 특성　　○ 글의 특성 ○ 독서의 과정과 방법　○ 독서의 맥락 ○ 독서의 역사와 가치		○ 목적 : 정보 전달, 설득, 사회적 　　　　 상호 작용, 정서 표현 ○ 제재 : 인문, 사회, 과학, 예술 ○ 시대 : 고대, 중세, 근대 ○ 지역 : 국내외
기능		
○ 독서의 준비　　○ 독서의 수행 ○ 독서의 성찰과 조절　○ 독서의 활용		

모국어로 된 글이나 책 읽기에 관한 활동을 10년간 수행할 내용을 다룬다고 보면 이런 잡다함은 이해할 수도 있다. 그러나 이렇게 나열하면 교육의 중심과 변죽이 구분되지 않는다. 그래서 10년 동안 가장 힘써야 할 활동인 글을 통한 필자의 사고과정[대상 인식 정도, 개념의 체계화 정도, 해석의 깊이와 넓이와 정당성]에 대한 개별적 수련은 중요시되지 않고 나머지들이 지식화 되어 학생에게 암기 수준으로만 전달될 소지가 많은 것이다.

그런 치명적인 과오가 고등학교 심화과목인 '독서'의 교육 내용에 보인다. 정규 교육을 10년 수행한 고등학교 2학년 정도가 되면 모국어로 씌어진 책이면 거의 읽을 수 있고 상당한 독서량도 지녀서 정상 교육을 수행하면 여러 분야의 책들도 상당히 읽었을 것이다. 이런 학생이 심화과목으로 '독서'를 선택하면 한국교육과정평가원에서 제시한 아래 [5]를 암기해야 한다.

[5] '독서'의 성취기준 [대영역 1. 독서의 본질]

11. 독서의 기능과 특성
111. 의사소통 행위로서의 독서의 기능과 특성을 안다.
111-1. 독서가 언어 발달을 촉진하고, 지식을 얻게 하고, 교양을 쌓게 한다는 것을 안다.
111-2. 독서가 여러 기능들의 통합으로 이루어지고, 독자의 해석능력에 따라 의미구성이 달라지고, 장기적 연습을 통해 발달한다는 것을 안다.
112. 언어, 사고, 독서의 특성과 그 관계를 안다.
112-1. 언어의 선조성과 사고의 입체성을 알고 그 관계를 안다.
112-2. 독서가 비판, 분석, 종합, 평가, 감상 등 사고 기능을 바탕으로 진행됨을 안다.
12. 독서의 심리적 과정
121. 독서 과정에 관련되는 중요 요인들의 특성 및 그 영향을 이해한다.
121-1. 지각능력, 주의력, 기억능력, 배경지식 등 요인이 독서과정에 미치는 영향을 안다.
121-2. 이들 독서 요인들이 종합적으로 작용해야 함을 안다.
122. 독서 과정에 대한 여러 관점을 이해한다.
122-1. 상향식 정보처리 관점을 이해한다.
122-2. 하향식 정보처리 관점을 이해한다.
122-3. 두 관점을 보완한 상호작용식 관점을 안다.
13. 독서의 목적과 방법
131. 독서의 여러 방법과 절차를 안다.
131-1. 목적에 따라 독서 방법을 달리해야 함을 안다.
131-2. 독서 전략을 안다.
132. 독서 자료의 종류와 특성에 따른 효율적인 독서 방법을 이해한다.
132-1. 독서 자료의 종류와 특성을 이해한다.
132-2. 그에 따라 독서 방법이 달라짐을 안다.

11학년에 이른 학생에게 이들 내용을 지식으로 암기하게 하는 일이 필요한가를 성찰하지 않은 이유는 모국어 교육이 교육과정의 사조가 어떻든지 간에 사고력을 확충하는 데 있다는 사실을 교육의 계획자들이 몰각한 데 기원한다. '독서'는 활동이며 위의 [5]들은 학생들이 직접 책을 읽으면서 내면화해야 하는 일들인 것이다.

지식으로서 [5]가 타당성을 지닌다고 보기 어려운 면도 있다. [5]의 독서의 기능이라고 진술한 [111-1]에도 다른 견해가 있다. 옹(Ong : 1982)에 의하면 사람들은 입말을 쓰면서 연상적 사고에 의지하고 삶의 상황에 의존하며 신화적 연상과 군중에 종속되는 면이 있는데 글말을 쓰면서 삶의 상황을 대상적으로 이해하고 논리와 주체적 추리와 반성을 하게 되었다고 한다. 이것이 더 중요한 독서의 기능이라고 보는 것이 공교육의 몫이 아닌가? 모국어 발달은 크면서 더 많은 세계에 접하면서 이루어지고, 지식은 텔레비전이나 라디오를 들으면서 얻으며 무엇보다 대상을 꼼꼼하게 관찰하여 얻으며, 교훈은 부모에게서도 얻게 된다. 책읽기는 필자가 특정 대상 세계에 대해서 펼친 총체적 사고 활동(인식의 수준, 개념체계 형성의 수준, 해석의 수준 등)을 독자가 따라 잡으면서 자기의 논리력과 해석력을 훈련하는 활동이다. 이런 훈련을 통해서 아기는 모든 대상을 목적론적으로만 해석하지 않게 되고 남의 말을 무조건 믿지 않게 되며 점차 이성적으로 성숙한 주체가 된다.

또 '지각능력, 주의력, 기억능력, 배경지식 등 요인이 독서 과정에 영향을 미친다'는 말은 공허하다. 대학의 심리학과에서 이런 주제의 하위 부문이라고 생각되는 작은 영역을 가지고 논문이나 박사 학위가 많이 나왔지만 인간의 마음이 사실 수준으로 (즉, 에델만 Edelman, 1992 수준으로) 해명된 일이 없기 때문에 상당한 부분이 이론적 구성물에 불과하다. 독서나 독해 과정에 대해서 사실 수준에 근접하려고 만든 개념들을 교사는 알고 있어도 좋으나 이것을 학생에게 지식으로 가르친다고 더 나아지는 것이 아니다. 직접 책을 가지고 읽기 훈련을 시키면서 학생의 사고력이 성장하기를 기다리는 것이 현명한 방법이다.

프랑스 교육부와 미국 캘리포니아 주 정부에서 세운 페루즈 프랑스 고등학교(Lycée Français la Perouse)가 있다. 이 학교에서도 대학에 갈 학생을 위해서 학문적성 평가(scholastic aptitude test)를 해 준다. 11학년의 평가에는 추리

평가(*SAT reasoning test*)와 과목 평가(*SAT subject test*)를 하는데 전자는 '수학' 과 '따져읽기(*critical reading*)' 및 따져쓰기로 구성된다[이 부분은 /www. lelycee.org/에서 따옴]. 읽기와 쓰기가 '추리 평가' 속에 들어 있음은 이들 둘이 학생의 사고력 수준을 점검하는 데 목적이 있음을 말하는 것이다.

3.4 마무리

사람은 누구나 모국어가 고등 사고의 도구이다. 논리학자나 철학자들(김영정, 1997 ; Brooks, 2002 ; Searle, 1998)이 '언어'의 기능이라고 잡은 것은 추상적인 '언어'가 아니고 자기 모국어의 기능이다. 모국어 교육에서 기본적인 것은 말과 사고와 대상세계를 바르고 정확하게 관련지어 주는 일이 출발선에 있어야 한다.

'중'과 '신부'를 둘이 입은 옷과 사는 곳으로 보는 데서 더 나아가서 의미 개념상 [교역자, 결혼 않음, 수련과정이 엄격함, 남자]라는 공통 소성(素性)에다가 [가톨릭], [불교]라는 차별 속성이 있다는 수준으로 나아가면 인식의 수준이 더 깊어진 것이다. 대개 어휘는 사고의 인식 수준과 관계된다. '종의 기원'이란 복합개념은 '새 종이 생긴다'는 명제로 환원하면 6하 진술의 빈 정보가 생긴다. '언제 어디서 왜'가 채워져야 더 완전한 진술이 되면서 마음속에 더 완결된 모습으로 표상된다. 어휘와 문장은 표면적으로 드러난 말의 구분인데 그것을 처리하는 마음자리에서는 그들이 어떻게 구분되는지 우리는 모른다. 단지 어떤 어휘는 명제로 환원될 때 명제의 빈 정보가 눈에 띄기도 하고 어휘는 세계에서 동떨어져 존재하지 않으므로 정보 처리자가 더 잘 이해했다는 징표는 된다.

'그 스님은 장가간 총각이다'는 사실세계와의 조응하면 이상한 문장이고 구성 개념상으로도 상충을 일으킨다. '착한 거짓말은 해도 된다.'는 세 개의 어휘가 지니는 개념들의 수준이 포함된다. '착하다'의 개념 속에는 [특정 행위의 의도나 결과에 대한 평가/판단의 의미가 있고 '거짓말'의 의미에는 [사실세계를 정확하게 진술하지 않음]의 의미가 있으며 '해도 된다'의 의미에는 [특정 행위가 더 높은 가치체계에 부합한다는 판단]의 의미가 들어 있다. 이 말이 설득력을 지니려면 이들 세 가지가 어떻게 사실세계에서 정합되게 설명될 수 있는지를 따져 주어야 한다.

이처럼 모국어가 사고나 판단이나 논리의 도구로 쓰임을 훈련하는 교과가 국어과이다. 교사가 개념의 여러 모습과 개념들의 관계를 이해하고 명제나 판단의 양상들을 숙지하며 오류가 어떻게 생기는지를 충분히 이해해야 이들을 이용하여 말의 각 층위에나 이야기[텍스트]의 구성을 더 깊이 들여다 볼 수 있다. 그리하여 '아직 담배를 피우니? 너 죽고 싶어 환장했어?'가 의도확대의 오류를 범한 틀린 말하기/글쓰기임을 본인이 이해할 수 있게 된다.

4

사고력 함양 중심의 작문 교육 계획

4.1 들머리

이 글은 작문 교육의 설계를 어떻게 하여야 하는가에 관한 해답의 하나를 찾는 데 목적을 둔다. 모국어로 하는 작문 교육에서 가장 힘들여 수련하여야 하는 부분이 내용의 생성 문제인데 여기서는 사고의 길을 다루는 심리학이나 논리학에 기대어[7] 글쓸 내용의 생성 활동을 주로 설계해 보고자 한다.

우리의 작문 교육은 몇 단계를 거치면서 발달해 왔다. 처음에는 맞춤법에 맞추고 띄어쓰기 규정에 맞게 띄어쓰는 일 정도를 넘어서서 지도할 수 없었다. 곧 이어서 단어를 정확하게 쓰고 문장을 깔끔하게 쓰는 정도를 글쓰기 교육이라고 생각하면서 글쓰기와 관련되는 지식들[주로 문체/수사학적 지식]을 겸하여 가르쳤다. 1970년대 끝까지 작문 교과서는 이력서 쓰는 법에서부터 시 쓰는 법까지 무슨무슨 지식들을 마구잡이로 가르쳤다.

이런 것이 작문 교육의 본질이 아님을 알아채는 데는 꽤 오랜 시간이 필요했다. 교육과정이 1955년에 만들어지고 이것이 두 번 개정되는 동안에도 국어

---

7) 심리학을 '사고의 생리학'으로, 논리학을 '사고의 윤리학'으로 비유한 김영필(1999 : 17-18)은 시사하는 바가 있다. 우리가 글쓰기의 작업을 지식체계의 성립과 재조정으로 본다면 언어철학이나 지식의 고고학과도 관련이 있다.

과 교육은 왜정(倭政)의 유산을 정리하지 못했다.

　모국어 교육에 가장 중요한 요소인 '글, 모국어, 교육' 등에 관한 인식의 변화는 이상태(1978)이 나옴으로써 비로소 이루어지게 되었다. 그에 따라 국어교육 전반에 대한 반성적 성찰이 이루어지게 되었는데, 이것이 1983년 4차 교육과정에 반영되고 그 체제의 교과서로 드러났다. 교육과정이 만들어지고 두 번 개정되어도 국어교육의 계획자나 교사들은 도대체 '국어'가 무엇인지에 대한 성찰이 없었다. 또 교육과정의 전체 틀은 학생의 경험을 중요한 출발점으로 보거나, '해당 지식 체계의 기본 개념' 중심으로 편성되는데도 국어과는 이에 무감각하였다. 그뿐만 아니라 텍스트의 '이해'라는 개념 파악을 잘못 하여 글을 구성하는 단어 이해 정도에 머무르게 되어 더 포괄적이고 중요한 총체적 이해나 해당 텍스트 생성의 과정 이해에까지 학생들을 끌어올릴 힘이 교사에게는 없었다. 당시 교육 계획자들의 머리 속에는 유식한 일부만이 글을 쓸 수 있다는 생각과 교과서에 실리는 글은 무엇이나 전범이라는 생각이 들어 있었다. 또 계획자들은 문법에 관한 지식과 문법 능력을 구분하지 못하고, 수사학 지식과 작문 능력을 구분하지 못했으며 따라서 문법 지식이나 수사학의 지식들을 어디에 소용되는지를 애써 눈감고 가르쳤다.

　이런 반성에 따라서 4차 교육과정 이후에는, 이를테면 모국어를 구사하여 훈련을 땀흘려 받으면 모두가 바른 글을 쓸 수 있다고 보고, 작문 활동의 과정들을 논리적으로 분석하여 가르칠 체계와 질서를 세우고 이에 따라 학생들에게 직접 자료를 주고서 실질적인 수련을 학생들에게 시키는 쪽으로 발전하여 오늘에 이르고 있다.

　그러나 2002년 지금 새 문제는 교육과정이 그 뒤에 세 차례 개편되어도 괄목할 만한 진전이 없다는 점이다. 그 이유는 교육과정이 바뀔 때마다 국어과의 교육과정은 늘 전체의 흐름을 놓치고 있었다는 데서도 찾을 수 있지만, 더 중요한 것은 작문의 과정을 구성하는 요인들에 대한 더 철저한 의미 분석이 없었다는 데 있다. 이 글은 그런 새 틀 짜기를 위한 시도이다.

4.2 구성주의 교육에서의 작문 교육

7차 이후 교육과정이 깔고 있는 교육관이 구성주의이다. 이것은 국어교육, 특히 모국어 작문교육에 어떤 시사점을 주는가? 답은 간단하다. 즉 학생들의 사고력을 계발하는 작문교육을 행하여야 한다는 것이다. 그 까닭은 이렇다.

국어교육에서 학생을 '지식과 정보의 능동적 처리자'로 이해한 것은 인지심리학을 적극적으로 받아들인 이상태(1978 : 148-158)에서부터이다. 구성주의는 이에서 한 걸음 더 나아가 사람을 지식의 구성자로 이해하는 것이다. 소나무 한 그루를 보고 그것을 소나무로 인식하는 일에 대하여 소나무가 대상세계로 존재하기 때문이기도 하고 그것을 안식할 마음의 터가 존재하기도 하기 때문이라는 생각은 이마누엘 칸트(1724-1804)에 와서 이전의 인식론들을 묶어 주어서 그렇게 된 것이다. 우리 교육을 광복 뒤에 설계하면서 일천여 년 묵은 남의 글 달달외기를 벗어나지 못했고 당시 유행하던 행동주의 심리학을 설익게 받아들여 오래 전에 정립된 이 생각을 깨닫지 못하고 있었다. 이상태 (1978)에서는 당시의 우리 교육에서 그것들을 걷어내고 겸하여 단어나 표기 수준의 교육에서 글 전체의 읽기와 쓰기를 강조하면서 미국 기술언어학을 걷어내고 생성문법의 언어관으로 우리 학생의 마음을 이해한 바탕에서 국어교육을 설계하는 토대를 만들었다.

배우는 지식을 학생이 처리하거나 구성할 때 핵심은 사고력 자체가 된다. 학생이 교과의 지식을 능동적이고 적극적으로 구성하도록 이끄는 일이 교육의 중요한 방법이 되는 것이다.

작문 과목, 즉 모국어로 글을 쓸 때 가장 문제가 되는 것은 글 쓸 내용을 생성하는 일이다. 그것이 베끼기가 아닌 다음에야 대상을 관찰하고 다른 것과 비교하고 대조하여 확실한 인식에 이른 뒤에 사태를 파악하고 이해를 한 뒤에 의미를 구성하여 추리하는 과정이 내용을 생성하는 일이다. 따라서 작문 과목의 핵심적인 일은 대상물이나 대상 사태에 관한 사고 과정을 명세화(明細化)하여 그것을 학생이 명확히 인식하도록 이끄는 일이 된다. 이것이 이전의 교육과정과 구별되는 일이며, 지금 교육과정에서 다른 과목과 구별되는 점이기도 하다.

학생들에게 길러주는 작문 능력의 범위를 : '㈎내용의 질과 범위, ㈐내용의 조직과 표현 방법, ㈐문체 및 표현의 적절성' 등8)으로 구분할 때, 이들을 구성주의 방식으로 가르칠 때 가장 중요한 것은 첫째 항목이 될 수밖에 없다. 즉 글 쓸 내용을 생성하는 법을 가장 우선하여 가르쳐야 한다는 말이다.

작문 과목에서 학생들에게 심어줄 글쓰기 능력을 달리 바라볼 수도 있다. 소박하게 생각해서 글은 '사고 내용'이 '글의 표현'을 얻어 이루어져 있다. 서양의 교육은 중세까지 전자는 논리학과 변증술이 맡고 후자는 수사학이 맡아서 이른바 세 필수과목[trivium]을 이루었다. 그들이 사고를 세련시키는 공부를 시킬 때 우리는 오래 동안 남의 나라 글자와 문장을 달달 외게 하는 교육을 펴서 독창적인 사고의 씨를 말리는 교육을 하였고 그런 찌꺼기는 지금도 남아 있다.

문제는 우리가 지금 작문을 가르칠 때 전자를 가르치지 않을 수 없다는 점이다. 모국어 작문에서는 전자가 바르고 정확하고 풍부한 내용의 글을 쓰는 데 핵심적인 요인이 된다. 후자는 효과적인 표현을 위해서 필요한데 그 기본이 되는 어휘나 문법의 기본은 거의 익혀와 있으며 효과적인 글의 짜임도 수많은 독서 활동을 통하여 이미 익혀 온 바이다.

작문할 내용에 관해서 이전 교육과정에서는 '작문 내용의 선정' 정도로만 다루었으나 새 교육과정에서는 '작문 내용의 생성'을 교육 내용으로 잡아 두었다. 내용의 선정과 생성은 굉장한 차이가 있다. 내용을 생성한다는 말은 제재나 과제, 또는 불분명한 주제에 관해서 집중적이고도 통제된 사고 활동을 함을 의미하고, 그것이 없이 6차 교육과정까지처럼 막연히 '내용을 선정한다'고 할 때는 그런 사고 활동이 작문 과목 교육의 범위에 들지 않는 것이다. 새 교육과정에서는 제재에 관한 사고활동을 교육활동에 새로 포함시켜 두고 있는 것이다. 이것을 우리는 구성주의 교육관의 결과로 이해하고 싶다.

---

8) 이는 6차 교육과정의 '5. 평가'에 진술되어 있다. 그 교육과정은 '㈎내용의 질과 범위'를 '교육 내용'에서 잡아주지 않고 평가 부분에서만 언급하고 있었다. 가르치지 않고서 평가한다는 것은 있을 수 없는 일이다.

그렇지만 그에 관한 더 자세한 처방이른바, '전략이라든지 하는 것들을 자세하게 다루지는 않았다. 그 이유를 교육과정이라는 것이 추상적인 면이 있기 때문이라고 이해한다면 교재를 만드는 이들은 이를 자세하게 구분해서 가르치는 것이 구성주의에 부합하는 일일 터이다. 이렇게 이해할 근거는 다른 곳에도 있다. 2007년 교육과정도 이전의 교육과정처럼 사고력의 면을 정면으로 다루지는 않는다. 아래 [1]은 심화과목 '작문'의 교육과정 진술이다.

[1] 2007년 고등학교 심화과목 '작문' 교육과정

  ㈎ 내용 체계

지식		글의 유형
○ 작문의 성격　　○ 작문의 과정 ○ 작문의 맥락　　○ 작문의 기능과 가치		○ 목적 : 정보 전달, 설득, 사회적 상호작용, 자기성찰, 학습 ○ 제재 : 인문, 사회, 과학, 예술 ○ 양식 : 설명, 논증, 서사, 묘사 ○ 매체 : 인쇄 매체, 다중 매체
기능		
○ 작문 맥락의 파악　○ 작문에 대한 계획 ○ 작문 내용의 생성　○ 작문내용의 조직, 전개 ○ 작문 내용의 표현　○ 작문과정의 재고와 조정		

  ㈏ 세부 내용 중 '기능'의 '작문 내용의 생성' 부분
  ㈐ 작문 내용의 생성
    ① 글의 제목과 중심 내용을 바탕으로 삼아 체계적이며 창의적인 사고 활동을 전개한다.
    ② 작문 상황 및 작문 계획에 맞게 글의 중심 내용을 조정하고 구체화한다.
    ③ 작문 상황에 적합한 전략을 활용하여 중심 내용을 뒷받침할 세부 내용을 생성한다.
    ④ 작문 계획과 생성한 내용을 비교·검토하여 생성한 내용을 수정·보완한다.
    ⑤ 생성된 내용을 검토하여 작문 계획을 조정하고 구체화한다.

모국어로 글을 쓰기 어려운 학생은 작문에 관한 '지식'이 모자라서, 또는 작문에 관한 '기능'을 몰라서, 또는 '글의 유형에 관한 지식'을 몰라서 그런 것이 아니다. 오히려 대상세계의 인식의 넓이와 깊이, 그에 따른 개념 체계화의 정치(精緻)함의 정도, 해석의 바르고 틀림 등이 문제가 된다. 작문 내용을 생성하는 활동은 학생이 대상을 가지고 주체적으로 사고하는 활동인데, 이에 대한 진술이 너무나 거칠다. 고작 한다는 진술이 '글의 제목과 중심 내용을 바탕으로 삼아 체계적이며 창의적인 사고 활동을 전개한다.'로 뭉뚱그려 놓았을 뿐이다. 그러나 이런 정도로는 정확하고도 바른 내용을 풍부하고도 넓고 깊게 생성하는 일을 잡아주었다고 할 수 없다. 이 일은 사고를 다루는 학문들의 성과를 이용하면 어느 정도의 밑그림을 그려낼 수 있다.

4.3 사고의 요소와 과정

작문 활동에서 가장 중요하고 어려운 일은 내용을 생성하는 일이다. 이 일은 대상에 관한 독자적인 인식과 개념 체계의 구성 및 그를 바탕으로 한 해석과 추리 등의 사고 활동이 주가 되므로 이를 교육에 응용할 수 있도록 가지런히 배열하여 가르쳐야 한다.

서양 교육의 전통은 학생에게 기성(旣成) 지식 결과의 암기 단계를 넘어서서 있는 것이다. 그들은 그것을 넘어서 학생이 독자적으로 그런 지식, 학설이나 교과 안의 개념 체계가 생성된 과정을 추적하여 스스로 내면화하는 수준에서 가르쳐 왔다. 사고 활동을 중요하게 본 것은 지난 세기의 것으로 고전적인 블룸(Bloom,1956)이 있다. 거기서는 교육의 전통에 따라 목표를 지정의(知情意)로 나누고 지식을 아래처럼 구분했다.

[2] 블룸의 지적 영역 교육 목표 분류
　㈎ 지식 : 개별 사상(事象)에 관한 지식, 방법에 관한 지식, 보편 추상적

사상에 관한 지식
- (내) 이해력 : 변환, 해석, 추론
- (다) 적용력 : 개별 지식의 적용, 방법 지식의 적용, 보편 추상적 지식의 적용
- (라) 분석력 : 요소 분석, 과정 분석, 조직원리 분석
- (마) 종합력 : 독특한 전달 내용 산출, 조작 절차 산출, 추상적 관계 산출
- (바) 평가력 : 내적 준거에 의한 평가, 외적 준거에 의한 평가

그러나 이것은 지식을 이해하고 적용하는 여러 교과를 대상으로 하였기에 우리의 소용과는 거리가 크다. 오래 동안 한문을 포함한 외국어의 습득과 암기를 교육이라고 생각하던 당시에 암기와 이해가 다르다는 정도의 동감도 얻지 못한 것은 지금 생각해도 안타까운 일이었다.

최근에는 한국교육개발원에서 사고 기능의 구조를 표로 그려 보았는데 아래 [3]에서 보듯이 그리 발달된 것은 아니다.

[3] 사고기능의 구조 모형 [이삼형, 1998에서 재인용]

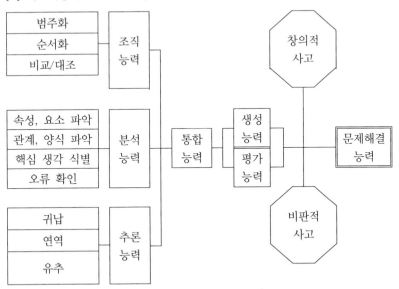

이 표에서 확인된 것은 '조직 능력, 분석 능력, 추론 능력' 정도이고 나머지는 설명되지도 않았을 뿐 아니라 어떤 관계를 맺는지를 알 수 없게 되어 있다. 확인된 셋에도 잘못이 보인다. 오류를 확인하는 일은 추론 능력이나 평가 능력에 속하고 유추[유비추리]는 귀납의 한 방법이며, 비교와 대조는 사태나 사물을 인식하는 기초적 활동의 하나이다. 또 속성과 요소를 파악하는 일은 개념의 체계를 구성하는 방법으로 흔히 쓰이는 일이며 이를 위의 말로 대입하자면 '범주화' 정도가 된다. 그리고 어떻게 하면 사고 내용이 '생성'되는지를 밝혀주지 못하고 있다.

심리학은 사고의 본성을 기술(記述)하고 논리학은 바른 사고의 규범 규칙을 세운다. 이 두 학문에 기대어, 글 쓸 대상의 인식에서부터 작문의 과정을 따라가면 아래처럼 사고의 줄거리를 세울 수 있다.

[4] 사고 과정의 구분
    ⑴ 기본적 사고
        ㈎ 인식 : 관찰, 기억, 비교, 대조, 지정, 정의, 이름 짓기
        ㈏ 개념 체계 구성 : 구분, 분류, 분석
        ㈐ 해석 : 인과적 해석, 목적론적 해석
        ㈑ 추리와 논리적 사고 : 연역, 귀납
        ㈒ 평가 : 타당성 검증, 가치 순서
    ⑵ 복합적 사고
        ㈎ 문제 해결 : 문제인식 – 문제표상 – 해결책 구상 – 실행 – 평가
        ㈏ 의사 결정 : 목표정의 – 여러 대안 식별 – 대안들 분석 – 대안들 서열화 – 최선의 대안 선택
        ㈐ 비판적 사고 : 증명 가능한 사실과 가치 주장 구분 – 정보·주장·추리의 타당성 따지기 – 진술의 사실 부합도 찾기 – 증거의 신뢰성 결정 – 중의적 주장이나 논점 식별 – 진술되지 않은 억측/전제 식별 – 편견 찾기 – 논리적 오류 찾기 – 추리 과정에서의 일관성 검증 – 주장이나 논증의 건전성/강도 결정
        ㈑ 창조적 사고

(3) 초인지 조작 : 자기 사고 과정을 스스로 계획하고 감시하며 사정(査
定)하기

위의 복합적 사고는 기본적 사고를 깔고 있는 것이고 초인지 조작은 작문
과정에 늘 따라 주어야 하는 일이므로 가장 우선되는 것은 기본적 사고이다.
그리고 위의 기본적 사고는 기본적인 인지의 과정인데 이것은 작문 대상을
처음 만나서 생각을 의도적으로 의미를 구성하기 위해서 집중하고 통제하는
활동이다.[9]

위의 [4.1]을 바탕으로 작문 활동에서 대상을 처음 만나서부터 조작해 나가
는 사고 활동의 서열을 대강 만들면 아래 [5]처럼 되겠다.

[5] 작문 과정에서의 내용 생성 활동

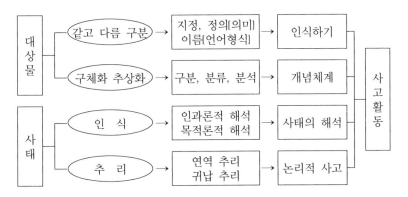

대상을 확실하게 인식해야 글로 쓸 수 있을 터인데 그에 이르는 활동은 다
른 대상과의 비교나 대조됨[같고 다름]을 살피는 일이다. 인식을 명확히 드러
내려면 지정이나 정의로 표현하고 그 대상이 처음 표상화되는 것이라면 이름
을 주게 될 것이다.

또 대상들을 더 구체화하거나 더 추상화하여 구분하고 분류하며 대상의 특

9) 여기서 '사고'는 대상에 관해서 생각을 통제하고 집중하여 의식적으로 조작하는 활동을
가리킨다. '연상(聯想 : associations)'은 이에 대비되는데 비통제적으로 마음속에 떠다니
는 생각의 흐름이다.

정 국면을 더 잘게 나누어 보는 사고 활동을 통하여 개념의 체계를 형성하게 된다.

사태들이 명확히 인식되어 있으면 그 관계를 해석해야 글이 될 것이다. 암기와 이해가 다르다10)는 사실은 블룸(1956)에서 어느 정도 드러나 있다. 이해와 해석은 구성주의의 중요한 개념인데 이 주의의 뿌리는 인지심리학과 함께 철학 쪽의 해석학이기 때문이다. 요약해서 말하면 해석(解釋)이란 사태들의 총체적 관련을 인과론적으로나 목적론적으로 맺어 주는 일이다.

눈에 보이는 사태들에서 보이지 않는 일을 여러 모로 추리할 수 있다. 이런 추리의 다양함을 훈련하면서 한편으로는 논리적 추리도 똑같은 비중으로 훈련하여야 비판적 사고와 함께 창조적인 사고의 길도 여는 것이다. 논리적 추리를 통하여 형성된 지식은 남에게나 자신에게 상당한 의미를 지니게 된다. 이것이 더 크고 포괄적이면서 안정된 체계를 갖추어 다른 현상과 정합하면서 타당한 규칙의 체계를 만들면 이론이 된다. 학생들이 각 교과에서 배우는 지식들을 그 발견 과정을 추적하면 모두 사실은 이런 과정을 거쳐서 형성되었고 구성주의에서는 지식의 그런 생성 과정을 학생이 몸소 체험해 보게 하는 데도 뜻이 있다.

우리가 이제까지 살펴본 인식과 개념 체계 구성과 해석과 추리의 훈련을 다양한 재료로 하면 더 깬 지성에 이를 수 있다. 더욱 중요한 것은 구성주의의 도입으로 학생의 사고력 구성을 직접 바라볼 때 국어과 이외의 과목에서도 [5]는 매우 유용한 학생 사고 수준이나 깊이의 이해에 타당한 층위를 제공한다는 점이다. 구성주의가 도입되면서 여러 과목들에서 그 과목의 자료를 가지고 보고서를 쓰면서 학생 각자의 독특한 해석의 안목을 지니도록 이끄는 교육을 하고자 한다. 이 때 표[5]는 구성주의 교육에서 각 교과 교육의 사고 활동 체계가 될 수 있다. 즉 이것은 과거에 블룸(1956)의 페러다임[위의 [2]]에 대치될

---

10) 암기와 이해의 차이는 블룸(1956)에서 어느 정도 나타나 있다. 거기서는 대상이 나의 마음자리에 와서 풀려 주체적으로 변환되고 해석되고 추론되면 이를 이해했다고 본다. 이때에는 이해와 해석 사이에 의미 차이는 거의 없다. 그러나 영어 'understanding'이 오성(悟性)으로도 번역되는 데서 보듯이 철학이나 인식론에서는 인간이 지닌 해석과 추론의 능력을 이해로 본다.

수 있다는 말이다. 현재는 각 교과에서 학생의 성취를 사정(查定)할 때 그의 사고력의 구성 요소를 알고자 하는 바, 각 교과가 평가를 수행평가(*performance test*)로서 보고서 등 작문을 하게 할 때 학생 작문 텍스트를 생성하는 사고의 내용과 수준을 이로써 알 수 있다.

내용 생성 중심의 교육은 다른 교과에서뿐만 아니라 국어과의 읽기나 독서에서도 중요하다. 이들을 생성된 텍스트 결과의 '이해' 국면으로 보기만 하면 더 깊은 읽기나 독서의 교육도 이룰 수 없다는 것이 구성주의 교육에서의 생각이다. 남의 글을 읽고 주제나 구성이나 문제를 이해하는 정도를 지나서 필자가 어떤 제재를 가지고 어떤 사고활동을 하여 그런 텍스트를 구성했는지를 이해할 때 비로소 글을 더 바르게 이해했다고 할 수 있기 때문이다.

내용 생성을 중요하게 보는 작문 활동에서는 생성된 내용의 크기를 재는 더 정확한 잣대를 지니는 것이 좋다. 글은 사고 내용의 표현이고 그 크기는 어휘 수나 명제 수로 계량화할 수 있으며 정보 내용의 반복도도 잴 수 있다. 지금은 컴퓨터에서 다양한 소프트웨어가 개발되어 이 일이 상당히 수월하게 되어 있다.

4.4 '문법 지식'의 의미 찾기

내용의 생성, 즉 사고 활동에는 모국어가 핵심적인 도구로 쓰이는데 모국어를 학문적으로 연구하는 분야가 국어학이다. 그러나 국어학 연구는 국어의 이런 도구적 측면을 연구하지는 않고 국어 자체의 구조만을 살펴서 기술해 왔으므로 이 지식은 교육적 효용에 커다란 한계를 지닌다. 우리 교육의 첫 단계인 1950년대 이래 이십여 년간 학교에서 문법 지식을 지나치게 맹목적으로 가르치다가 이상태(1978) 등에서 교육에 대한 반성적 성찰이 이루어진 뒤로는 이 지식을 그렇게 중요하게 다루지는 않는다.

그러나 작문 과정에서 이렇게 생성된 내용은 모국어로 표현된다. 그런데 국어학이 발달되면서, 그리고 예비교사들이 대학에서 국어학 지식을 배우면서 국어가 표현 이상의 의미를 지니고 있음을 몰각하기 쉽다. 모국어의 언어학적 여러 층위나 구성 규칙들은 당연히 사고의 일정한 몫을 담당하고 있는데 학문으로서의 국어학은 말의 그런 도구적 측면과 관련하여 발달하지 못하고 소쉬르 이래로 체계내적인 순환정의에 빠지는 경우가 많음을 지각 있는 교사는 다 알고 있다.

그런데 작문 내용을 생성하는 일은 사고력을 사용하는 일이고 이는 바로 모국어를 사용하는 일이므로 작문 능력을 길러주기 위해서는 모국어의 여러 층위가 하는 구실을 가르치지 않을 수 없다.

사고와 모국어의 관련부터 바르게 맺어주어야 할 것이다. 사람의 마음속에 지니는 정보는 여러 가지 일 수 있는데 매우 많은 정보가 컴퓨터 용어를 빌려 표현하면 〈*.한국어〉 파일들이다. 우리 마음속에는 이 밖에도 〈*.그림〉 파일이나, 〈*.냄새〉 파일, 그리고 〈*.촉감〉 파일이나 〈*.음악〉 파일 등도 있지마는 이들도 남에게 전달하기 위해서는 주로 〈*.한국어〉를 쓰는 수밖에 없음을 알고 있다. 모국어는 사고의 바탕이 되는 정보를 저장하는 주요 도구이면서 정보 전달의 주된 도구이다.

그뿐만 아니라 사람 사고는 자기반성적인 면이 있는데 말에도 그런 특징이 있어 어느 편이 어느 편에 종속되는지 알 수가 없다. 논리학에서는 사고의 씨앗을 개념이라고 하는데 개념은 단어로 표현되나 단어의 의미가 단순 개념으로 이루어지는 것은 아니다. 그리고 개념이 모여 명제를 이룬다고 할 때 명제도 언어로 표현되며 논리학에서 다루는 명제의 종류보다 훨씬 여러 종류의 명제를 말은 지니고 있다. 이렇게 논리와 말의 불균형적인 관계를 명세해서 가르쳐 주어야 말에 사고가 끌리지 않으며 사고에 말이 속박되지 않으며 결과적으로 사고를 명확하게 하게 된다.

글을 이루는 의미상의 망(網)은 핵심 개념의 체계와 핵심 명제의 체계인데 이들은 각각 중심어 관련 의미망의 체계 및 핵심 주제에 종속되는 명제문의 체계이다. 그런데 여기는 글의 논리 의미와 언어의 의미 체계와의 대비가 보인다. 핵심 개념들의 체계는 명사들의 상하의 관계나 상대 관계를 맺고 있으며 명제의 체계는 그의 핵심인 용언들의 상하의 관계나 상대 관계들로 구성되어 있음을 발견할 수 있다.

읽기의 첫 단계인 핵심 개념 찾기와 핵심 명제체계 찾기나 쓰기의 첫 단계인 개요 작성이나 주제의 구체화에서 매우 중요한 것은, 하고 있는 일에 관련되는 개념과 명제들의 의미관계들이다. 이들의 효용을 따지지 않고 '문법 지식'의 일부로 '그런 현상이 있느니라.'라는 정도로만 가르치면 국어를 가르치는 것이 아니라 어린 학생들을 예비 국어학자로 기르는 일밖에는 되지 않는다.

교육과정상 가장 덜 발달된 부분이 '문법 지식' 부분이다. 이들을 가르치는 것은 그들의 효용을 살리려는 데 있다. 그렇다면 이들 지식을 이루는 개념들도 그 효용과 각각의 함의(含意)하는 바를 다시 생각해 보아야 할 것이다. 여기서는 이 일을 하는 자리가 아니므로 따로 작업을 준비하고 있으므로 이 문제는 거기서 자세히 살피기로 한다.

4.5 마무리

지금까지 작문교육은 사고내용을 표현하는 기능을 수련하는 데 치중한 교육을 해 왔다. 그러나 새 교육과정의 정신에 맞추는 작문 교육을 위해서는 사고력을 길러주는 교육을 해야 한다는 점을 이 글에서 밝혔다. 그리고 작문의 심리 과정, 즉 대상을 바라보다가 관심 있는 것을 당겨보고 만져보고 정확히 잡아내어 어울려보고 갈라보아서 의미 구성체를 지어내는 여러 절차의 질서를 심리학이나 논리학 및 철학에서 관련되는 개념들을 함께 교육적으로 통합하여 [표5]를 구성하였다. 국어과에서 이들 활동을 학생들이 직접 수행하게 이끄는 일은 모국어가 사고의 도구이며 안내자라는 모국어 본래의 구실에도 맞을 뿐 아니라 학생들이 글을 쓸 때 가장 어려워하는 부분인 글 내용의 구성을 정면으로 끌어내어 훈련하는 의미도 있다. 게다가 이 일은 글을 쓸 때만 관여하는 게 아니라 남의 글을 깊이 읽을 때도 핵심적인 요소이므로 읽기와 쓰기가 통합된다.

이런 일은 현재의 교과 체재에서는 국어과에서 사고와 논리를 가르쳐야 한다고 요구한 이해심(1993) 등에도 어느 정도 가까이 다가가는 교육이며 국어가 사고의 형성과 표현의 길이라는 교과 내용에도 더 부합하는 일임은 틀림없다.

그런데 이들을 지도할 때는 특별히 유의할 점이 있다. 사고나 논리나 철학의 지식은 글쓰기 활동을 위한 핵심 개념으로 필요한 것이지 그 이상의 것이 아니라는 점이다. 이것은 교사나 교육계획자에게 적당한 조절과 동화를 요구한다. 지식에 빠져서, 이를테면 말과 사물에 관하여 최근의 프랑스 철학자의 저서 내용을 학생에게 직접 가르치려고 한다면 교사는 자기 조절에 실패했다고 보아야 한다. 한편으로 교사는 작문과 사고 형성에 관계되는 개념들을 폭넓게 스스로 이해하여야 할 뿐만 아니라 이들 개념들을 체계적으로 사용하여 학생 수준에 맞는 조작적 사고의 재료를 잘 구성하여 그들이 이를 바르게 동화하도록 이끌어야 할 것이다. 이것이 남은 과제이다.

전통적인 문체 수사학적 개념들과 국어의 표층적 계층을 날줄[經度]로 하고 각각 관련되는 논리, 철학적 개념과 의미를 씨줄[緯度]로 엮어 작문이나 독서의 길잡이를 구성할 수 있다. 이 일을 위해서 교육을 계획하는 이들이 애써야 할 것이다.

5

논술의 바탕

5.1 들머리

사고를 흔히 창의적 사고와 비판적 사고로 나눈다. 이 둘은 서로 보완적 관계를 보이며 정작 후자가 전자의 바탕이 된다는 사실을 교육에서는 깊이 인식해야 한다.

새 퓨전 음식을 개발하는 이는 대개 조리사들로서 특정한 음식 재료, 조리 방법, 사람들의 기호 등에 정통한 이들이다. 이들은 음식 만들기에 관심이 많고 이를 좋아하여 음식 만들기에 몰두할 줄 알고 있다. 여기서 '특정'이 중요하다. 모든 음식재료로 모든 음식을 다양한 조리방법으로 만들 줄 안다면 더 이상적이겠으나 그렇게 되기는 어렵기 때문이다. 보통은 '특정'할수록 대상에 더 다가선다.

창의적 사고로 보이는 구성물은 결코 무(無)에서 생성되지 않는다. 자연과학의 발견은 몇 사람에 의해서 거의 동시에 이루어지는 경우가 많다. 알프레드 월러스(1823-1913)는 1858년 자기가 발견한 것을 논문으로 써서 자기보다 나이가 14살 많은 찰즈 다윈(1809-1882)에게 보냈다. 세계 각지를 다니면서 생물 종들의 생태를 면밀히 파악한 찰즈는 자기와 같은 생각을 한 사람이 있는 데에 깜짝 놀랐다. 그해 7월에 찰즈는 알프레드와 공동 명의로 생물 종의 진화에 관한 논문을 '린네학회지'에 발표하고 나서, 혼자서 책을 써서 이듬해 동짓달에 출판했다. 그것이 긴 이름의 책 '생존을 위한 투쟁에서 최적자 보존, 즉 자연선택에 의한 종의 기원에 관하여[*On the origin of species by means of natural selection, or the preservation of favoured races in the struggle for life*]'이다.

미분적분법은 1684~86년에 뉴턴과 라이프니츠가 발견한 것으로 아는 이가 더러 있지만 '네이버'에 의하면 이들은 예전의 발견을 더욱 확장하고, 체계화하고, 일반화한 이들이다. 역사적으로나 공시적으로나 사람의 사고는 비슷하기 때문에 이런 일은 흔하다.

이 개념은 훨씬 이전부터 싹텄다. 예를 들면, BC 3세기경 아르키메데스와 유클리드가 오늘날의 구분구적법(區分求積法)과 매우 흡사한 방법으로 평면의 넓이를 구하였다. 그 후에도 많은 수학자들에 의해 해석적 방법이 연구되었다. 뉴턴과 라이프니츠는 이들 방법을 더욱 더 확장시키고, 체계화하고, 일반화시켰다는 데 그 뜻이 있다. 뉴턴은 무한급수에 관한 연구를 통해 접선문제를 한층 더 일반적인 풀이 방식[해법]으로 발전시키는 데 성공하였다. 그리고 라이프니츠도 변수 x가 무한히 적게 변화할 때 함수 f(x)가 받는 무한히 작은 변화, 즉 증분(增分)을 표시하는 과정을 미적분학의 기초적인 과제로 삼았다.

이때 무한히 작은 증분을 라이프니츠는 함수미분(函數微分)이라 하고 d로 표시하였다. 라이프니츠는 거꾸로 무한히 작은 증분으로부터 함수를 구하는 문제를 세우고 구하는 함수를 표시하는 데 ∫(인테그럴 *integral*)이라는 기호를 도입하여 적분법으로 하였다. 뉴턴은 자신의 방법을 '*fractions* : 유율법(流率法)'이라 했다. 라이프니츠는 적분으로서 정적분(定積分)을 중요시하였지만, 뉴턴은 부정적분(不定積分)을 중요시하였다.

이들 방법이 초기에는 엄밀성이 없이 도입되었다. 미적분은 N. L. S. 카르노(1796~1832)에 의해서 더욱 발전되었고, B. A. L. 코시(1789~1857)에 의해 수학적 엄밀성이 이루어졌다. 미적분학의 확립은 자연과학 전반에 걸쳐 크나큰 영향을 끼쳤으며, 간접적으로는 산업혁명이나 계몽주의를 촉진시킨 원천이 되었다.

이런 예는 매우 많다. 이는 무엇을 의미하는가? 대상 인식의 꼬투리는 누구나 지니고 있다는 점, 학자는 누구나 이전의 성과를 비판적으로 검토한다는 점, 인간의 사고 수준은 공통된다는 점, 인간적 사고의 성취는 점진적으로 이루어진다는 점, 그리고 당대의 과학 이론은 이상화와 완결성을 추구한다는 점 등을 과학사를 차근차근 읽으면 알 수 있다. 창조는 비판적 사고를 통해서 온전히 이루어진다.

허황되어 보이는 사고 구성물도 그 나름의 논리와 체계를 지니고 있다. 현실세계에는 일부가 부합하지 않는 세계를 그린 '반지의 제왕'이나 '모모'도 자세히 살펴보면 그 나름의 일관된 구성법이 존재한다. 현실의 부정이나 세계에 대한 의문은 새 사고의 단초를 제공하지만 이들을 따져 주고 기워주어 일관되고 완결된 구성법을 보여주지 않으면 허황한 공상 조각에 지나지 않는다.

우리가 교육에서 창조에 무게를 잘못 두면 학생에게 헛발질만 가르치는 수가 있다.

구성주의적 관점에서 보면 기존의 개념화나 해석 체계 등을 학생이 새로 내면화하면 그게 창의적인 것이라는 점도 꼭 새겨 두고 가르치는 것이 역효과가 적다.

지도하는 편에서는 사고를 넷으로 해체하고 이들을 구조화하여 살피는 것이 바람직하다. 우선은 주제나 제재에 해당하는 [1]**특정 대상세계**가 한 요소이고, 그에 대한 [2]**사고의 능력**이 필요하며, 사고 전개를 오류 없이 합리적으로 끌어가는 데 필요한 [3]**논리의 능력**이 요청되고, 이 모두를 이끌기도 하고 반영하기도 하는 [4]**문체학적 능력**이 요청된다.

이들 각각은 다시 하위의 능력들을 위계적으로 지니고 있다. 이들을 총체적으로 말할 때는 '논술 행위', 또는 '논술 사고'라고 말하는 것이 오해가 적고 편리하다.

논술자가 실제로 논술을 행할 때에는 이들이 따로 떨어져 존재하지 않고 넷 모두가 조화로운 통합을 이루어 발현된다. 그러나 논술을 지도할 때는 이들을 구분하여야 하므로 여기서는 이들 각각에 대하여 아래에서 살펴본다.

5.2 특정 대상 세계에 관한 이해력

대상이 없는 사고는 존재하지 않는다. '선/악, 사람됨, 순수이성' 등 추상적 개념을 마음자리에 떠올려 놓고 놀기보다는 축구공을 가지고 황금초등학교 운동장에서 놀기가 더 쉽고 이 구체적 놀이가 앞의 추상적 실체와의 놀이에 상당한 부분이 중첩된다. 대상의 실체를 더 구체적으로 잡아낼수록 생각이 더 튼튼하게 진전되므로 우리는 관찰하기나 대상에 더 다가서기를 늘 요구한다.

생각하기의 숨은 원동력은 어릴 때부터 직접 오감을 통하여 여러 사물을 익히며 사는 일에서 자연스럽게 나오고, 깊은 관심과 애정으로 다른 사람들과 부대끼고 느끼며 함께 사는 데서 나온다. 사람이면 모두 지닌 논술능력을 마비시키는 독약은 남의 생각을 훔치는 행위, 학설을 그냥 암기만 하는 행위, 개인의 감정에만 충실한 행위 등이다.

자신을 객관화하는 성찰을 꾸준히 하는 일도 논리적 사고의 바탕이 된다. 논리란 보편적 사고의 길로서 자신의 창조적 직관적 인식 구성물도 논리에 실어야 모두가 이해하고 수용하는 구성물이 되기 때문이다. 자신을 관조하고 자신을 성찰하는 태도는 원숙한 학자들에게서 공통되게 보이는 덕성이기도 하며 자신의 감정과 정서에 갇힌 이들을 정식과적 치료를 할 때도 '인지치료'를 베푸는 경우가 많은데 그 내용은 여기서 말하는 과정들의 수행이다.

대상세계에 더 잘 다가서는 길은 더 오래 끈질기게 주의를 집중하여 관심을 기울이고 아래 사고 작용을 충실히 하는 것인데 이걸 돕는 이는 결국 본인이다.

5.3 사고 활동의 갈래와 순서

흔히 사고활동은 창조적 사고와 비판적 사고로 나눈다. 논술과 관련되는 창조적 사고는 살고 있는 현실의 특정 모습을 '부정'해 보거나 '질문'해 보아 진리로 받아들여지는 세계이해의 전제를 검토해 보는 일이고, 후자는 사고 활동의 과정을 더 잘게 나누고 각각을 '따져 살핌'을 하는 활동으로서 아래 그림의 여러 활동이 포함된다.

대상에 대해서 [인식하기-개념체계 세우기-해석하기-이론 완성/글 완성]은 학자의 학설 탐구나 필자의 글쓰기에서 공통되는 과정이다. 이들의 발견 과정 은 대개 위의 순서로 진행되는데 비해서, 수용자로서 학설을 이해하거나 글을 읽어 나가는 과정은 이의 역순이다.

대상에 대한 인식이 깊어질수록 개념체계가 더 반듯해질 수 있고 거꾸로 개념체계가 더 반듯할수록 인식이 더 깊어진다. 유전(遺傳)에 관해서 보면 [개] '콩 심은 데 콩 나고 팥 심은 데 팥 난다.'는 인식과 [내]'씨도둑은 못한다.'는 인식과 [대]'우성/열성' 등 개념을 만든 멘델의 인식과 [래]'종의 변이에 관한 다윈의 인식과 [래]'이중나선'의 인식과 [매]'유전자지도'에 드러난 인식 등에서 인식의 깊이와 개념체계의 정교함과 대상세계 해석의 탄탄함에 인과론적 차 이가 있다.

[1] 사고의 구체적 작업과 지도 교과 및 학년

사고의 과정	수행의 방법	주로 쓰이는 글	지도 교과	중점 지도 학년
대상 인식하기	관찰, 기억, 비교, 대조, 지정, 정의, 이름 짓기	묘사문, 설명문	국어 사회 수학 과학	구체적 대상 : 1-3
개념체계 세우기	구분, 분류, 분석, 추상화와 구체화	설명문, 논증문		복잡 대상 : 3-6
사태 해석하기	원인-결과, 목적-수단, 행위-의의	서사문, 설명문, 논증문		추상적 대상 : 5-8 복잡 대상 : 8-10
논리적 사고	연역과 귀납, 전제 분석	논증문, 설득문		학설 비교 : 11

사고 수행의 더 자세한 수행 행위 및 지도 순서를 내 나름으로 보인 것이 위 표이다. 이것은 지식교과들의 통합을 염두에 둔 것이다.

특기할 일은 교과 교육에서 요즘은 수용재[학생]이라고 할지라도 발견재[학자]가 대상에 대해 펼친 사고의 과정을 모두 따라잡기를 바란다는 점이다. 표에 나타난 네 과정은 암기가 목적이 아닌 모든 교과목 활동에 공통되는 활동이다. 이른바 '구성주의' 교육 사조는 각 교과에서 가르치는 지식의 체계를 학생들이 결과로서 암기하는 것이 아니라, 그런 지식이 구성되는 과정을 주체적으로 체험해 가는 사고훈련/논술훈련이 중요함을 말하는 것이다. 앞에서 보았듯이 논술 훈련은 '사회'나 '과학'의 여러 교과에서 시간마다 교사가 학생에게 실시하는 것이다.

사정이 이러하므로 사고의 훈련은 '국어' 교과보다는 다른 교과에서 훨씬 더 효과적으로 수행될 수 있다는 점을 실토하지 않을 수 없다. 사고의 교육은 한편으로는 [말-사고]를 넘나들면서, 또 한편으로는 [말-대상세계]를 넘나들면서 그 긴밀한 관련을 크게 유념하면서 가르치는 일이 매우 중요하다. 그리고 가장 중요한 요소는 특정 대상에 대한 인식과 개념체계의 역사적 전개과정을 학생 스스로 추적하면서 학자들이 느꼈을 성취감과 세계에 대한 경외감에 동참하여 내면화해야 하는데 이 일은 해당 교과에서 수행하기가 더 적합하다. '국어' 교과에서는 말을 세계나 사고와 알뜰히 관련짓지 않고 가르치는 수가 많을 뿐 아니라, 특정 대상에 대한 인간 지성의 계발 과정을 해당 교과처럼 계속 추적하기도 불가능하다.

모든 교과는 독서를 통하여 사고활동을 실습하기도 한다. 글은 대상이 되는 사태나 개체에 대해서 필자가 생각을 가하여 얻은 결과이다. 절차적/규약적 지식[맞춤법과 띄어쓰기 등]의 숙달 단계를 넘어서면 글을 읽을 때는 필자의 사고와 독자의 사고가 만나게 된다. 모국어에서 글의 이해도는 결국 필자와 독자 사이의 사고 수준상 차이에서 생긴다. 어려운 단어는 사고 과정에서 개념형성이 어렵기 때문이고 글의 이해도는 그 속에 든 명제상의 복잡성이나 추상성 등에 귀결되며 사고 수준이나 추리의 복잡성, 개념체계상의 복잡성과 추상성 여부가 글의 난이도를 결정한다. 이점을 유념하여 각 교과는 학생의 사고활동을 위한 자료를 선정하고 있다.

사고 훈련을 위하여 학생은 모든 사물이나 모든 교과를 익힐 필요가 없다. 관심과 지식의 축적이 된 한 교과나 한 학설을 추적해도 위의 사고 과정이 다 들어 있으므로 그것을 추적하면 충분한 훈련이 될 수 있다. 손쉬운 대로[11] 『원소의 왕국』에는 원소에 관한 인류의 인식 - 개념 - 해석 등이 잘 나타나 있고, 『게놈 프로젝트』에는 유전에 관한 그런 과정이 잘 드러나 있으며 『통섭』에는 뇌과학과 유전학과 생물학, 문화 현상 등을 통합해서 설명하는 과정이 잘 드러나 있다. 이들 책들은 대상만 다를 뿐, 대상에 대한 사고의 과정은 같은 것이다.

위의 표에 나타난 사고의 길이 녹아 있는 주사약이 없듯이 이들만을 효율적으로 훈련하는 간편한 책도 없다. 결국 본인이 관심이 있는 분야의 지식에 관한 책을 택하여 그 인식사나 개념 형성사나 해석사를 따라잡는 것이다.

5.4 사태 해석과 논리적 사고

논리적 사고는 앞에서 본 사고 활동의 일부로서 특히 공상(空想)과 편견/선입견과 이해(利害)와 감정적 요소를 버리고 보편화/객관화를 향한 사고이다. 연역이란 개념분석 활동과 전제 검토 활동이고 귀납이란 사태 해석 활동이며 오류 찾기는 말과 그에 대응하는 세계와의 관련을 검토하는 활동이다. 이들은 아주 어릴 때 아기 때부터 살면서 은연중에 익히고 학교의 각 교과 공부에서도 이들이 내면화된다.

연역이라고 하면 '삼단론법'만을 떠올리는 사람은 연역의 개념을 바르게 몰

---

11) 인용한 책의 서지 사항은 다음과 같다.
　　Atkins, P.(1997) Periodic Kingdom, 김동광 역(1998), 『원소의 왕국』, 동아출판사.
　　Soul, J.(1996) Genome Project, 이영진 역(1998), 『게놈 프로젝트』, 한보출판사.
　　Wilson, E.(1998) Consilience : the Unity of Knowledge, 최재천 · 장대익 옮김(2005), 『통섭』, 사이언스북스.

랐다. 연역은 결론을 구성하는 개념들을 일단 분석하고 각각의 타당성을 따지는 작업이다.

서울시 교육청에서 펴낸 문제 예시 가운데는 초등 3학년 수학 과목에 [개]'정사각형은 직사각형인가?'라는 문제가 있다. 명제 속의 개념을 분석하면 '직사각형'의 개념에는 [(1)도형이다, (2)변과 각이 각각 넷이 있다, (3)네 각은 각각 직각이다, (4)마주보는 두 변은 길이가 같다]이고 '정사각형'의 개념에는 여기에다 [(5)네 변의 길이가 같다]가 더 붙는데 (5)는 특히 (4)를 함의한다. '개는 척추동물이다'는 말이 사실로 받아들여지면 [개]도 자연스레 받아들여진다. 초등 3학년에 '개념분석'이라는 논술행위의 일부를 수행한다.

귀납은 사태와 추론 사이의 설명력과 정합성 따지기가 핵심이다. 공상은 왜 설명력이 없을까, 한 사태에 관해서 밤새워 생각한 여러 추리 가운데 기존의 이론과 정합하는 추리는 무엇인가 등을 체계적으로 따져가는 훈련을 할 수 있다. 수많은 사고 실험과 사고 훈련 끝에 사고의 달인이 되는 것이다. 이런 사고 실험과 훈련의 자세한 도정(道程)이 책들에 있다.

오류는 위의 사고의 여러 과정에서 생긴다. 사실을 틀리게 인식하여 진술하거나, 개념의 체계를 잘못 잡거나, 정합(整合)하지 않은 이론을 끌어대거나 설명력이 없는 사실이나 이론에 억지를 부리거나 하는 데서 오류가 생긴다. 그 밖에도 논리를 비약하거나 비트는 데서 생기기도 하고 '말-의미/세계'의 관련을 틀리게 잡은 데서도 생기는데, 권위에 호소하거나 동정에 호소하거나, 인용을 끌어대거나 할 때는 그 명제들을 사실 차원에서 다시 검토해 보아야 한다.

논술의 주제[=최상위 명제]는 세 가지가 있다.

사실발견 명제는 『자연철학의 수학적 원리(1687)』나 『자연 선택에 의한 종의 기원에 관하여(1859)』 등 학문 서적의 최상위 주제 내용이다. 『원소의 왕국(1998)』이나 『게놈 프로젝트(1997)』는 해당 사물과 사태에 관한 논리적 사고의 과정을 역사적으로 추적하여 각 학자의 업적을 인문학적으로 조명한 책이다. '나는 생각한다. 그러므로 나는 존재한다.'가 참인지 '사람[과 동물]은 존재한다. 그러므로 생각한다.'가 참인지를 여러 사실을 들어 밝혀내는 일이므로 과학 일반이 하는 작업이다. 수학 올림피아드나 과학의 여러 과목 올림피아드 및 지리 올림피아드에서 묻는 문제들은 모두 각각 해당 분야의 지식체계를 가지고 학생이 지닌 마음속 사고와 논리의 활동 역량을 잰다. 이것을 논술고 사로 물으려면 특정 교과 안에서 특정 분야를 물을 수밖에 없는데 이것은 현 제로서는 우리나라 교육당국이 금하는 일이다.

판결명제의 논술 행위를 어린 시기에 훈련하는 일은 부작용이 많다. 판결명 제는 '-어라'나 '-어야 한다'처럼 단순한 형태에서부터 법원이나 헌법재판소 판결문처럼 정보량이 매우 큰 것도 있다. '넌 그 약속을 지켜야 해'를 더 자세 히 진술하면 '네가 그 약속을 지키는 것이 약속을 어기는 것보다 사람이 살아 야 할 도리에 더 부합한다'가 된다. 이처럼 판결명제는 [가]판결대상 명제와 [나]비교대상 명제와 [라]상위가치 체계[=판결의 준거 : 법률 조항이나 도덕적 준거] 및 [마]평가어[='더/덜 부합한다, 어찌 해야 한다, 어찌 해라, 옳다/그르다' 등]로 구성된다. 법원 판결문의 '주문(主文)'은 '신행정수도건설을 위한 특별조 치법[법률 제7062호]은 헌법에 위반된다.'[헌법재판소의 '신행정수도의 건설을 위한 특별조치법 위헌 확인]처럼 간단한 문장으로 표현되나 그 '결정의 이유' 는 비교적 단순한 사안임에도 정보량이 2,600단어를 넘는다.

특정 사태를 명세해 주고 그에 대해서 도덕적 판결을 어떻게 내리고서 진술 하는지를 물어 그의 도덕적 판단의 수준을 묻는 질문지가 콜비 등(Colby, A. et. 1987)으로 나와 있다. 이는 학생이 로렌스 콜버그의 '도덕발달 단계' 가운데 어느 단계에 있는지 알기 위한 것으로 초중고등학교에서 도덕/윤리 교육을 개선하기 위해서 일부 교사들도 학생들에게 이런 논술을 훈련하고 있다. 콜버 그의 이론은 도덕 교육의 흐름을 바꾸는 데 중요한 기여를 했다.

정책명제는 일상 대화에서 '-자, -어라'의 형태를 지니는 단순한 진술에서 부터 정당의 정책문이나 회사의 제안서처럼 복잡한 형태까지 다양하다. 이런 글은 [가]정책내용 명제 [=사실명제로 환원 가능]와 [나]정책목적[어떤 경우는 상위 가치에의 달성도]과 [다]비교 정책명제[=대안]와 [라]평가어[='효과가 더 크다.']로 분석된다. 여러 대안들[대을 가지고 [내를 달성하는 데 드는 품과 경제성과 노력들을 견주어 역효과가 가장 적고 품이 덜 들면서 가장 효과적인 대안이 [가]로 선택되는데 이런 내용이 정책 논술문에 나타난다. 이 논술문을 쓰기 위해서는 특정 사태와 관련되는 내용을 매우 많이 자세하게 알아야 하므로 고등학생 수준의 논술문 훈련으로 적합하지 않은 경우가 많다.

초등학교에서부터 가르치는 많은 교과의 지식들은 개념분석의 과정과 사태 해석의 과정들이 포함되어 있다. 오히려 더 어린 나이에 '아빠가 밖에서 술을 드시고 오시면 내게 용돈을 주신다.'는 말을 할 때 이미 그 아기는 인과적/목적 론적 사태 해석을 내면화하고 있는 것이다. 단지 두 사태들에 필연적 연관이 있는지 등에 관한 성찰이 없을 뿐이다. 그 성찰은 탐정소설을 읽으며 풍부해 지고 과학을 익히면서 정착된다. 이처럼 여러 교과의 지식들은 연역이나 귀납 의 과정을 겪어 가공된 것들인데 학생들이 그들의 결과만 암기하면 맛있는 과자를 포장지만 쳐다보다 시간이 지나면 잊고 말게 되는 격이고 각각 지식 생성의 이치나 과정을 애써 따라가면 발견의 기쁨을 아이삭 뉴튼과 함께 하고 혀에 녹는 지식의 맛과 코를 스치는 향기에 취하게 되며 골/마음속에 있는 눈과 손이 새 지식을 구분하고 인식할 안목을 지니게 될 것이다.

5.5 문체학적 요소

말만 가르치면 거짓말도 가르친다. 말을 대상세계와 조응하면서 가르쳐서 묘사문과 서사문을 치밀하게 구성하게 훈련하는 일은 초등 교육의 핵심이다. 초등교육에서 그 다음으로 더 완결된 설명하기를 훈련하는데 이때는 오류에 빠지지 않게 하는 일이 중요하다. 한국말은 치명적 결함이 있다. [셋-삼], [이마-액], [인식하여-깨달아] 등이 그것이다. 한국말 문법 명칭은 총괄지칭 이상 의 교육적 의미는 없다는 점도 교사는 새겨 두어야 한다.

대상에 대한 이런 사고의 과정과 귀결은 글로 씌어진다. 논술문이 글이라는 점만 보면 이 훈련을 국어교과에서 시켜야 할 것 같지만 그렇지 않음을 여기까지 이 글을 읽어 온 독자는 눈치 채었을 것이다. 국어과는 논술만을 훈련하지 않는다. 사실의 바르고 정확한 진술 능력을 기르기 위하여 묘사문과 서사문을 열심히 훈련하고, 간단한 사태의 포괄적이고 유기적 관련을 훈련하기 위해서 설명문을 훈련하며, 경쟁사회에서 주체적 자아가 남을 설득하는 훈련을 설득문으로 하기도 한다. 여기에 더하여 시나 소설, 수필 등 문학작품의 감상력도 길러준다. 이런 여러 일에 고래로부터 전하는 수사(修辭)적 기법도 가르치는데 이들 가운데 열거는 귀납적 일반화와 거리가 먼 해석을 이끌 수가 있고, 영탄이나 도치는 필자의 논리는 공허하고 감정이 발가벗고 드러날 수 있으며, 비유는 재정의(再定義) 되어야 하는 오류를 지니고, 과장은 대상의 정확한 진술과 거리가 멀며 인용은 터무니없는 권위를 끌어붙일 수가 있다. 논술 훈련을 위해서 국어과가 할 몫은 이런 데에 관한 정리를 먼저 해야 한다.

　다른 교과의 교사들이 텍스트[말/글의 덩이]의 구성소에 관해서 정당한 이해를 하고 나면 논술의 능력을 더 잘 함양할 수 있다. 논술을 포함한 모든 텍스트는 아래 여러 요소들로 나누어 볼 수 있다.

　[3] 텍스트의 여러 요소
　　⑴ 형식적 요소 : ㈎ 발음 · 글자 · 맞춤법 ㈏ 어휘 ㈐ 문법 ㈑ 문단 ㈒ 글
　　⑵ 특정 텍스트의 의미 구성체 요소 :
　　　㈎ 핵심 개념/명제의 체계 분석,
　　　㈏ 논거와 논증 방식 분석
　　⑶ 텍스트 생성을 위한 사고의 요소 :
　　　〈앞의 '사고/논리' 부분에서 살폈음〉
　　⑷ 태도와 윤리 요소 :
　　　㈎ 따지기와 되새기기
　　　㈏ 윤리 [베끼지 않기, 사실과 맞지 않은 진술 않기, 글쓴 대로 살기]

　국어과에서 할 수 있는 부분은 고작 [3.1] 정도뿐인데 이것은 모든 교사도 다 알고 있으며 학생도 상당한 부분의 기능을 교육의 초기에 획득한다.

[3.1.가]는 절차적 성격을 지니므로 학생들도 2-3학년이 되면 거의를 익혔고, [3.1.나]는 학생이 초등학교에 들어오기 전에 이미 상당한 어휘를 알고 있으며, 전문 개념의 어휘는 전문 분야 [해당 교과]에서 가르치게 되어 있다. [3.1.다]는 학생이 초등학교에 오기 전에 기본은 익히고 있으며 문법 표현의 정밀성은 사고나 논리의 정밀성과 뗄 수 없는 관련을 지닌다는 점을 국어과나 다른 교과의 교사가 깊이 인식해야 한다.

위의 [3.2]는 특정 분야의 내용과 깊은 관련을 지닌다.

위의 [3.3]을 위해서는 우리나라도 중학교나 고등학교에서 '성찰과 논리'['철학, 논리학'이 아님]를 독립 과목으로 해서 가르칠 필요가 있다.

위의 [3.4.가]를 위해서는 각 교과에서 학설 형성에 관여한 원전[우리말로 깔끔하게 번역한 책]을 학생에게 직접 읽히고서 교사는 말을 않고 참았다가 면담을 통해서 학생의 마음자리에 얼마나 자세히 견고하게 들어와 않았는지를 조사하고 부족한 면을 지도해야 한다. [3.4.나]를 위해서는 각 교과의 수업을 두세 시간 붙여 놓고 학생에게 직접 교실에서 잘게 쪼개진 과제들에 대해서 논술문을 시간마다 쓰게 하는 것이 효과적이다. 글은 내 마음자리에 소화된 내용을 토로하는 것임을 깊이 가르쳐, 자료를 그대로 베끼거나 따오는 짓을 엄격하게 금해야 한다. '자료'는 내 마음자리에 소화되기 위한 '자료'일 뿐이라는 것을 학부형도 알아야 아이에게 암기 훈련을 강요하지 않게 되고 교육이 학교의 교실로 돌아간다.

5.6 마무리

모든 교사와 자녀를 가르치고 싶어 하는 학부모들은 다음 두 가지를 스스로 체화(體化)하는 일이 학생이나 자녀를 이해하고 사랑하는 바탕이 된다. 우선 인간 인지의 생물학적 토대와 모국어와 인지와의 관계를 다룬 책들, 이를테면 제럴드 에덜만의 『신경과학과 마음의 세계』, 존 서얼의 『정신, 언어, 사회』

및 에드워드 윌슨의 『통섭』 정도라도 읽으면서 그들의 내용과 함께 각 저자가 설명할 내용들을 어떻게 내면화 하고 있는지를 꼼꼼하게 익히는 일이 매우 중요하다. 학생이나 자녀를 생각장이로 만들려면 그 생각이라는 것이 어떤 자료를 가지고 어떤 과정을 거쳐 생산되는지 알아야 할 것이다. 그리고 이들은 스스로 논리적인 글과 책을 골라 읽으면서 독서행위 중에 독자로서 자신의 마음자리가 어떻게 반응하고 활동하는지를 섬세하게 성찰하여야 한다. 그래야 자기의 도제(徒弟)들이 어떤 성취에 기뻐하고 어떤 구석에서 어려워 헷갈려 하는지 알 수 있고 함께 부비면서 해결도 하게 될 것이기 때문이다.

창의적 사고의 바탕은 비판적 사고 즉 따져 생각하기의 여러 세부 활동이다. 그리고 그 뿌리는 주체의 대상에 대한 관심과 사랑이다. 그리고 이들의 영양소는 성취 의욕을 일으키는 뇌 활동 활성물질의 왕성한 분비에 있다고 생각된다. 사람의 마음을 유물론적 과정으로 해체할 때 여러 단계의 해체 등급이 있을 터인데, 그 최종 해체 수준인 뇌 활동 활성화 물질의 분비나 뉴런의 시냅스 연결은 어릴 때 형성된다고 생각된다. 사람이 아주 어린 아기 시절에 자연 속에서 사람과 놀면서 오감(五感)을 통하여 대상을 느끼고 자연물을 접하면서 희로애락의 정서를 확실히 뇌와 마음에 체화(体化)하는 일이 매우 중요하다. 자연 속에 놀기와 사람과 놀기를 부추겨 주고 이 때 어른은 간섭하지 않고 기다려 주기와 칭찬하여 성취동기 북돋우기가 중요하다. 부모나 교사는 교육의 이름으로 이들을 짓밟는 폭력을 행사해서는 안 될 것이다.

6

논술 명제의 유형

    여기서는 논술문의 주제가 세 종류로 상위 구분됨을 보이고 각 유형의 주제 [= 최상위명제]가 어떻게 분석되는지를 밝혀내는 작업을 하려고 한다. 이 작업으로 텍스트언어학에서 핵심 과제로 치는 글[12] [특히 논술문]의 구조를 기술하는 데 핵심적 기여를 할 것으로 기대한다.

    논술문의 주제 유형을 분석한 연구는 발견되지 않는다. 한 세대쯤 전에 돈다이크(Thorndike, 1977 : 77-110)에서 서사문을 이루는 규칙을 기술하려고 시도한 일은 있으나, 이런 글보다 역사가 더 오랜 논술문에 대한 생성적 규칙 구성을 시도한 일도 없고 이 작업의 앞 단계인 논술 주제의 구분이나 분석은 없었다.

    만약 논술문의 주제 유형이 합당한 표지에 의해서 서로 구분되고 각 유형이 자세하게 분석된다면 이에 의해서 논술문의 거시구조를 해명하는 틀을 정착하게 되고, 나아가서는 논술문의 생성 규칙 구성 작업에 크게 다가서게 될 것이다.

---

12) 이 글에서 '글'이라고 부르는 것은 글뿐만 아니라 '우리 내일 산에 가자'처럼 너덧 개의 정보량을 지닌 입말도 포함된다. 헌법재판소 판결문인 '2004헌나1 대통령(노무현) 탄핵'은 정보량이 11,670 단어쯤 되는 방대한 량인데 이 모두를 싸잡아 '글로 대신한다. '글'은 텍스트언어학에서 쓰는 '텍스트'에 가름하는 말이다.

6.1 논술문의 유형

세상에 존재하는 논술문도 몇 무리로 나눌 수 있다. 이는 고대부터 어느 정도 인식되었는데 이를테면 아리스토텔레스가 세운 전통 수사학을 들 수 있다. 그는 담화[글]의 갈래를 정치, 재판, 칭찬의 세 갈래로 잡았다(르불 Reboul, 1989 : 28). 이 구분은 키케로나 퀸틸리아누스가 더 다듬어서 19세기까지 통용되었다. 세 갈래에 관해서 특징적인 표지를 붙여 체계화하면 아래 [1]로 요약된다.

[1] 글의 종류 [서양 중세 수사학]

갈래 특성	정치 갈래 [deliberatif]	재판 갈래 [judiciaire]	칭찬 갈래 [epidictique]
들을이	집회	판사	관객
궁극성	권고 - 만류	고발 - 변론	찬양 - 비난
기준	이해 관계	불편 부당	미취[美醜]
시간	미래	과거	현재
추론	예증	생략 3단론법	과장과 비교
토픽	가능/불가능	실재 여부	더하고 덜함

수사학이 시작될 때는 입말이 주류를 이루고 있었고 다루는 사태의 시간상의 차이가 확연하므로 이 점을 인식한 이들이 글의 갈래를 [1]처럼 잡았는데 이 구분 속에는 현대 문체학에서 다루는 글의 성립요건들을 망라하고 있다.

그런데 [1]에서 '칭찬 갈래'의 글은 논술이 아니므로 이를 빼면 정치 갈래는 정책 논술문이 되고 재판 갈래는 판결 논술문이 된다. 시대가 흘러 근대 과학이 발전하여 대상 사태의 구조나 사태 흐름의 원리를 발견하여 진술하고 이론 체계를 정립하는 논문 갈래가 발전하게 되었는데 이들은 '사실/이론 발견 논술문'으로 부를 만하다.

[2] 논술문의 최상위 명제 구분

	사실/이론 발견 명제	정책 명제	판결 명제
사태의 성질	상태, 변화, 동작	인간의 의도 행위	인간의 의도 행위
사태 속의 대상	사람, 사물, 사태, 개념	사람의 행동	모든/특정 사람의 행동
결론의 핵심	사실명제 내용	효율성 차이	가치의 판단과 평가
상위 서술어	[무엇임을] 처음 발견하였다 (참/거짓)	[목적달성에] 더/덜 효율적이다. (효과/역효과/경제성)	[상위가치에] 더/덜 부합한다. (일치/불일치)
서술어의 주체	발견자[학자]	제안자	판결자[판사]
결론의 직접 논거	결론에 직접적인 사실명제나 이론	대안과의 효율성 차이	비교되는 명제와의 평가 차이
논거가 되는 명제	사실명제나 이론	정책 목적	상위가치
사태의 시간	초시간적	특정 시/공간 미래 [의도성]의 사태	특정 시/공간 과거의 사태
결론을 증명 하는 방법	연역, 귀납 기존 이론과의 정합성	사태와의 정합성 달성하기 쉬움 등	더 높은 가치와의 정합성, 또는 가치 와 유용성 정도
표준이 되는 글	논문	정책 제안서	판결문

이들 세 가지는 최상위명제[= 주제]의 구성에서 차이를 보이는데 이는 문장의 [상위] 서술어 차이로 반영된다. 그리고 이 서술어의 주체에서도 차이를 보이며 결론을 이끌어 내는 논거의 종류에서도 차이를 드러낸다. 뿐만 아니라 위에서 살핀 바처럼 대상으로 삼는 사태의 시점(時點)도 체계적으로 다르고 결론을 증명하는 방법도 다르다. 이를 정리하여 [2]로 보였다.

이들 각각의 명제는 각각의 논술문 주제가 되어 그 내용들을 통어/응집하는 중심이 된다. 아래에서 각 논술문의 주제를 더 자세히 분석해 내는 작업을 수행한다.

6.2 사실/이론 발견 논술문

이 논술문의 전형은 논문이고 일상 대화의 형태는 대상 사물/사태에 관한 주장이다. 일상 대화의 형태는 사실에 관한 소박한 진술, 또는 사물/사태에 관한 설명과 구분하기 어려운 경우도 많다. 결론을 주장만 하고 그에 관한 논증이 빠지면 소박한 진술이나 소박한 설명에 머무르게 된다.

논문의 주제는 아래 [3]으로 추상된다.

[3] 사실/이론 발견 논술문의 주제
　　필자는 [대상 사물/사태의 모습/구조/이론이 어떠함을] 처음 발견하였다.

이를테면, 우나무노(de Unamuno, 1921)의 주제는 '[나는 존재한다. 그러므로 나는 생각한다는 사실을] 처음 발견하였다'는 것이다. 그리고 그 글은 이 명제를 옹호하는 사실과 이론들을 가지고 자신의 주제를 논증하며, 데카르트의 명제 '나는 생각한다. 그러므로 나는 존재한다'가 사실이나 이론과 정합하지 않음을 논증하는 내용으로 채워져 있다.[13]

그런데 '처음 발견함'의 범위나 주체는 다를 수 있다. 일상 대화에서는 말하는 이가 말하는 장면에 국한하여 처음 발견하는 경우에 이런 말/글을 사용하는 경우가 많지만, 전문적인 학자의 논문에서는 필자가 온 세상의 논저를 다 둘러보아도 그런 명제를 주장한 일이 이전에 없었다는 것을 뜻하는 경우가 많다.

이 논술문의 대상은 전칭적인 사물/사태인 경우도 많고 특칭적인 것도 많다. 이를테면 '임진왜란의 원인'을 논술하면 그것은 특정 사태를 대상으로 잡은 것이다. 이 논술문의 대상이 세상에 구체적으로 존재할 필요는 없다. 인간 사고의 결과로 생긴 개념이나 개념체계 및 이론을 논술의 대상으로 삼을 수도 있다. 한편으로 사물/사태에 대한 다른 이의 논술 주장을 문제 삼아 반박할

---

13) 이 내용은 Gerald M. Edelman의 *Bright Air, Brilliant Fire*, 1992. 황희숙 번역(1998), 『신경과학과 마음의 세계』, 범양사출판부에서 인용함.

수도 있는데 이를 따로 반박논술문이라고 부를 만하다.

시간상으로 볼 때, 이 논술의 대상 사태는 과거, 현재, 미래 모두가 가능하다는 점도 특기할 만하다.

6.3 정책 논술문

정당의 정책이나 회사의 정책 제안서 등은 설명문과 다르고 소설과도 구분된다. 이들을 정책논술문으로 부른다. 논술문은 여러 종류가 있고 정책논술문은 그들 중에 하나다.

법원 판결문과 학자의 논문과 정당의 정책은 모두 논술문으로서 공통점과 차이를 아울러 지닌다. 이들이 다른 글들에 대해서 보이는 공통점은 이들이 '논증'의 의도로 씌어져 있다는 점이다.

그러나 이들 논술문의 사태는 구분된다. 논문이 다루는 사태는 전칭적이기가 쉽지만 판결문과 정책은 특칭적이기가 쉽다. 그뿐 아니라, 이들 논술문을 대상 사태의 시간상의 초점을 들여다보면 세 종류로 구분된다. 학자의 논문은 세상에 존재하는 모든 물건이나 인간이 사고한 모든 개념을 대상으로 하는데 대개는 사물이나 사태가 초시간적이다. 이에 대하여 법원의 판결문은 과거에 일어난 일을 문제 삼으며 정책은 미래에 해야 할 일에 초점이 주어진다. 따라서 우리가 앞에서 [2]로 나눈 논술문에는 대상 사태가 이루어지는 시간상의 구분도 나란히 나간다.

정책논술문의 의미 체계에서 최상위명제를 정책명제라고 부른다. 정책명제는 아직 이루어지지 않은 사태를 대상으로 한다는 점이 일찍부터 인지되어 왔다. 정책명제의 가장 단순한 형태는 아래 [2]처럼 단순문으로 표현된다. 이들 단순문은 명령문이거나 청유문일 수 있으며 '-어야 한다'의 형태를 보일 수도 있다.

[4] 정책명제의 보기

　㈎ 우리 내일 일찍 갓바위에 가자.

　㈏ 너는 빨리 출발해라.

　㈐ 그 집은 방수 공사를 해야 해.

이들 명제의 의미를 더 천착하면 몇 가지 특성이 있다.

우선, 정책명제는 아직 이루어지지 않은 일이며 이루고 싶은 일이다. 이 점은 위에서 밝힌 바대로다.

다음으로, 정책명제는 정책목적의 수행 도구라는 점이 드러난다. 정책명제는 인간의 의지적/의도적 행위이고 인간의 모든 의지적 행위는 목적과 의도가 있으므로 정책명제도 정책목적이 있다. 정책목적은 둘로 구분되는데 하나는 '사태해결의 목적'이고 다른 것은 '상위가치에의 부합 목적'이다. 전자는 '강의 범람을 막기 위해서' 둑을 쌓자는 제안을 하는 경우가 보기가 되고 후자는 '인격의 동일성을 유지하기 위해서' 앞으로는 거짓말을 하지 말기를 권하는 경우가 보기가 된다.

그리고, 목적을 달성하는 방법/수단은 복수로 존재하는 경우가 많다는 점이다. 복수의 수단 가운데 정책수행자가 선택한 방법/수단을 '채택된 정책내용' 또는 이를 줄여서 '정책내용'이라고 부르고, 나머지를 '가능한 정책 내용' 또는 줄여서 '대안(代案)'이라고 부른다. 이런 점을 감안해서 보면 [2]에 드러난 명제들은 여러 대안들 가운데 하나이다.

마지막으로, 정책명제는 평가어로 마무리된다는 점이다. 여러 대안들 가운데서 정책목적 수행을 위해서 가장 효율적이거나 경제적이거나 상위가치에 부합하는 대안을 선정하여 그 대안이 그러함을 규정해 주는 진술이 평가어이다. 그것을 표현하는 한국어는 '가장/더 효율적/효과적이다' 및 '[상위가치에] 더 부합한다'이다.

이런 여러 요소를 모두 드러내어 진술하면 위의 예문 [4]는 아래 [4]′로 재진술된다. 이 때는 진술이 [4]보다 훨씬 상황 독립적이다.

[4]′ [4]의 재진술

(가) 우리가 내일 일찍 갓바위에 가는 것이 집에서 빈둥대는 것보다 건강 증진을 위해서 더 효율적이다.
(나) 네가 빨리 출발하는 것이 어정대는 것보다 기차를 타는 데 더 효과적이다.
(다) 그 집은 방수 공사를 하는 것이 칠만 하는 것보다 누수(漏水) 방지에 더 효과적이다.

이제까지 밝힌 바를 정리하면 정책명제는 아래 [5]로 분석된다.

[5] 정책명제의 분석
정책명제 = (가) 정책내용 명제 + (나) 정책 목적 + (다) 비교정책 명제 +
          (라) 효율성 비교 평가어
(가) 정책내용 명제 = 사실명제에 '의지/가능'의 양상 부가
(나) 정책 목적 = 사실명제로 환원 가능
(다) 비교정책 명제 = '대안(代案)'이라고도 하며 여럿이 있을 수 있다.
(라) 대안 평가어 = '효과가 더 크다.' 또는 '상위가치에 더 부합한다'

이제 이런 정책논술문에는 어떤 내용들이 들어가는지를 살펴보자.
정책논술문들이 지닌 최상위 정책명제들은 위의 [5]로 분석된다. 따라서 그 논술문은 [5]의 내용들을 조목조목 논술하게 된다. 아래에서 중요한 내용들을 들고 각각은 다시 어떤 내용들이 진술되는지 밝힌다.
무엇보다 먼저, 문제가 되는 사태의 모습이 진술된다. 이 사태는 모두 인간의 삶과 연루된다. 군대의 기강해이나 독도 영유권 주장처럼 원래 인간 삶의 국면은 물론이거니와 홍수나 기근처럼 자연적 사태라도 그에 대처하는 인간의 의지와 행동이 '정책'이 되므로 모든 사태는 인간의 삶과 관련이 있다. 사태의 모습을 진술할 때 이런 삶의 관련을 밝히면 다른 작업이 더욱 선명해지는 경우가 많다.
사태를 진술할 때는 이른바 6하원칙에 따르면 더욱 객관화된다. 일어난 시간과 공간을 세밀하게 특정화하고, 야기자/야기체 및 피해자/피해체의 성격이

엄밀하게 식별되며, 시태 진전의 추이가 인과론적/목적론적으로 해명되면 사태를 상황독립적으로 진술하게 되는 것이다. 사태 추이를 해명하는 일은 정책 목적의 특정화[구체화]로 이어지는 경우가 많다.

다음으로, 정책 목적의 정당성이 진술된다. 목적은 두 가지인데, 사실사태의 해결과 상위가치에 부합함[14]이 그들로서 둘 다를 충족해야 할 경우도 있음을 유념하자. 전자를 위해서는 문제 사태의 자세한 진술이 요구된다.

이어서, 여러 대안에 대한 자세한 검토를 해야 한다. 문제를 해결하는 가능한 길[= 대안들]을 모두 열거하고 각각에 대해서 (ㄱ)목적과의 부합도, (ㄴ)수행에 드는 품의 내역, (ㄷ)각 대안이 지니는 효과와 역효과의 대비 등이 진술된다.

마지막으로, 이들 검토의 결과로 하나의 대안을 채택하는 이유가 진술된다. 이들 내용을 간추려 아래 [6]으로 요약한다.

[6] 정책논술문에서 진술되는 내용들

    ㈎ 문제 사태의 진술 : 일어난 시/공간 상황의 특정화, 야기체와 피해체의 성격 진술, 사태 추이에 관한 인과론적/목적론적 해명

    ㈏ 정책목적의 정당성 진술 : 사실사태 해결 차원에서 상위가치에 부합함의 차원에서

    ㈐ 대안의 검토 : 목적과의 부합도, 수행에 드는 품의 내역, 각각이 지니는 효과와 역효과의 대비

    ㈑ 채택된 정책내용의 검토

이런 여러 내용들이 모두 정책논술문에서 진술되는 것은 아니다. 예문 [4ㄱ]처럼 가족 사이의 대화는 공유 정보량이 많으므로 상황의존성이 높으므로 [6]의 여러 내용은 생략되고 [개]정책 내용만 말해도 모두가 전체 내용을 이해하는 것이다. 이때는 문장의 형식도 명령이나 청유의 단순문으로 표현된다.

---

14) 과거에 일어난 사태에 대하여 그 일이 상위가치나 해당 사회가 공통으로 승인하는 법률 및 도덕에 비추어 정당성을 판정하는 명제는 '판결명제'로서 판정논술문의 주제[= 최상위 명제]가 된다. 그러나 그들을 준거로 내세워 앞으로의 행동을 그에 준하도록 권하는 일은 정책적이다.

이처럼 [6]의 내용들은 위계를 지닌다. [6.다] 가운데 핵심인 [5개는 아무리 짧은 글에서라도 빠질 수 없고, 만약 글이 조금 더 길다면 [6.나=5.내가 진술된다. 나머지가 진술되는 경우는 두 경우가 될 터이다. 하나는 상황독립적인 진술을 위해서이고 다른 한 경우는 [6]의 내용들이 매우 복잡한 구조를 지니게 될 때 진술된다.

이들 내용상의 위계를 바라보는 시각도 두 가지로 나누어 보는 것이 앞으로의 연구를 위해서 긴요하다. 쓰여진 글의 편에서 바라보면 이 위계는 반 다이크(van Dijk, 1980)에서 말하는 거시구조가 될 것이다. 반대편에서서 만약 위의 [6]내용들이 생성적인 규칙으로 구성되면 이는 필자의 글쓰기 작업에서 개요작성의 작업 지침에 근접한 모습이 될 터인데 여기서는 그 작업을 시도하지는 않는다.

6.4 판결 논술문

법원에서 판사가 하는 판결문은 판결논술문의 전형이다. 판결논술문의 의미 체계에서 최상위명제를 판결명제라고 부른다. 판결명제는 이미 이루어진 사태를 대상으로 한다.

이들 명제는 몇 가지 특성이 있다. 우선, 판결명제의 판결 대상은 이미 이루어진 일로서 특정인[들]이 특정 시공간에서 수행한 일이다. 이들 일은 보통 의지를 가진 인간의 의도적인 일이 대상이 되는 경우가 많다. 법원 판결문에서 상위법원의 판결은 판결대상이 하위법원의 판결일 경우도 많다.

다음으로, 이 판결대상이 준거가 되는 상위가치체계에 의해서 그 부합도를 따지는 일이 판결명제라는 점이다. 상위가치 체계는 재판상의 판결문의 경우에는 민법이나 상법 등 일반적인 법률이거나 헌법이 되고, 일상적인 경우는 해당 사회의 전통에서 받아들여지는 도덕이나 행동 준칙의 체계들이 된다.

그리고 판결명제가 완벽해지기 위해서 간혹 필요한 요인이 둘 더 있다. 하나는 그런 판결이 유효한 영역으로서 일반적으로는 행위 당사자가 처한 시간과 공간 모두가 대상 영역에 들기 때문에 꼭 밝힐 필요가 없으나 상위가치가 도덕률일 경우에 간혹 밝혀야 할 때가 있다. 또 하나는 비교대상 명제로서 민법이 적용되는 경우에는 판결 대상명제가 둘 존재하는데 한편이 주판결대상 명제이고 다른 편은 비교대상 명제이다.

마지막으로, 판결명제는 평가어로 마무리된다. 평가어는 주된 서술어로서 법원 판결문에서는 '더/덜 부합한다'는 말이 쓰인다. 판결대상명제를 상위가치 체계에 비추어 부합됨의 여부를 판결하는 말이다.

따라서 판결명제는 아래 [7]로 분석된다.

[7] 판결명제의 분석
    ㈎ 판결대상 명제
    ㈏ 판결대상 영역
    ㈐ 비교대상 명제
    ㈑ 상위가치 체계 = 판결의 준거 [법률 조항이나 도덕적 준거]
    ㈒ 평가어 = '더/덜 부합한다', '[어찌]해야 한다', '[어찌] 해라', '[어찌함이] 옳다/그르다' 등

판결 논술문의 가장 단순한 형태는 아래 [8]처럼 단순문으로 표현된다. 이들 단순문은 명령문이거나 청유문일 수 있으며 '-어야 한다'의 형태를 보일 수도 있다. 재판 판결문의 판결 '주문'도 단순문으로 표현된다.

[8] 입말 대화에서의 판결명제 보기
    ㈎ 우리 형제는 어머니를 더 잘 모시자.
    ㈏ 너는 회사 규정을 따라서 출퇴근해.

표층으로 드러난 판결논술문의 정보량은 다양하다. 가장 단순한 것은 예문 [8]에 보이는 것들로서 당사자 사이에 공유정보량이 많고, 판결할 내용이나 상위 가치체계가 뻔한 경우이다. 그러나 관여하는 참여자가 많고 판결할 사태의 단계가 여럿이며 게다가 상위가치 체계가 복잡하며, 또한 대립되는 판결의

대상이 존재하면 글은 이 모두를 싸잡아 주어야 하기 때문에 정보량이 매우 많을 수밖에 없다. 정보량이 많은 글의 보기로는 특정 사안에 대한 재판 판결문이 있는데 이 경우 판결[결정]의 주문(主文)은 비교적 단순한 한 문장으로 되어 있으나 판결[결정]의 이유는 매우 복잡해진다. 예컨대 헌법재판소에서 결정한 이른바 '신행정수도 건설을 위한 특별조치법'의 판결 [2004헌마554·566[병합] 신행정수도의건설을위한특별조치법위헌확인]에서 그 주문(主文)은 '신행정수도건설을위한특별조치법[2004.1.16. 법률 제7062호]은 헌법에 위반된다.'[이전까지는 법률 이름은 띄어 쓰지 않았음]로서 이 속에 판결대상과 상위가치와 평가어가 다 들어 있지만 단순문이다. 그러나 그런 판결을 내리게 된 '이유' 부분은 11,920 단어를 넘기는 방대한 정보량을 지닌다.

이런 판결논술문에 들어갈 내용은 아래 [9]로 요약된다.

[9] 판결논술문에서 진술되는 내용들
　㈎ 판결할 사태의 진술 : 일어난 시/공간 상황의 특정화, 야기체와 피해
　　　체의 성격 진술, 사태 추이에 관한 인과론적/목적론적 해명
　㈏ 해당되는 상위 가치체계의 진술
　㈐ 평가어

이런 여러 내용들이 현실적으로 모두 판결논술문에서 진술되는 것은 아니다. 예문 [8.㈎]처럼 가족 사이의 대화는 공유 정보량이 많고 [9.가,나]가 비교적 단순하므로 여러 내용은 생략되고 [7.㈎]가 주로 진술되고 [7.㈒]는 명령이나 청유의 어미로 표현되었다.

입말로 하는 명령이나 청유는 그 내용상의 사태가 과거의 일이 아니므로 앞에서 다룬 정책명제이기가 쉽다. 그러나 이들 가운데는 판결명제로 보이는 것도 있는데 그 이유는 이런 까닭에서이다. 예문 [8]을 두고 보면 이들 글은 겉으로는 앞으로의 행위에 관한 권고이므로 정책적이다. 그러나 이런 글을 말하게 되는 상황의 내면에는 행위자가 과거에 한 행동이 해당 상위가치 체계를 어겼다는 지적이 숨어 있으므로 과거의 행위를 지적하는 한에서는 [8]이 판결명제이다. [8]은 양쪽을 겸해 있다고 보는 것이 더 공평할 수 있겠다.

7

국어과 교육의 환원론적 설계

2007년에 새 교육과정이 구성되었다. 이 교육과정에서 눈에 띄는 점은 교육과정 진술의 중심으로 텍스트를 설정함으로써 7차까지 국어과 교육과정에서 늘 문제가 되어왔던 학년 사이의 교육 수준과 범위를 한정하여 주려는 데 있다.

그러나 이 접근에는 나름대로의 문제들을 지니고 있다. 그 문제들을 밝혀내면 이 교육과정을 운영할 때, 즉 교재를 만들거나 직접 지도를 하거나 할 때 참고가 되고 도움을 줄 수 있게 될 것이다. 그리고 이어서 우리 교육과정 설계에 지속적으로 고려해야 할 문제들을 살펴보겠다. 그리고 이 시안이 그대로 공포될 때 교재를 구성하는 이가 보완해서 생각할 점을 제시해 주고, 교육청이나 학교에서 교육과정을 더 구체화하는 이들이 고려해 줄 점들을 제시해 주는 것이 이 글의 목적이다.

이 논의의 바탕에는 두 개의 강한 의문이 들어 있다. 그 하나는 '듣기/말하기/읽기/쓰기' 등 언어사용 활동 각각을 분리하는 일이 어느 만큼의 교육 효용이 있는가, 도대체 각각이 독자적 내용 영역이 될 수 있을까 하는 점이고 다른 하나는 학문이 발전될수록 말과 사고가 서로 떼기 어려운 일체임이 밝혀지고 있는 마당에[15] 우리가 모국어 교육에서 사고활동을 싸안고 이를 정면으로 교육해야 하지 않겠는가 하는 점이다.

---

15) 가장 비근한 예로 현대 분석철학의 흐름을 요약한 김영정(1997)에서 말과 대상(존재와 논리 사이의 논의의 바탕은 말고 사고가 필연적 관련을 맺는다는 것이 전제된다. 한국인에게 '말'은 '한국말'이다. 한국인은 영어로 사고하지 않는다.

7.1 2007년 교육과정[안]에서의 텍스트 설정

새 교육과정에서 설정하는 텍스트들을 아래 표[1]로 보인다.

[1] 2007년 교육과정의 학년별 텍스트 일괄표 [필자가 재구성함]

영역	학년	1학년	2학년	3학년	4학년	5학년
정보전달	듣기	소리	설명	안내	설명	뉴스
	말하기	자기소개	안내	대화[설명]	발표[설명] 대화	발표[묘사] 보고[방송]
	읽기	쪽지글 초대글	설명문	사전 설명서	광고 설명[표 포함]	기록문 여행 안내문
	쓰기	소개	요약문	설명문 관찰기록	요약문 [이야기]	기사 견학 보고
설득	듣기		대화[구중/칭찬]		선거 유세	
	말하기		하고 싶은 말	주장	토의 [일반 절차]	토론 [일반 절차]
	읽기	의견제시 글	문제상황 글	참여요구 글	문제상황 글 인물평가 글	서평, 건의문
	쓰기	의견제시	요청	주장	제안	찬성/반대 글
상호작용	듣기	생활 이야기	대화[친교]	전화	소개	인사 온라인 대화
	말하기	인사 [일상/전화]	말놀이	대화[전화]	부탁, 거절 위로	칭찬, 사과 격려
	읽기	생활문		독서감상	편지	전기
	쓰기	초대	쪽지	칭찬	소식전하기	사과(謝過)
정서표현	듣기	〈문학과 같음〉	인형극	이야기 애니메이션	이야기	경험담
	말하기	감정표현 이야기[순서]	인물의 말	경험담	감동 표현	연극촌극]
	읽기		유머	만화 애니메이션		
	쓰기	그림일기	일기	독서 감상 [인물평]	그림책	이야기 [환상]
문학	시	동시, 동요	동시, 동요	동시	동시	동시, 시조, 시
	소설	동화, 그림책	동화, 민담	동화, 전설	동화,우화,전설	동화, 소설
	극			희곡	희곡	드라마대본
	수필,비평					감상문

영역	학년	6학년	7학년	8학년	9학년	10학년
정보전달	듣기	발표	수업 대화	교양강연	심층보도	강의, 발표와 보고
	말하기	발표, 면담	소개[추천]	발표[매체로]	면담	자기소개[매체] 보고
	읽기	기사	설명문, 보고서	기록문[역사] 소개 글	설명문	계약서, 약관 판결문
	쓰기	[사물]설명문	[원리/현상]설명 실험보고서	요약문 학급신문	홍보 글	전기 표/자료 해석글
설득	듣기	토의 또래상담	토론, 연설	회의	연설/유세	광고
	말하기	회의	대화[설득] 토의[유형]	연설 시사보도	토론[유형] 협상	토의 인터넷 토론
	읽기	논설문	사설, 칼럼	제안서, 논설문	논평, 선언문	논설, 평론
	쓰기	연설 도서 추천	건의/항의 글	독자 투고	논증, 서평	시평(時評)
상호작용	듣기	대화[남녀간]	인터뷰[영상]	대화[세대간]	이야기 대화[지역방언]	사회방언
	말하기	인사말	대화[남녀간]	전화대화 대화[세대간]	온라인 대화 토의[지역방언]	조사발표 [사회방언]
	읽기	기행문	수기	자서전	중수필	인터뷰 기사
	쓰기	축하 글	격려/위로 글	온라인 대화 문자 메시지	조언/충고 글	식사(式辭)
정서표현	듣기	TV드라마	유머, 위트	라디오 프로	영화/연극	판소리/가면극
	말하기	이야기[기행] 역할극	발표[작품감상]	TV드라마	만담/재담	발표[작품감상]
	읽기	유머, 만담 추리물	영화	풍자물 [패러디]	가십 시사만화	교양서
	쓰기	기행문	수필[생활경험]	전기[자서전]	영상물	예술작품 평
문학	시	동시, 민요. 시	대중가요, 시조, 시	향가, 고려가요, 민요, 시	시조, 시[번역] 시	앞+ 가사, 악장
	소설	동화, 신화, 소설	소설	우화, 소설	동화, 전설, 콩트, 소설, 판소리	판소리, 신화, 소설
	극	시나리오	드라마 대본	희곡	판소리, 시나리오	판소리, 희곡, 가면극
	수필, 비평	수필	비평	수필	수필, 비평	수필, 비평

이 교육과정에서는 국어과 교육으로 다룰 텍스트들을 위와 같이 서열화하고 각 학년별/영역별로 '수준과 범위' 및 '[학습] 내용'을 두어 더 자세하게 한정하고 있다. 이런 접근의 문제들로서 다음 여럿을 들 수 있다.

[2] 텍스트 서열화 [표1]의 문제들

    ㈎ 듣기/말하기/읽기/쓰기의 영역 구분이 얼마만큼의 의미가 있는가? 달리 더 묶을 수는 없는가?

    ㈏ 각 학년별로 이 많은 텍스트들을 모두 지도할 수 있을까?

    ㈐ 텍스트의 상위유형으로 나눈 네 가지, 즉 '정보 전달/설득/사회적 상호작용/정서 표현'은 바른 구분인가?

    ㈑ 위의 표에 나타나는 수많은 텍스트 유형은 어떻게 환원할 수 있는가, 그리고 그 환원은 무슨 교육적 의미나 시사점을 지니는가?

    ㈒ '매체'를 쓰는 텍스트들이 다수 들어와 있는데 국어과에서는 선정된 '매체'를 어느 정도로 가르칠 것인지를 한정해 주어야 한다.

마지막 문제는 여기서 다루지 않는다. 앞의 네 문제는 두 가지로 다시 묶인다. [2가, 나는 모국어 교육에서 언어 [사용]활동을 어떻게 구분하고 묶을 것인가의 문제와 관련되고 [2.나,다,라는 텍스트의 환원 문제로 환원된다. 그리고 이들은 다시 모국어교육에서 텍스트의 겉을 중요시하는가 텍스트의 구성/이해 능력을 중요시하는가의 시각 설정 문제로 환원된다.

7.2 언어활동의 환원

이 교육과정에 의하면 한 학년에 다루어지는 텍스트의 유형의 수가 매우 많다. 3학년에서는 19가지와 문학 영역의 4가지를, 7학년에서는 24가지와 문학 영역의 6가지를 다루며 10학년에서는 24가지와 문학영역의 13가지를 다룬다. 게다가 각 학년에서는 '문법' 영역의 내용도 학습하게 되어 있다.

게다가 '[학습할] 내용 요소'로서, 이를테면 7학년 '듣기'에서 '수업 대화' 텍스트를 가지고 '학습 듣기의 성격 알기, 강조/요약/발문 등에 사용되는 담화표지 알기' 등을 설정하고 '선거유세/연설/연설' 텍스트를 가지고 '비언어적 의사소통의 유형/기능 이해하기' 등을 설정한다. 그런데 이들 '알[이해하기' 학습은 자칫 텍스트 특성 암기로 유도하는 수가 있다. '듣기' 뿐만 아니라 다른 언어활동 영역에도 이런 면이 상당히 보인다. 새 교육과정에는 매체를 싸안고 있으므로 7학년 '말하기'에서 '소개하기/추천하기'텍스트로 '소개와 관련된 표현 특성 알기, 사진/책광고/ 영화포스터 등의 매체 특성 이해하기' 등의 '[학습할] 내용요소'가 그 보기이다.

학생들은 한 학년에 대개 30여 주(週) 동안, 매주 4시간 이들을 학습하는데 이들을 학습하려면 매주 한 텍스트 이상을 학습해야 한다. 각 텍스트는 특성이 있으므로 이 교육과정을 운영할 때 자칫하면 텍스트의 내용과 그 생성[사고]의 활동은 줄어지고 교육이 겉에만 맴돌 수가 있다.

어떻게 하면 학생들이 모국어 사고력을 함양하는 데 더 많은 활동을 수행할 수 있을까?

한 가지 대안은 네 가지 언어 [사용] 활동을 적절히 묶어주는 것이다. 이 네 가지 활동은 교육과정 구성상 일반적인 영역 구분의 원리에도 부합하지 않을 뿐 아니라 모국어 활동에서도 구분될 성질이 아니다. 교육과정을 구성할 때 교육내용의 영역 구분의 지표는 각 영역이 단위 기능적(modular) 내부 통일체를 이루면서 영역들 사이에는 통일된 연관을 보이도록 구성된다. 단위기능성은 학문의 기본개념 중심으로 설정할 수도 있고 사고/인지적 기능 중심으로 구성할 수도 있다. 그런데 '듣기/말하기/읽기/쓰기'는 모국어에서 표층적인 행동 양식의 차이에 불과하다. 이 점은 필자가 재구성한 [표1]에서도 스스로 노정(露呈)된 바이다.

필자는 새 교육과정에서 네 영역으로 나눈 텍스트들을 앞의 표[1]로 재구성하였는데 이 재구성에는 네 활동을 하위구분으로 표시했을 때 오히려 텍스트들이 훨씬 유기적으로 표현되어 있다. 이것이 네 활동이 교육의 영역으로 구분되지 않는 증거의 하나이다.

네 활동을 묶는 방식은 세 가지가 있겠다.

첫 방식으로서 수용 행위로 '듣기/읽기'를 묶고 표현 행위로 '말하기/쓰기'를 묶는 방법도 있는데 이것은 사고 내용의 수준과 사고 형성의 깊이와 넓이를 훈련하기에 적절한 방식이다. 우리 교육이 사고력의 신장을 정면으로 다루게 되거나 그것이 중요한 학년에서는 당연히 쓸 수 있는 방식이다. 대학에서 '작문'이나 '글쓰기' 과목을 가르칠 때는 읽기와 쓰기가 중심 활동이다. 사고 활동을 중요하게 여긴다면 9학년이나 10학년에서도 이 방식을 쓰는 것이 더 효과적일 수 있다.

언어 사용의 네 활동을 묶는 둘째 방식은 표현/이해의 양식 중심으로 묶는 것이다. 텍스트의 표층적인 구분이 더 중요한 몫을 하는 낮은 학년에서는 '듣기/말하기'를 묶고 '읽기/쓰기'를 묶는 방식을 생각할 수 있다. 말하면 듣게 마련이므로 '대화/인사/소개/칭찬/격려' 등 일상성이 강한 입말[口語] 텍스트들을 이렇게 모아주면 집중도를 높일 수 있다. 같은 이치로 '토론/토의/인터뷰' 등 더 포괄적인 사고가 요청되는 텍스트 갈래들도 그렇게 모아 주면 효율을 더 높인다. 학생의 적극적 사고 수행 활동에 적합한 수업을 위하여 수업 시간 단위를 두 시간을 모아 줄 때는 더욱 그러하다. 이때는 교육적 효용이 덜한 텍스트들을 제거하여야 할 것이다. '읽기/쓰기'를 모아서 글을 읽어 해당 텍스트 내용을 이해하고 난 뒤에 그를 바탕으로 같은 방식으로 쓰거나 내용을 따져 쓰거나 하는 과제를 두 시간을 한꺼번에 묶어 수행하면 효율을 더 높일 수 있다. 이때에도 교육적 효용이 적거나 겹치는 텍스트는 덜어주어야 한다. 이렇게 하면 학생 개인이 글말[文語]을 통한 사고훈련도 집중적으로 수행할 수 있게 된다. 사고는 우선 혼자서 마음속으로 이루어 낸다.

셋째 방식은 네 활동을 모두 뭉뚱그려 하나로 취급하는 것인데 이는 실제로는 둘째 방식에서 글말 중심으로 학생 활동을 하면서 필요한 경우 입말 활동을 적절히 수행하는 것이다.

수업을 두 시간 연속으로 묶어 학생 활동을 적극적으로 유도할 학년[이를테면 4-10학년]에서 이 점을 고려하여 교재를 편찬하고 이에 따라 교육과정을 운영하면 우리 교육과정 구성의 전체적 정신에도 더 부합된다.

7.3 텍스트의 환원과 위계성

새 교육과정에는 문학 영역을 제외하고도 90가지쯤의 텍스들이 열거되어 있다. 그리고 이들 텍스트들을 추상화[類化 : classify]여 류개념[유형] 넷을 설정했다. 그러나 이 추상은 일관된 분류의 표지가 없다. 그러니 '중수필, 인터뷰 기사'는 '정보 전달' 대신에 '사회적 상호작용'에 들고, '계약서, 약관, 판결문'은 '사회적 상호작용'에도 들 수 있으나 '정보전달'로 추상되어 있다. 사실 '판결문'은 전형적 판결논증 텍스트로서 그 주문(主文)의 형식이 "무엇은 [상위 법률/해당 법률]에 부합한다/부합하지 않는다."의 형식으로 되어 있다. 게다가 '수기/자서전'이 사회적 상호작용으로 추상된다면 그것은 어떤 이유에서인지 불분명하다. '정보 전달', '설득', '사회적 상호작용', '정서 표현' 등 네 유형은 성글거나 서로 겹친다. 모든 텍스트는 정보를 전달하므로 다른 유형과 겹친다. 연설이나 편지는 설득을 목적으로 하면서 사회적으로 상호작용하는 데 쓰인다. 그러므로 이들 둘도 겹치는 경우가 많다.

그리고 '정서 표현'은 내 정서를 표현하여 전달하는 경우가 대부분이며 정서는 사태에 관한 묘사나 서사(敍事)의 진술 내용을 가지므로 화자나 필자의 숨은 동기에 근거한 유형화는 적절하지 않다. 그리고 이 속에 든 텍스트인 '대화'는 정보전달에도 들어갈 수 있고, 실제로 '자서전'은 '정서 표현'과 '사회적 상호작용' 두 군데 들어 있다. 게다가 이 상위갈래[유형]는 문학 영역의 텍스트와도 겹칠 수 있고 실제로 상당수가 겹치고 있다. 문학 작품이 미적 정서의 표현이 아닌가?

'설득' 유형 속에는 '설득'과 '논증'의 성격을 지닌 텍스트들이 들어 있는데 이들 두 유형은 엄격히 구분된다. 전자는 논리를 어느 정도 무시하고 심리적 오류를 일부러 범하면서 독자나 청자를 화자의 편으로 끌어들이는 데 목적이 있으나 논증은 전혀 그렇지 않다. 따라서 설득과 논증은 글의 구조에서도 큰 차이를 보인다. 요즘 온 나라가 펄펄 끓고 있는 논술에서 보듯이 고등사고력은 논증 텍스트를 따져읽고(critically read) 얽어읽어(syn-topically read)서 독자적인 개념체계를 구성하고 대상을 해석해서 쓰는 데서 바르게 함양된다.

그런데도 불구하고 이렇게 유형화하게 된 연유는 각 텍스트의 기본 특성을 바르게 이해하지 못한 데 있다. 그리고 이 유형화의 더 깊은 문제는 각 텍스트의 내용 생성과 이해를 위한 학생들 마음속의 인지적 구성 능력, 달리 말하면 사고력과의 연관을 멀리하게 한다는 데 있다. 게다가 새 교육과정 곳곳에 보이는 바처럼 각 텍스트의 텍스트적인 구성에 학생의 주의를 두게 하면 교육의 힘이 비본질적인 곳으로 흩어지는 문제도 생긴다.

이런 겹침을 덜어내고 의도와 구성과 사고 작용에 비교적 선명한 차이를 드러낼 수 있는 상위갈래가 브룩스 등(1979)에 의하는 것으로서 다음 표[3]으로 보인다.

[3] 텍스트의 유형화 및 각 유형의 내용 생성과 관련된 사고유형

	묘사	서사	설명	논증	설득
잘 쓰는 대상	특정 사물, 특정 사태	인간 삶의 특정 사건	모든 사물과 사태	사실/판결/정책의 명제	가치 명제나 정책 명제
목적 (의도)	모습이나 느낌을 보여줌	사건의 인과를 밝히고 인물의 삶을 보임	인과적/목적론적 해석을 알림	필자의 결론이 참임을 논증함	필자의 편으로 독자를 끌어옴
주된 구조	구도잡기와 세부 짜기	발단, 전개 절정 결말 등	대상의 구조와 해석, 인문학적 관련	논증의 구조를 따름	독자에게 다가가서 그를 끌어 옴
주된 표현법	비유	인과 관계 비유	비교, 대조, 지정, 유비, 시간, 공간, 분류, 분석, 구분 (등)	개념분석, 전제 분석, 귀납, 정합성 따지기	*협박, *욕설
꺼리는 표현	설명하기		오류, 과장, 반복, 영탄, 열거 등		심리적 오류
글 예시	수필과 소설의 일부, 기행문	소설, 전기, 수기, 기행문	교과서, 신문의 일반 기사, 강의, 강연	논문, 논술문, 판결문, 칭찬, 꾸중	충고, 성명서, 연설, 격문, 광고문, 사설, 칼럼

주된 사고		인식하기	인식하기	개념체계 잡기, 해석하기	추리와 추론, 오류 인식	의사 결정, 오류 인식
* 교 육 순 서	단순	2-4학년	2-4학년	3-6학년	8학년	4-6학년
	복잡	5-6학년	5-7학년	7-8학년	9-10학년	7-10학년
	응용	문학 영역	문학 영역	심화(11-12), 다른 교과	심화(11-12), 다른 교과	

* 교육 순서 : 국어과 교육에서 주로 다룰 수 있는 학년을 보임
* 대상을 비교적 단순함, 복잡함, 그리고 응용됨 등으로 나눔.

텍스트의 유형들을 이렇게 잡으면 다섯 유형은 서로 겹치지 않을 뿐 아니라 텍스트들의 특성이 일관되게 드러난다. 즉 각각은 표현 의도로나 주된 구조로나 주된 대상으로나 주된 표현 방법으로나 꺼리는 표현 방법으로나 일관되게 변별된다.

이에 의하여 새 교육과정에 나오는 텍스트들을 귀속하면 아래 [4]가 된다. 특정 텍스트의 주 의도는 하나이지만 그 내용 구성에는 두 가지 이상의 의도가 관여하는 경우도 있으므로-그리고 그것이 교육에 중요하므로-그들을 모두 표시하였다. 편의상 간단한 텍스트들과 매체 관련 텍스트들은 [3]에 귀속하지 않고 열거만 해 두었다.

　[4] 새 교육과정의 텍스트들을 [3]으로 귀속함
　　(1) 간단한 텍스트 : 〈6〉 대화, 소개, 인사, 발표, 수업 대화
　　(2) 매체 관련 텍스트 : 〈15〉 전화 대화, 애니메이션, 만화, 자기소개[매체], 온라인 대화, 텔레비전 드라마, 광고, 시사만화, 영상물, 영화시나리오, 라디오 프로그램, 문자 메시지, 인터넷 토론, [매체 써서] 발표/강의
　　(3) 그 이외의 텍스트 : 〈70〉 사례
　　　거절 ＝ [설명, 논증, 설득]
　　　건의[글] ＝ [설명, 논증, [설득]]
　　　격려[글] ＝ [설명, 설득]
　　　견학보고 ＝ [묘사, 서사, 설명]

경험담 = [서사, 설명]

계약서 = 법률문 [설명, 논증, 설득]

관찰기록 = [묘사, 서사, 설명]

광고 = [설득]

교양강연 = [설명]

꾸중 = [설명, 논증, 설득]

기록문 = [서사, 설명]

기사 = [설명]

기행문 = [묘사, 서사, 설명]

논증 = [논증]

논평 = [설명, 논증]

뉴스 = [설명]

독서 감상 = [설명, 논증, [설득]]

독자 투고 = [설명, 논증, 설득]

문제 상황 글 = [묘사, 서사, 설명]

반대 글 = [설명, 논증]

보고 = [서사적 설명]

보고서 = [설명]

부탁 = [설명, 설득]

사과 = [설명, 설득]

사설 = [설명, 설득]

서평 = [설명, 논증]

선거유세 = [설득]

선언문 = [설득]

설명 = [설명]

설명문 = [설명]

소개 = [설명, 논증, 설득]

수기 = [서사, 설명]

시사보도 = [설명]

시평 = [설명, 논증, [설득]]

식사(式辭) = [설명, 설득]

심층보도 = [설명, 논증]

안내 = [설명]

약관(約款) = 법률문 [설명, 논증]

연설[문] = [설득]

예술작품 평 = [설명, 논증]

요약문 = [설명], [추상화와 구체화]

요청 = [설명, 논증, 설득]

위로 = [설명, 설득]

의견제시 글 = [설명, 논증, 설득]

인물평[글] = [설명, 논증]

인사말 = 식사(式辭) = [설명, 설득]

일기 = [묘사, 서사, 설명]

자기소개 = [설명]

자기소개서 = [설명, 설득]

자서전 = [서사, 설명]

전기 = [서사, 설명]

제안[서] = [설명, [논증], 설득]

조언 = [설명, [논증], 설득]

주장 = [설명, 논증, 설득]

중수필 = [설명, 논증]

찬성 글 = [설명, 논증]

참여요구 글 = [설명, 논증, 설득]

추천 = [설명, 논증, 설득]

축하[글] = [묘사, 설명, 설득]

충고 = [설명, 설득]

칭찬 = [설명, [논증]]

칼럼 = [논증, 설득]

판결문 = [설명, 논증]

편지 = [묘사, 서사, 설명, [설득]]

평론 = [설명, 논증]

토론 = [논증]

토의 = [설명, 논증]

항의 글 = [설명, 논증, [설득]]

홍보 글 = [설명, 설득]

협상 = [설명, 논증, 설득]

그런데 모국어교육의 궁극점은 텍스트 양식의 숙달이 아니라는 점을 명심해야 한다. 모국어가 사고의 도구라는 이도 있고 모국어 자체가 사고와 뗄 수 없는 일체라는 이들이 많다. 모국어 사용에서 추구하는 '정확함'은 먼저 대상 인식의 정확함에서 나오고 개념체계 잡기의 정확함에서 이루어진다. 모국어 사용의 '바름'은 개념체계 잡기의 바름과 추리 과정의 바름에 크게 좌우된다. 모국어 교육에서 문장의 문법적 정확함이나 바름은 이들 사고 요인에 따르는 종속적 인자들이다. 사고가 영글지 않으면 글의 문장 구성이나 어휘 선택이 성글어지는 것이다.

그러나 국어과 교육에서 사고의 측면을 교육에서 정면으로 다루지는 않아 왔는데 7차 교육과정을 적용하면서 이상태(2002)에서 학생의 사고력 함양이 모국어 교육의 중요한 과업임을 밝히고, 이상태(2004)로 고등학교 심화 과목인 '작문' 교재를 구성했다. 모국어를 통한 사고력의 함양이 모국어 교육의 숨은 핵심인데 우리 교육의 짧은 역사에서 이것이 발견되지 않고 왔다. 1-3차 교육과정 시절에는 한자어 교육과 정해진 글 읽기에 치중했고 4-6차 교육과정 시절에는 인지적 측면을 강조하면서 사고력 함양에 한 발 다가설 수 있었으나 언어사용 활동의 각 기능에 초점이 맞추어지면서 발을 헛디디게 되었다.

사고력 함양을 가장 잘 드러내는 방식은 언어 사용의 각 활동을, 이를테면 [말하기 = 공통의 능력 + 말하기의 변별 특성]으로 환원하여 줄 때이다. 이 공식의 '공통의 능력' 속에 학생의 사고력이 중요한 자리를 차지하고 있으며 텍스트의 문체학적 특성이 들어 있는 것이다. 몇몇 텍스트들을 예로 들어 이를 살펴보자.

'대화'는 정보량이 적어 사고력의 면은 크게 관여하지 않는다. 그러면서 말하기나 듣기에서도 교육을 위해서 의의가 있는 별 현저한 특성이 없다. 단지 높임법의 사용이나 대화 '추임새'로 상대에게 호응해 주기가 필요하다면 필요한 특성이다.

'설명/설명문'으로서 정보량이 많을 때에는 사고의 여러 활동들, 즉 대상의 인식 수준, 내용 구성이나 개념 체계의 수준, 대상 해석의 논리적 정합성 여부 등이 말하기나 듣기, 읽기나 쓰기에 공통의 능력으로 존재하고 문체학적 특성으로도 설명 텍스트의 구성 방식이 내면화되어야 한다. 말로 설명할 때의 특성은 이렇다. 글로 쓸 때보다 표면문장의 명제량이 적어야 상대가 이해하기 더 쉬우며, 같은 대상/정보를 지칭할 때는 지시어를 쓰지 않고 반복해 주는 것이 더 효율적이다. 글로 쓸 때에는 상대를 대면하지 않으므로 필자가 좀더 객관화되어야 하고 적당한 지시어를 쓰면서 정보 반복을 피해야 하는 특성이 덧붙는다.

'토론/토의'를 겉으로 보면 입말 텍스트이다. 그러나 사회자나 참여 당사자의 내면을 들여다보면 이들은 특정 사태에 관한 판결명제나 정책명제를 추구하는 논증 내지는 설득의 텍스트와 공통된다. 참여자들의 내면에 특정 사태에 대한 인식 수준, 관련 개념들의 체계화 수준, 해석이나 대안(代案)들의 다양성에 대한 이해 수준, 관련 특정 추리의 정합성 판정 등이 바르게 마련되지 않으면 토론과 토의는 엉뚱한 방향으로 흐른다. 결론이 되는 판결이나 정책의 여러 대안들을 여러 사람이 나누어 입말로 진행하면 토론/토의가 된다. 토론이나 토의의 형식은 그들보다는 표층에 존재하는 내면의 기능이다.

'[선거]유세'는 설득 텍스트로 환원된다. 유세 텍스트의 이해나 표현을 위해서 마음속에서 수행하는 사고 과정이 설득문과 다를 것이 없다. 그럼에도 '비언어적 의사소통의 유형/기능 이해하기'[새 교육과정 7학년 '듣기']를 학습할 내용으로 잡으면 이 텍스트의 표층적 표지의 하나를 붙들고 있는 일이다.

'강의'는 대개 설명 텍스트로 환원된다. 대상세계가 복잡하거나 추상적이면 칠판쓰기[板書], 괘도, 프리젠테이션 등 매체를 사용하여 개념의 체계와 해석들을 현장에서 확인시켜 주며 설명의 글보다는 강의의 말은 지시어를 많이 쓰고 문장이 짧으며 스스로 묻고 답하기가 많이 나타나고 반복이 심한 경향이 있다. '김용옥의 노자 강의'를 보면 이들을 잘 알 수 있다.

이처럼 각 텍스트의 생성과 이해의 가장 깊은 속살로 학생 내면의 사고의 폭과 깊이가 존재한다. 그런데 텍스트의 표층에 집착하면 그만큼 사고의 과정이 몰각(沒覺)된다. 텍스트의 내용에는 정보량이 들어 있고 정보/사고 생성의 방법과 과정이 들어 있다. 정보량은 텍스트의 총 어휘수나 총 명제수로 잴 수 있다는 점이 밝혀져 있다. 새 교육과정을 설계한 분이 우리 교육의 학년별 서열을 객관적으로 규정할 수 있는 한 방법으로 어느 학년에 얼마만큼의 정보 량을 주고 사고/표현 활동을 수행할 것인지에 대한 계량화가 전혀 되어 있지 않으므로 어려움이 많다는 점을 토로한 적이 있다.

7.4 각 텍스트 유형의 내용 생성/이해와 사고의 관련 맺기

이 교육과정에서도 학생의 사고능력을 중요하게 취급한다. 이 체계의 [4. 방법]에서 "교수/학습 계획을 수립할 때에는 학습자가 의미 있는 국어 학습 경험을 하여 창조적인 국어 능력이 향상되도록 다음 사항에 유의한다."라고 하는데 '창조적인 국어 능력'은 사고력의 함양 없이는 달성될 수 없는 일이다. '의미 있는 국어 학습 경험'도 구성주의적으로 해석하면 학생이 마음속으로 사고의 각 부면에 관한 수행경험을 확충함을 의미한다.

그리고 거기서는 "학습 목표를 학년별, 영역별 '성취 기준'을 종합적으로 고 려하여 설정하되 듣기, 말하기, 읽기, 쓰기, 문법, 문학 영역의 학습 목표가 유기적으로 연관되도록 한다."라고 진술했는데 이 교육과정으로는 '성취 기준' 으로 제재를 한정하는 수준으로 사고의 폭과 깊이를 한정하려고 하는 듯하다.

텍스트의 유형들을 이렇게 잡으면 우리 교육에서의 효용이 크게 된다. 즉 사고와 각 텍스트의 내용 생성/이해의 관련을 더 직접적으로 잡아낼 수 있다. 앞에서 본 바처럼 모국어교육에서 중요한 축(軸)은 대상세계와 모국어와 사고 를 유기적으로 이어주면서 세 정점을 잇는 끈들을 건실하고도 풍부하게 마련 해 주는 데 있다. 일반적으로 사고의 내역을 아래 [5]로 보는데 이들은 모두 모국어 교육에서 정면으로 다루어 주어야 하는 요소들이다. [5]의 각 내역들은 대상세계와 모국어 사이에 존재하는 정신활동[사고]들이다.

[5] 사고 과정의 구분

  (1) 기본적 사고

    ㈎ **대상 인식** : 관찰, 기억, 비교, 대조, 지정, 정의, 이름 짓기

    ㈏ **개념 체계 구성** : 구분, 분류, 분석

    ㈐ **해석하기** : 인과적 해석, 목적론적 해석

    ㈑ **추리와 논리적 사고** : 연역[= 개념 분석과 전제 분석], 귀납

    ㈒ **평가하기** : 타당성 검증, 가치 순서

  (2) 복합적 사고

    ㈎ 문제 해결 : 문제인식 – 문제표상 – 해결책 구상 – 실행 – 평가

    ㈏ **의사 결정** : 목표정의 – 여러 대안 식별 – 대안들 분석 – 대안들 서열화 – 최선의 대안 선택

    ㈐ **비판적 사고** : 증명 가능한 사실과 가치 주장 구분 – 정보 · 주장 · 추리의 **타당성 따지기** – 진술의 사실 부합도 찾기 – 증거의 신뢰성 결정 – 중의적 주장이나 논점 식별 – **진술되지 않은 억측/전제 식별** – 편견 찾기 – **논리적/심리적 오류 찾기** – 추리 과정에서의 일관성 검증 – **주장이나 논증의 건전성/강도 결정**

    ㈑ 창조적 사고

  (3) 초인지 조작 : 자기 사고 과정을 스스로 계획하고 감시하며 사정(査定)하기

이제 이들 [5]사고 요소와 [3]의 텍스트 내용 생성/이해의 관련을 살펴보자. 먼저 묘사 텍스트들은 특정 대상에 대하여 그 모습을 관찰하고 다른 것과 비교하고 대조하여 특성을 기술하므로 이는 대상 인식하기의 질과 양에 깊이 관여한다. 단순한 구체 대상을 가지고 훈련한 뒤에 복잡한 대상으로 훈련하면 뒤에 추상적/조작적 사고에서도 이것이 적용될 것이다. 이 정신작용은 이어지는 사고의 기초가 된다.

서사 텍스트도 마찬가지다. '학교에 가다'가 '언제 현관을 나서서 엘리베이터 버튼을 누르고 기다리다가 그것이 내려와 멎고 문이 열리자 안으로 들어가 1층 버튼을 누르고' 등으로 더 구체화되므로 서사의 대상이 되는 사태/동작들을 더 치밀하게 기술하는 훈련을 할 수 있다. 묘사와 서사 행위는 대상을 '정확하게' 진술하는 훈련도 된다.

설명에 주된 사고 작용은 개념체계 잡기와 해석하기이다. 사물을 대상으로 한 설명은 대상의 인식을 바탕으로 하여 모습을 그려주고 대상의 구성 요소나 부분을 살피며 각각이 전체에 대해서 지니는 기능을 진술하고 이어서 인간 삶과의 관련이나 인문학적 의미[주로 인공물이나 학설에 대해서 적용됨]를 밝혀 준다. 전자들은 대개 개념 체계에 유비(類比)되고 후자는 해석하기 작용이다.

논증의 주된 사고 활동은 해석과 논리적 추리와 개념분석이다. 판결문처럼 논증이 판결논증을 할 때면 비판적 사고에 드는 의사결정과 비판적 사고가 주로 활용된다. 정책논술에서도 그러하다.

한편, 이들 사고 활동은 각 특정 텍스트의 표현뿐만 아니라 이해에도 직접 작용한다. 이를테면 따져읽기[= 비판적 독해] 행위는 독자가 필자의 글을 두고서 [3, 2] 대 '비판적 사고'를 수행하는 일이다. 그럼에도 우리는 읽기에서 '정보 · 주장 · 추리의 타당성 따지기, 진술의 사실 부합도 찾기, 증거의 신뢰성 결정, 중의적 주장이나 논점 식별, 진술되지 않은 억측/전제 식별, 편견 찾기, 논리적/심리적 오류 찾기, 추리 과정에서의 일관성 검증, 주장이나 논증의 건전성/강도 결정' 등을 정면으로 훈련하지 않는다. 이들을 바르게 훈련할 때에는 문단 정도 크기의 정보체[텍스트]를 의도적으로 비틀거나 비워서 집중적인 식별 훈련과 고치기 훈련을 해 주어야 효과를 얻을 수 있다.

이런 면을 생각하여 국어과 교육의 대체적인 순서를 잡을 수 있다고 보고 그것을 필자는 앞에 보인 표[3]의 아래 부분에 표시하였다. 이것이 학생들의 사고 능력 발달 단계에 부합된다면 이는 우리 교육 순서 잡기의 큰 틀이 되지 않을까 한다.

7.5 마무리

새 교육과정을 시행할 때 우리가 고려해야 할 점을 요약한다.

먼저 텍스트의 유형을 일단 입말과 글말로 묶으면서 덜 중요한 것들은 제거하면 학생들의 노력을 집중할 수 있다. 또한, 각 텍스트들을 [4]로 환원하면 각 텍스트의 특성이 더 잘 드러나게 되고 학년을 건너 존재하는 동일/유사 텍스트의 훈련을 위한 등급을 잡는 데도 도움이 될 것이다.

그리고 이들 수많은 텍스트를 가지고 학생들에게 과제를 수행할 때 텍스트의 표층적 특성에 지나친 주의나 암기를 부과하면 교육의 알맹이는 빠지고 겉만 살피게 하게 될 것이라는 점을 명심해야 할 것이다.

이 논의를 하면서 우리는 더 중요한 아래 사항을 살폈다.

모국어교육에서 앞의 [5]로 요약한 사고력 함양교육을 전면으로 다루어야 텍스트의 내용 생성/이해에 더 직접적인 효용이 됨을 알았다. 그리고 텍스트들을 표[3]에 보이듯이 다섯으로 유형화하면 유형 사이에 겹침이 없고 각 유형의 대상과 특성과 텍스트 내용 생성/이해에 관여하는 사고 유형도 더 잘 드러남을 보았다. 따라서 교육과정 자체가 이것들을 바탕으로 텍스트들을 정선하여 재구성함이 더 바람직하고 그러지 못할 때에는 교재의 편찬에서나 실제의 운영에서 고쳐서 편성함이 온당하다.

그리고 낮은 학년[이를테면 1~6학년]에서는 말하기/듣기를 통합하고 읽기/쓰기를 통합하여 균형되게 운영하고 높은 학년[이를테면 9~10학년]에서는 읽기/쓰기 중심으로 사고 훈련을 집중적으로 할 수 있다.

03

사고력을
기르는
독서 교육

2007년 교육과정에서 11, 12학년 학생이 심화하여 수행하라는 '독서'의 교육 내용에는 [독서의 특성, 글의 특성, 독서의 과정과 방법, 독서의 맥락, 독서의 역사와 가치, 독서의 준비, 독서의 수행(사실적 독해, 추론적 독해, 비판적 독해, 감상적 독해, 창조적 독해), 독서의 성찰과 조절, 독서의 활용] 등이 거의 대부분을 차지한다.

그런데 학생들은 1학년부터 10년간 거의 모든 교과에서 자료를 탐색하고 사고하면서 위의 일을 체험으로 수행한다. 위의 일들은 '독서지도사' 교육에서 독서를 지도하는 이들이 마음으로 고려해 볼 수도 있는 일들이 대부분이다. 그리고 그런 지식들이 절대적인 것도 아니다. 그럼에도 그런 능력을 지식화하여 암기하게 하는 교육이 진짜 독서 능력 함양에 도움이 얼마나 될지 극히 의심스럽다.

이 심화 과목이 없어지든지, 둔다면 '한국인의 삶', '한국인의 앎' 등의 과목을 두고 그런 주제의 제재글들을 논리와 사고의 깊이 등의 면에서 뽑아 사고 활동을 촉진하는 훈련을 시켜야 다른 교과와 균형도 맞고 국어과의 본래 사명에도 더 부합하게 될 것이다.

8

설명문과 논증문의
이독도 표준화 시론

8.1 들머리

이 글은 학생들이 알아야 하는 지식이 아니다. 오히려 교사가 학생이 읽을 글을 선정하는 데 참고가 되는 지식을 풀어 쓴 내용으로 되어 있다.

이 글은 여러 글들의 이독도(易讀度)를 재는 데 관여하는 요인을 텍스트언어학과 인지심리학의 연구 성과에 힘입어 찾아보고 그것을 표준화하는 데 관여하는 요인을 추출해 내는 것을 목적으로 한다. 이독도(易讀度)란 어떤 글을 다른 글에 견주어 평균적인 독자가 얼마나 쉽게 읽느냐 하는 정도를 가리킨다.

세상에는 수많은 글이 있다. 어떤 글이 읽기에 보다 쉽고 어떤 글은 상대적으로 읽기가 더 어려운지를 알면 교과서 편찬자나 신문 편집자는 같은 내용의 글이면 더 읽기 쉬운 쪽을 선택하는 데 쓸 수 있고, 특히 여러 교과목의 교사들은 학생의 독해력 성장에 알맞은 글을 가려 뽑아주는 데나 보충 자료 제시를 학생의 수준에 맞추어 할 수 있게 될 것이다. 미국에서는 이런 연구가 이미 1950년대에 활발히 이루어졌으나 우리나라에서는 몇몇 선구적인 시도가 있을 뿐, 진전된 연구가 거의 없다.

우리가 지금 이독도를 측정하는 문제를 더욱 과학적으로 접근할 수 있게 된 것은 최근의 텍스트언어학의 괄목할만한 연구 성과에 기대는 바가 크다.

텍스트 연구는 말을 언어학적으로 연구하는 언어 단위 가운데 가장 큰 덩이를 대상으로 삼기 때문에, 실제의 여러 분야 이를테면 번역이나 기계번역은 물론이고 문학작품의 구조연구 등에 쓰일 수 있고 무엇보다도 국어 교육에서 중요한 문제인 글 읽기나 글쓰기의 지도에 더 직접적이고 포괄적인 도움을 줄 수 있음이 일찍부터 인식되었다. 서양에서는 텍스트의 연구 자체가 읽기나 쓰기의 과정에 관한 연구와 병립하여 발전해 왔음을 우리는 반 데이크(van Dijk 1980, 1985)나 킨치(Kintch 1974, 1985) 등에서 볼 수 있다. 우리나라에서도 이상태(1979)에서 이런 성과를 소개하였고 이를 이어서 이상태(1990, 1993)에서 독해 능력과 관련되는 두 측면 즉 텍스트상의 측면과 독자의 인지 능력을 명세화하여 기술한 바 있고, 따로 글읽기의 과정을 집중적으로 연구한 박수자(1994)에서도 텍스트 연구의 중요 성과가 확인되는 바이다.

글의 이독도(易讀度)를 측정하는 문제는 읽기나 독해의 과정에 대한 이해를 전제하므로 아래에서 이 점부터 먼저 알아보아야 한다.

8.2 독해의 과정

이독도를 측정하기 위해서는 글을 바르게 읽는다는 것은 무엇을 함의하고 있는가 하는 문제와 독자가 글을 읽는 과정은 어떤가 하는 문제를 고려해야 한다. 전자부터 살펴보자.

글을 읽어서 그 내용을 이해하는 일은 글을 녹음기에 담는 것과는 다르다. 이를테면 초등학교 1학년 어린이가 '독립선언서' 한두 단락을 왼다고 하여 그가 그 내용을 이해하였다고 볼 수는 없듯이 축어적(逐語的)인 암송(暗誦)은 이해의 적절한 표지가 아니다. 글 한 편을 읽고 그 내용의 주제를 말하고 내용을 더 추상화하여 말할 수 있으며 다른 예시를 들어 말할 수도 있고 중심어의 개념과 관련되는 개념들을 체계화할 수 있을 때 우리는 보통 글을 온전히 이해하고 있다고 말한다.

전체 글의 내용을 이해한다는 것을 반 데이크(1980)에 기대어 되뇌어 보면[16] 독자가 그 글을 읽고서 표층의 문자열(文字列)로부터 미시구조(*microstructure*)의 자세한 내역들을 잡아내고 그로부터 거시구조(*macrostructure*)의 체계들을 구성해 내며 결국은 내용의 초구조(*superstructure*)를 잡아내는 일이다. 독자의 장기기억(*long term memory*) 안에 오래 저장되어 언제든지 쓸 수 있도록 활성화되어 있는 것은 초구조인데, 거기에 더하여 더 자세한 정보의 저장은 독자의 사전 지식과 글 내용 정보의 수준상의 일치 정도에 따라 다르다. 둘의 량이나 질에 차이가 큰 경우부터 적은 것으로 내려가면서 독자의 머리 속에는 거시구조의 상위 층위로부터 하위 층위로, 다시 미시구조의 순서로 장기기억에 저장되는데 대개는 앞의 한두 단계에 머무르기가 쉽다. 학자가 해당 분야의 텍스트를 읽으면 저서 한 권이 될 만큼 큰 글 내용 덩이라 할지라도 상당한 미시구조를 장기기억 속에 갈무리하게 될 것이다.

독자가 글을 읽는 과정은 어떤가? 글도 표층[인쇄된 글 표현]과 심층[필자가 표현하고자 하는 명제의 내용 체계와 의도]의 양면(兩面)이 있고, 인간의 다른 인식 작용이 그렇듯이 표층을 통하여 심층을 잡아낸다. 즉 글을 통하여 필자의 마음을 읽는 것이다. 우리는 눈을 통하여 글의 표층을 읽고 감각 정보를 분석하여 단기 기억(*short term memory*)에 저장하였다가 표층의 단어를 만나서 그 의미를 잡아내고 표층의 문법형태소가 작용하여 문장 단위의 의미[명제의 미]를 구성하여 단기기억을 지나 장기기억으로 들어간다고 생각하며 이런 과정은 인지심리학사들, 이를테면 린지 등(Lindsay, et. al. 1972)에서 일찍부터 인식하고 있었던 바이다. 요컨대 읽기는 표층에서 심층으로, 적은 단위에서 큰 단위를 구성하면서 이루어진다는 것이다. 이 때 중요한 것은 의미상의 명제여서 이것이 마음속에 저장되거나 기억되는 기본적 단위가 된다는 사실이다.

글자의 줄을 따라 글을 읽으면서 마음속에서 이루어지는 이런 과정을 킨치(1977)에서 잘 요약했는데 이를 보이면 다음 [1]과 같다.[17]

---

16) 반 데이크(1980)의 텍스트 기술의 목적 가운데 중요한 것이 독자의 텍스트 이해의 양상을 기술하는 데 있기 때문에 그의 이론으로 이해하기(읽기)를 설명하는 것이 편리하다.

[1] 독해의 과정 및 관련 장기기억체

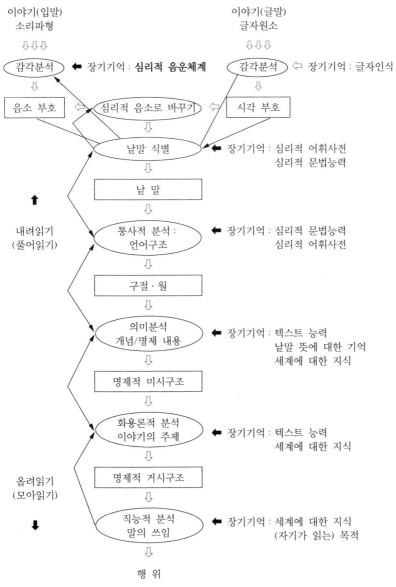

17) 이상태(1979, 1993)에서는 킨치(1977)의 내용에서 세부적 부분을 수정했음. 이 표의 내용을 학생에게 가르친다든지 할 수 없고 단지 교사의 지식으로 염두에 두기만 할 수 있을 뿐이다.

글의 이해는 수동적인 과정이 아니라 능동적인 정보 처리자가 인간의 마음에 내재해서 적극적으로 작용한다는 인식을 인지심리학자들이 하기 시작했고 때 맞추어 언어학자들도 그런 생각을 하여 두 학문은 지금 여러 부면에서 만나고 있다.

인간의 심리 과정을 직접 관찰하는 일이 불가능하므로 앞에 보인 킨치의 단계화는 조작적(操作的) 성격의 가설로서 이것이 언어학이나 심리학에서 현재 이해하는 지식 체계와 정합(整合)되는 면이 많고 모순되는 면이 없으므로, 작업가설로 이를 받아들이고 활발한 연구가 진행되고 있는 것으로 안다. 이 작업가설은 단위 기능적인(modular) 성격의 것으로서 이에 대해서 잠시 언급할 것이 있다.

이 표가 시사하는 바는 다음과 같다. 먼저 직접 관련되는 것은 아니나 듣기와 읽기가 기능상 그리 큰 차이가 없다는 점이다. 글자나 맞춤법을 처음 배우는 단계에서는 둘의 차이가 매우 크게 보이겠으나 일단 그 단계를 지나 관련되는 장기기억 체계들이 머리 속에 정착되어 이들이 잘 가동되면 둘은 공통되는 부면이 더 많다. 둘째, 담론체[의미를 지닌 말이나 글 덩이]의 이해를 위해서는 여러 장기기억체들이 능동적으로 작용해 주어야 하고 이것은 언어 표현[말하기나 쓰기]을 위해서도 쓰인다는 점이다.

위의 표에는 글의 이해와 관련되는 장기기억체를 일곱 들었다.[18] 최근의 언어학 연구에서 이들과 관련되는 연구가 많이 나타나고 있는데 인지언어학이나 인지문법 말고도 생성문법의 일반적 조류에서도 이를 수용하는 경향이 강하다. 널리 알려진 대로 촘스키의 생성문법은 장기기억체 4로 표상된 인간의 언어능력을 대상으로 하여 기술하는 것을 애초부터 목표로 삼았다. 처음에 작업가설로 '이상적인'이라는 조건[19]을 달아 연구하던 대상이 이론의 발전과

---

18) 장기기억체1은 입말의 파동을 듣고 이를 음소로 식별하는 능력이므로 글말 텍스트의 이해에 보다 간접적으로 관련된다고 할지 모르나 그렇지 않다. 글자들이 입말의 음소로 전환되어야 그것을 이해할 수 있게 되는 것은 마음 속 어휘사전의 목록에는 표제어로 글자가 있는 것이 아니라 음소로 존재한다고 생각되기 때문이다.

19) 문법 연구의 대상을 화자와 청자의 언어능력으로 한정한 데는 결과로서의 언어 형식을 평면적으로 볼 것이 아니라 그런 것을 만들어내는 규칙을 찾는다는 목적의 변환에서

병행하여 각각의 부면이 '심리적으로 실재하는지', 그리고 '어떤 모습으로' 실재하는지 등에 대한 물음을 아울러 묻는 것이 이론 자체의 설명력을 높인다고 생각하기에 이르렀다. 최근 그의 모형이 그러하며 특히 자켄도프(Jackendoff, 1997) 등 일련의 연구는 그런 경향이 현저하다.

애치슨(Aitchison, 1987)은 마음속의 어휘 사전이 어떻게 되어 있는가에 대한 탐구 성과를 정리한 것이다. 이로써 과거 행동주의 심리학자들의 어휘 의미에 대한 소박한 이해의 지평을 훨씬 넓혀 주게 된 것이 사실이다. 그런데 이것은 [표1]의 장기기억체 3에 대한 탐구라는 것이 그 책의 제목 '마음속의 어휘(*Words in the Mind*)'로 드러난다.

글을 읽는 데 독자가 지닌 장기기억체 4가 능동적으로 작용함은 잘 알려진 사실이다. 문법의 기능은 언어상대주의 가설에서 인식했듯이 낱말로 표상된 개념들을 명제로 묶는 구실을 하는 것이다. 국어는 말엮기 방식으로 대부분 문법형태소의 첨가에 의지하는데 국어의 문법형태소가 정보내용을 더 큰 덩이로 묶는데 관여한다는 사실을 이상태(1978)에서 보이고 이상태(1979, 1984, 1990)에서 각급 학교 학생을 대상으로 하여 깁기 검사로 확인한 이래, 그에 영향을 입은 연구들이 강일석(1988), 류순덕(1994)으로 확인된 바 있고, 별도로 김수연(1994), 심영택(1994) 등에서도 이것은 확인된 바이다.

독자의 마음속에 텍스트의 이해 능력이 장기기억체 6으로 존재한다는 사실은 메이어(Meyer, 1975)의 선구적 실험으로 잘 드러냈다. 그녀는 똑같은 어휘와 내용으로 이루어진 텍스트라도 그 전개 방식이나 구조를 이른바 '두괄식'으로 만들어, 즉 글의 들머리에 전체 내용을 미리 잡아주면 그렇지 않은 텍스트보다도 중심 내용과 세부 사항을 더 정확하게 재인식한다는 사실을 실험을 통하여 밝혀내었다. 국내에서도 문선모(1985)와 조선희(1992) 등에서 비슷한 결과가 보고되고 있음을 본다. 문단을 기준으로 하여 이해와 생성의 모습을 찾는 연구가 약간의 모험심과 함정을 지닌 채 수행되는데 심리학 쪽에서 임두

생긴 것이고, 거기에 '이상적인'이란 수식어를 달게 된 것은 심리적으로 실재(實在)하는 모습의 탐구가 목적이나 대상이 아님을 뜻한다. 이런 소박한 이원론 때문에 인지심리학자들과 계속 논란을 가져왔다.

순(1989), 박정준(1994) 등이 있고, 교육 쪽에서 적용한 연구로 이상태(1984, 1990), 이삼형(1994), 장순자(1994), 등이 있다. 어휘의 이해에서부터 전체 글 내용 이해에까지를 글분절화하여 다룬 연구는 대개 독서 지도의 근거로 제시되는데 신헌재 등(1993), 박수자(1994), 이재승(1997) 등이 있다.

이런 데서 보듯이 글의 독해 과정에 인간의 마음속에 지니고 있는 능력을 [표2]의 장기기억체처럼 구분하는 것은 상당한 설득력이 있어 보인다.

중요한 것은 위의 [표1]에 보이는 독자의 장기기억체들이 텍스트 내부에 대응되어 존재한다는 사실이다. 그 대응을 아래에 짝지어 보이겠다.

[2] 장기기억체와 글 요소의 대응
   (ㄱ) 장기기억체1 - 글의 글자
   (ㄴ) 장기기억체2 - 글의 글자
   (ㄷ) 장기기억체3 - 글의 단어들 [특히 실질형태소들]
   (ㄹ) 장기기억체4 - 글의 문장 [특히 문법형태소]
   (ㅁ) 장기기억체5 - 글의 단어들과 문장
   (ㅂ) 장기기억체6 - 글의 문단 등 [II장에 보인 글 요소들]
   (ㅅ) 장기기억체7 - 글의 주제

글과 독자들 사이에 이런 대응관계를 맺을 수 있기 때문에 우리는 글의 성격을 자세히 들여다보고 합당하게 분석함으로써 그것만으로 그 글의 이독도를 짐작할 수 있게 된다. 그리고 이독도를 재려는 실제적 방안들은 이들 가운데 어느 요소들을 고려한 것이다. 이들을 살펴보기 전에 위의 [1, 2]를 이야기한 김에 국어과 교육에서 중요한 부면인 읽기의 단계나 등급에 관해서 먼저 살펴보자.

8.3 읽기의 단계와 등급

우리가 시야를 좀더 넓혀 읽기 능력의 발달을 보면 위의 장기기억체의 순서에 따라 글읽기를 등급화할 수가 있는바, 아래 [3]으로 요약할 수 있겠다.

[3] 읽기의 단계
  ㈎ 대상의 크기로 :
    글자 읽기 단계 : 장기기억체 1과 2가 주로 쓰임.
                    장기기억체 3이 도움.
    문장 읽기 단계 : 장기기억체 3과 4가 주로 관여함.
    글 읽기 단계 : 장기기억체 4와 5 및 6이 주로 관여.
    책 읽기 단계 : 위와 같음.
  ㈏ 글 읽기 단계 이후의 독서 수준들 :
    따라읽기 수준 : 내용 이해 수준의 읽기.
    따져읽기 수준 : 저자와 대화하기 수준의 읽기.
    얽어읽기 수준 : 주제나 제재, 표현 기법 등이 같은 둘 이상의 글을
                    견주어 따져 읽음.
    창조적 읽기 수준 : 글 내용의 대상세계에 대해서 새 전망 세우기.

이런 단계의 끝까지 이르지 못하는 이들도 많이 있기 때문에 학교에서 읽기를 지도하는 이는 전체적 단계들을 조감하면서, 즉 전체를 잴 수 있는 척도를 만들어 글의 수준을 재어야 할 것이다.

장기기억체1과 2에만 치중하는 수준의 글 읽기가 글자 읽기의 단계이다. 이는 글읽기의 첫 단계로서 독재[주로 어린이들]의 머리 속에 글자와 음소를 짝을 맞추어 인식시켜 장기기억체로 정착시켜 주는 것이 목표가 된다. 한글처럼 음소와 글자의 대응이 잘 맞추어진 글자는 익히는 데 별다른 어려움이 없으므로 거의 모든 사람이 이를 쉽게 넘어갈 수 있다. 이 단계에 머무르는 징표가 둘 있는데, 둘 다 이른바 입문기에서 발견되는 현상으로서 그 하나는 글말을 자연스레 읽지 못하고 글자들을 가락을 붙여 소리를 내는 것이다. 둘째 징표는 묵독(默讀)이 불가능한 것이다. 소리를 내지 않고 글을 읽어 내기가 불가능한 시기가 이 시기이다. 글자를 완전히 읽을 줄 알게 되면, 다시 말해서 장기기억체1과 2가 정착되면 이런 과도기 현상이 없어지고 글을 말하듯이 자연스레 읽게 되어 문장 읽기의 단계로 나아간다.

문장을 읽기 위해서는 장기기억체 3과 4가 활용된다. 그런데 사람들은 태어난 이후로 모국어를 익혀 왔기 때문에 상당한 량의 어휘를 이미 마음속에 저장하고 있고 또 모국어의 입말을 익혀서 생활에 필요한 의사소통을 불편 없이 하고 있는 상태에서 글을 배우기 때문에 장기기억체 2가 마음에 정착되어 활성화하면 이미 지니고 있는 장기기억체 3과 4에 의지하여 글을 읽어 의미를 이해하게 된다. 그러나 학생의 어휘 수준은 생활에 만나는 친숙한 사물들이고 문법 수준도 단순한 것이어서 그런 수준을 넘는 글 내용에 대해서는 이해가 어렵다는 점이다.

우리가 글을 읽는 것은 삶에서 만나는 고정된 세계의 틀을 넘어서 다른 세계의 모습을 이해하는 데 목적이 있으므로 글을 읽을 때에는 새 어휘의 압력과 새 문법의 압력을 받는다. 다른 세계는 시간과 공간으로 다른 구체적 세계일 수도 있고 인간의 정신이 창조한 추상의 세계일 수도 있는데 후자가 일반적으로 이해하기 어렵다. 그리고 후자는 필자가 섬세한 의미의 차이와 표현의 다양함을 변별해서 쓰기 위해서는 문법이 정밀화하여야 하므로 필자나 독자는 문법을 정밀화하고 새로이 해야 할 압력을 상당히 받는 것이다.

글 읽기의 단계와 책읽기 단계에서 보이는 여러 수준[따라읽기 수준, 따져읽기 수준, 창조적 읽기 수준]은 특정 주제나 특정의 글을 이해하는 정도와 독자의 일반적인 인지적 수준과 사고 수준과 관련된다. 대개 사람들은 글이나 책의 내용을 이해하면서 따라 읽기로 시작하여 같은 주제에 관하여 세계관이 확립되면서 특정 글의 잘잘못을 따져가면서 읽고 그리고는 새 관점이나 새 전망이나 새 사실을 발견하게 됨에 따라 창조적인 읽기로 나아간다.

끝으로 여기서 우리가 고려해야 할 것은 이독도가 문제가 되는 글들을 읽을 사람[학생]의 범위가 정해져 있다는 점이다. 아래로 앞서 본 읽기의 단계에서 글자 읽기 단계에 머무르고 있는 이는 글을 의미의 덩이로 읽는 이가 아니므로 제외된다. 또 위로 창조적 읽기 수준에 있는 이는 글을 읽고서 그 내용의 대상세계에 대해서 새 전망을 세울 수 있을 정도로 높은 수준에 있으므로 역시 고려의 대상은 아니다.

8.4 이독도 측정의 방안들

글읽기는 행위이기 때문에 이를 연구하려면 행위 주체인 독자의 요인과 그가 읽을 글의 요인이 아울러 고려된다. 글과 독자의 상호 관계에서 어떤 글이 다른 글에 비해서 더 쉽게/어렵게 읽히는지의 상대적 정도를 이독도(易讀度 : readability)로 재고, 글 하나를 두고 어느 독자가 다른 독자에 비해 더 바르게 이해하는 상대적 정도를 독해(讀解) 능력(comprehensibility)의 정도로 재어 구분하는데, 전자와 후자에서 글과 독자가 똑같이 고려되는 것은 아니다. 전자는 글 자체의 난이도를 재는 것이 주된 목적이므로 글을 이루는 요소와 성분과 구조들이 더 크게 고려되고 후자는 독자 [주로 학생들]의 독해 능력을 측정 평가하는 것이 주된 목적이므로 독자의 개인적 능력이 더 많이 고려된다.

모든 글에 적용할 수 있도록 이독도를 표준화한 것으로 가장 대중적인 것이 두 부류가 있다. 실용을 중요하게 여기는 미국에서는 이미 1920년대에 돈다이크(Thorndike)의 '교사를 위한 일만 단어집[A Teacher Wordbook of 10,000 Words]'이 나온 뒤에 글의 난이도에 관심을 크게 가지게 되었다. 이런 관심의 반영으로 이독도를 재는 도구가 만들어졌는데 두 부류 모두 텍스트언어학의 성과가 나오기 훨씬 전에 생각해 낸 것으로서, 한 부류가 이독도 공식(reading ease formula)이고 다른 부류는 테일러의 낱말 깁기 검사[cloze test]이다.

이독도 공식은 텍스트를 이루는 요소로 단어와 문장만을 매개 변인으로 보고 각각의 난이도의 함수를 글의 난이도 함수로 적절하게 연산할 수 있다는 생각을 바탕으로 만든 것이다. 1948년에 만들어진 데일/칼 공식(Dale & Chall readability formula)이 있으나, 같은 해에 만들어진 플레시 공식(Flesh reading ease formula)이 많이 쓰였다.[20] 후자를 예로 들면 아래와 같다.

[4] 이독도 공식 [the Flesh formula]

R.E [이독도] = 206.84 − [0.85×s.l.] − [1.02×w.l.]

* s.l. = 그 글의 일백 단어당 음절수 평균.

---

20) 클레어[Klare, 1975]에서 재인용.

w.l. = 그 글의 문장 평균 길이, 평균 단어수.

어떤 글 [가]가 문장의 평균 단어수 열이고 글을 이루는 어휘의 평균 음절수
가 셋이라면 이 공식에 의한 이독도는 대개 27이 되고, 글 [나]가 있어서 전자
가 서른이고 후자가 둘이라면 이독도가 -6.84가 되어 후자가 더 쉽게 읽히게
된다는 것이다. 점수 0이 가장 읽기 어려운 글로, 점수 100이 가장 쉬운 글로
보이도록 만들기 위해서 위에 보이는 상수(常數 : constant)들을 주었는데 막
상 실제의 글을 가지고 와서 적용해 보면 음수의 글이 나올 수도 있다.

이 측정의 더 큰 문제는 다른 데에 있다. 렌커마(1989)에서도 지적하였듯이
이 공식을 위한 자료[텍스트]를 학교의 시험 문제에 쓰는 지문[바탕글]에서 뽑
았기 때문에 자료 표집(標集)의 제약이 커서 다른 더 넓은 텍스트를 대상으로
삼으면 결과가 달라질 것이다. 또 이 공식이 매개변인으로 잡은 어휘의 난이
도와 문장의 복잡성이 피상적이라는 데도 문제가 있다. 보통 이해하기 어려운
단어는 음절수가 많고, 새로 생기는 어휘는 그 사용의 빈도가 높아지면서 음
절수가 줄어진다는 관찰[21]이 있기는 하나 그것이 반드시 일치하는 것은 아니
며 일반 산문에서 어휘의 평균 음절수 차이는 2를 넘기 어렵다. 또 문장의
경우도 같다.

최근 컴퓨터의 용량이 커지고 글[텍스트] 요소 중에서 단어나 문장의 전산학
(電算的) 처리가 용이해짐에 따라 이런 식의 이독도 측정을 전산(電算)에 의해
처리하는 프로그램이 개발되었다. 오스트레일리아의 플린더즈(Flinders) 대학
에서 프로그램[22]을 만들었는데 글[텍스트]을 컴퓨터에 넣고 이 프로그램을 돌
리면 글의 길이나 글 요소[각 품사별]의 길이와 이독도가 자동적으로 나오게
되어 있다.[23] 매개 변인이 단순하고 불완전한 제약은 있으나 엄밀한 측정을

---

21) 처음 만들 때는 television [4음절]이라고 부르다가 사용 빈도가 높아지면서 테레비[3 음
   절]로, 다시 더 줄어져서 T.V.[2음절]로 되어 있다고 한다. 이것을 공식화하여 지프의
   공식(Ziff's formula)이라고 부르기도 한다.
22) 프로그램 이름을 당시 많이 쓰였던 매킨토시 회사의 컴퓨터 이름과 비슷하게 맥택스트
   (MacTexan)로 붙였다.
23) 앤더슨(Anderson, 1992)에서 재인용

요구하는 곳이 아니면 간편하게 쓰일 수 있는 방법이다.

그러나 이 모두는 이독도의 매개 변인으로 어휘 요소와 문장의 복잡성이 관여하기는 하지만 이것을 바르게 살피도록 공식화하지 않은 문제가 있고 더 큰 문제는 이독도 결정의 매개 변인으로 여기에 더하여 텍스트[글]의 결속성이나 구조나 의미덩이의 성격 등을 바르게 잴 수 없다는 데 있는 것이다.

실용을 위한 이독도 측정의 또 하나의 방식이 '낱말 깁기 검사[24]'를 쓰는 것이다. 이는 1953년에 테일러(Tayler)가 만든 것으로서 특정 글의 이독도를 측정하는 데도 쓰이지마는, 주로 특정인의 독해 능력을 재는 데 쓰이는 것으로서, 초 중등학교 각종 교과서의 글 다듬기, 외국인에 대한 영어교육의 평가 등을 위해서도 쓰였으나 학생들의 독해 능력 측정에 선풍적 인기를 끌었다. 검사지를 만드는 방식이 간단한데, 글 하나를 잡아서 첫 문장만 그대로 두고 다음 문장부터 규칙적으로 n번째 [주로 5⟨n⟨10 번째] 단어를 지워서 빈칸을 50개 만들어 독자[응시자]에게 주고는 지워진 단어를 기워내게 하는 것이다. 1960년대에 와서 중급이나 고급의 독해 능력을 바르게 측정하기 위해서는 모든 단어를 다 대상으로 할 게 아니라 명사와 동사만을 대상으로 하는 것이 더 낫다는 등의 수정안이 생겼다.

우리나라에는 이상태(1979)에서 처음으로 이를 들여와서 한국어 글쓰기[텍스트 구죄]의 특성을 바르게 드러내려면 '내용어 깁기'와 '구조어 깁기'로 나누어야 함을 논증하고 이를 시험적으로 실시하여 뒤따르는 연구를 위한 시사점(示唆點)을 여럿 보여 주었다. 이에 따라 강일석(1987), 고병욱(1998) 등에서 중학생과 고등학생의 일반적인 독해 능력의 수준을 알아보는 목적과 여러 갈래 글의 이독도를 재는 목적으로 조사를 했으나[25] 한정된 자료 때문에 괄목할

---

24) 영어인 'cloze test'를 우리말로 옮기는데 전병만(1985)에서는 '규칙 빈칸 메우기 검사'라고 했고, 교육부 교육과정에서는 '빈 칸 메우기 검사'라고 했으나 원래 글에서 주로 낱말을 비우고서 기워 넣게 하는 절차를 쓰므로 이상태(1979), 강일석(1988), 장순자(1994), 임규홍(1996) 등에도 이상태(1979)를 따라서 '낱말 깁기 검사'라고 불렀다.

25) 참고로 고병욱(1998)에서 얻은 공식은 다음과 같다.
[A : 비지시적 한자어수/어휘수, B : 풀이씨 수/표면월]
내용어 깁기로 : 중학생 이해도 공식 = 0.208A+0.073B
고등학생 이해도 공식 = 0.1882A+0.07B

만한 성과가 보고되지는 않았다.

그러나 이 검사는 특정의 글을 독자(들)에게 읽혀서 그 점수를 얻어내는 것이므로 오히려 독자의 독해 능력을 재기에 더 알맞은 방식으로서, 글을 따로 두고서 그것만으로 이독도를 재기 어려운 결점을 지니고 있다. 만약 이독도를 재려면 많은 사람들에게 낱말 깁기 검사를 실시하여 그 결과를 평균하여야 할 터인데 그렇게 하더라도 왜 어떤 글은 다른 글에 비하여 점수가 더 높거나 낮은지에 대한 이유를 알 수가 없게 되어 있다. 단지 이 검사는 다른 방식의 이독도 공식의 적합성을 검증하는 방식으로는 아주 합당한 도구가 된다.

8.5 이독도 측정의 표준화

여기서는 우선 글 읽기의 단계와 책읽기 단계에서 보이는 여러 수준(따라읽기 수준, 따져읽기 수준, 창조적 읽기 수준)을 이독도로 측정하기는 어렵다는 점을 지적해야겠다. 이들은 일반화하기 어려운 국면들로서, 이 수준의 차이는 한편으로는 독자의 특정 주제에 대한 사전 지식 정도와 관련되고 또 한편으로는 독자의 지적(知的) 수준과 관련되는데 두 측면 모두에서 사람마다 차이가 크고 개인에게도 주제마다 차이가 많기 때문이다.

이독도를 바르게 측정하려면 세 가지 문제 즉 [개]읽기에 관여하는 글의 요소는 어떤 것이 있는가 하는 면과 [내]위의 각 요소를 바르게 측정하는 방안은 무엇인가 하는 면과 [대]각 요소는 얼마만큼 읽기에 관여하는가 하는 면이 밝혀져야 한다.

첫 문제는 이제까지의 논의로 대강 밝혀졌다. 어떤 글을 쉽게 읽어내는 정도를 나타내는 이독도는 글의 요소의 난이도를 산술적으로 합한 것으로 환원할 수 있다. 왜냐하면 독자가 글을 읽는 능력은 그의 장기기억체들과 글 요소

구조어 깁기로 : 중학생 이해도 공식 = $0.0386A + 0.152B$
고등학생 이해도 공식 = $0.0213A + 0.0898B$

와 대응 관계를 이루고 있기 때문이다. 그러므로 글 쪽에 보이는 대응 짝들의 성격을 바르게 등급화하면 전체 글의 이독도를 판정할 수 있는 것이다. 앞 절에서 살펴본 바와 같이 지금까지의 이독도 공식도 큰 방향은 이렇게 잡았으나 세부적인 요소에 빠진 것이 있고 잡혀진 요소도 그 내용의 바른 모습을 알기 어렵게 되어 있었다는 데 문제가 있다.

첫 문제를 다시 생각하기 위해서 앞의 [2]를 다시 살펴보자.

[5] 장기기억체와 글 요소의 대응

　(ㄱ) 장기기억체1 – 글의 글자
　(ㄴ) 장기기억체2 – 글의 글자
　(ㄷ) 장기기억체3 – 글의 단어들 [특히 실질형태소들]
　(ㄹ) 장기기억체4 – 글의 문장 [특히 문법형태소]
　(ㅁ) 장기기억체5 – 글의 단어들과 문장
　(ㅂ) 장기기억체6 – 글의 문단 등
　(ㅅ) 장기기억체7 – 글의 주제

여기서 우리가 고려해야 할 것은 이독도가 문제가 되는 글을 읽을 사람의 범위가 정해져 있다는 점이다. 아래로 앞서 본 읽기의 단계에서 글자 읽기 단계에 머무르고 있는 이, 즉 한글을 깨치고 있는 이나 초급 해독 단계에 있는 이는 글을 의미의 덩이로 읽는 이가 아니므로 제외된다. 또 앞에서 지적한 대로 창조적 읽기 수준 등 읽기의 수준을 이독도로 측정하기는 곤란하며 특히 창조적 읽기 수준에 있는 이는 글을 읽고서 그 내용의 대상세계에 대해서 새 전망을 세울 수 있을 정도로 높은 수준에 있으므로 역시 고려의 대상은 아니다. 따라서 '글자' 요소는 제외된다. 요즘 한국에서는 거의 한글을 쓰므로 글에서 글자의 변인은 이독도 측정에 의미 있는 변인이 되지 않는다. 글자는 교육의 초보 단계에서 익히고 들어오기 때문이다.

그러면 글 속의 어휘, 문법, 명제 수와 명제 수준, 명제의 의미 구조 등이 이독도 결정의 변인이 된다.

[6] 이독도 결정의 변인

어휘, 문법, 명제 수와 명제 수준, 명제의 의미 구조

어휘는 글 속의 개념들을 싣고 있기에 매우 중요한 이독도의 변인으로 일찍부터 인식되어 온 바이다. 문법은 개념을 명제나 복합명제로 묶어주는 기능을 하므로 이독도를 결정하는 중요한 변인이다. 명제 수와 명제 수준, 명제의 의미 구조 등은 해당 글의 의미상의 크기와 난이도를 결정하는 요소들이므로 반드시 고려되어야 할 것이다.

둘째로 앞의 변인들을 글에서 바르게 측정하는 방안은 무엇인가? 위에서 잡은 각 변인들을 차례로 살펴보자.

어휘의 난이도는 생활에 필요해서 일상 쓰는 어휘와 그렇지 않은 어휘를 구분하면 난이도가 구분된다. 그런 구분이 없는 상황에서 이상태(1990)에서는 편법으로 비지시적(非指示的 : 대개 추상적 개념을 나타내는 단어)인 한자어의 비율을 구하는 식으로 살폈다. 초등학교 교과서에 나오는 어휘 목록을 작성하는 연구가 있었는데 이를 이용하면 더 정확할 수도 있겠다.

문법의 복잡성을 재는 방법은 표층의 한 문장이 지니는 명제의 수로 측정한 것이 이상태(1990)의 방안이었다. 그 이상의 방안이 있는지를 필자는 찾지를 못했다.

명제 수는 해당되는 글 속에 있는 용언의 수를 찾으면 알 수 있다. 용언의 어간은 명제를 이루는 핵심이기 때문이다. 명제내용의 수준은 거듭 나오는 몇몇 명사의 추상성의 수준으로 알 수 있다. 글 속에서 핵심어는 거듭 나타나고 핵심어는 거의가 글의 주제와 관련되며 미시명제나 거시명제의 핵심 논항이 되기 때문이다. 단지 몇 개의 명사를 택해야 하는가가 문제가 된다.

명제의 의미 구조를 다 알 필요는 없다. 단지 우리가 알아야 하는 것은 글 내용이 표현해서 지니는 표현상의 밀도(*expressive density*)인데[26] 특정 제재

---

26) 필자가 만든 말이다. 그림을 그릴 때 대상에 대해서 대충 그린 그림과 섬세하게 세부를 스케치한 그림은 다르다. 사진을 인쇄할 때 단위 면적당 표현되는 점[dot]의 수가 다르면

나 주제에 대하여 성글게 쓴 글과 알차게 쓴 글은 읽기 쉬움에 차이가 있다. 의미상의 밀도는 위의 철차에서 선택된 명사들을 놓고 그들의 의미상의 거리를 잘 살펴보면 알 수 있다.

셋째 문제[각 요소는 얼마만큼 읽기에 관여하는가]는 각 변인이 이독도 판정에 관여하는 함수를 만들 때의 상수 정하기와 관련된다. 즉 이독도를 완전한 공식으로 만들 때, 이를테면 아래 공식에서 각각의 상수(常數) 값[가, 나, 다, 라, 마]을 얼마로 주어야 하는 문제이다.

[7] 한국어 글의 이독도 공식에 관여하는 변인의 자리

= {[가×어휘]+{[나×문법]+{[다×명제수]+{[라×명제 수준]+{[마×의미구조]

그런데 이 문제는 이독도 측정의 목적에 따라 변인의 무게가 달라진다. 글의 크기[또는 길이]에 따라 한꺼번에 머릿속에 담을 정보량이 다른데, 더 많은 정보량을 머릿속에 한꺼번에 저장하기는 어렵다. 따라서 이독도를 잴 때에는 동일한 크기의 정보량을 대상으로 한 경우와 전체 정보량을 대상으로 할 때가 다른 것은 물론이다. 정보 크기가 다르다면 가장 문제가 되는 것은 아래 [8]의 요소들이다.

[8] 정보 크기에 따른 한국어 글의 이독도 공식

= {[가×명제수]+{[나×명제수준]+{[다×의미구조]

그런데 글의 일반적인 이독도는 앞의 모든 요소가 다 관여된다. 그것을 아래 [9]로 표현한다. 대상이 되는 글이나 책의 어느 분량을 뽑아서 아래 요소를 측정하여 그 글/책의 전체 이독도를 계산하는 것이다.

[9] 동일 분량의 한국어 이독도 공식 [표준]

= {[가×어휘]+{[나×문법]+{[다×명제수]+{[라×명제수준]

사진이 성글게 표현되기도 하고 자세하게 표현되기도 한다. 글의 표현도 이와 같다. 그리고 그것은 이해도나 이독도에 영향을 미친다.

+{[매]×의미구조}

유감스럽게도 이 때 [가-매]의 상수를 얼마로 주어야 하는지에 대해서는 단언할 수 없다. 그 대신에 단지 아래 전망과 희망과 욕심을 덧붙인다.

8.6 마무리

지금까지 이독도의 측정을 중심으로 하여 관련되는 문제들을 아울러 살펴보았다. 20세기에 통용되는 글로서 한국어로 씌어진 글을 대상으로 잡을 때 일반적인 이독도를 측정할 때 관여하는 변인과 상수를 위의 [9]처럼 얻었다. 글의 이해는 글 내용의 크기와 복잡성이 관여하므로 그것을 고려한 이독도의 측정을 위해서는 위의 [8]과 같은 공식으로 상대적인 난이도(難易度)를 알 수 있음을 시사했다.

위의 [7, 8, 9]는 통계적인 처리를 해야 하는 것들로서 지금은 컴퓨터의 도움을 받으면 아주 효율적으로 수행될 수 있다. 종합적인 정보를 전자적으로 손쉽게 처리해 주는 이 장치에다가 지금은 비교적 처리가 어려운 문장 분석기를 이용할 수 있는 정도에 와 있으므로, 어휘의 난이도와 명제의 반복도와 명제 수를 계산할 수 있는 프로그램을 개발하면 전체적인 이독도가 계산될 터인데, 이런 일들은 해당되는 전공의 연구자들과 긴밀히 공동으로 연구하여야 할 터인 바, 이 일도 머지않은 장래에 이루어질 것으로 기대하고 관계자들과 함께 노력을 해 보아야 하겠다.

9

따져읽기와 얽어읽기

국어과의 교육 영역을 둘로 단순화하여 '논리적 사고와 표현', '문학'으로 만들 때 앞 영역은 학생의 사고 활동을 활성화하게 된다. 다양한 사고가 얇고 깊게 전개된 설명이나 논증의 글을 가지고 필자의 생각의 얇고 깊고 넓고 좁음을 따져 보면서 학생들이 제 생각을 가다듬고 단련하고 살찌우는 활동을 펼 수 있다. 어느 정도 생각이 영글면 설득의 글들을 가지고 각 글들이 어떻게 대상세계를 감추며 논리를 비트는지 따져 볼 수 있다.

사고와 표현이 반듯하면 문학 작품의 감상을 반듯하게 하는 바탕이 되고 작품을 쓰는 토대가 된다. 문학 작품에는 감성이나 상징, 비유 등 논리를 넘어서는 면이 있으므로 이들을 학생들이 함양하면 생각이 더 넓어지고 깊어지게 될 것이다.

교과 교실제가 시행되고 학생의 능동적 사고를 집중해서 훈련하는 11, 12학년 과학이나 사회의 여러 심화 과목에서 각 과목의 교사는 각 분야의 소영역 자료와 정보와 글들을 수업의 과제로 제시하여 논술하는 훈련을 시키게 된다. 이 때 학생들은 자료를 따져읽고 얽어 읽는 훈련을 많이 하게 된다.

학생들은 1–10학년에서도 책과 글을 많이 읽어왔는데 국어과의 심화과목인 '독서'에서 가르친다는 것이 정작 훈련은 버려두고서, 독서의 효용이니, 독서 방법이니 독서의 종류이니 하고 독서에 관한 지식을 주입하라고 하는 교육과정이 편성되어 있으니 참으로 부끄러운 일이다.

9.1 따져읽기

논리적인 글들은 필자가 대상세계에 대하여 인식하고 개념 체계를 구성하고 해석하는 과정이 포함되어 있다. 따라서 이런 글을 읽을 때 독자가 필자의 그런 사고 활동을 따져서 잡아내는 일이 따져읽기[비판적 독해]이다.

아래 두 예시들이 깔끔하지 못한 사고와 성근 표현으로 이루어진 글들인데 정상적인 글들은 우리가 늘 대해 오면서 필자의 생각 따지기를 늘 해 오기 때문에 생략했다.

아래 [예시1]은 정보량이 비교적 적다. 이를 가지고 활동해 본다.

[예시 1] 235단어 14문단

영국 경험론(經驗論)의 시조인 프란시스 베이컨은 이렇게 말했다. "돈은 좋은 종이면서 또 나쁜 주인(主人)이다(Money is a good servant, but a bad master)."

인간이 돈을 수단으로 사용하면 돈은 좋은 종노릇을 한다. 그러나 돈이 목적이 되어 돈에 사로잡히면 돈이 나의 주인이 되고, 나는 돈의 종으로 전락한다. 돈을 어떻게 쓰느냐에 따라서 돈은 좋은 종이 되기도 하고, 나쁜 주인이 되기도 한다.

그러므로 간디는 외쳤다. "돈의 노예가 되지 말라. 물질의 종이 되지 말라."

우리는 돈과 물질의 주인이 되어야 한다.

인생의 지혜의 보고인 『대학(大學)』은 덕본 재말(德本財末)의 철리(哲理)를 가르쳤다. 德者本也, 財者末也. 『大學 傳 10장』 덕이 인간의 근본이요, 재물은 인간의 말단이다.

이 순서를 전도(顚倒)하여 재물을 인간의 근본으로 삼고 덕을 인간의 말단으로 삼을 때, 본말(本末) 전도의 불행과 비극이 생긴다. 돈은 인간의 수단이지 결코 목적은 아니다.

우리의 목적은 덕이요, 인격이다. 덕본 재말, 표현은 간결하지만 의미는 심장하다.

돈은 신성하다. 세상에 정직한 노동과 근면한 노력으로 번 돈처럼 신성한 것이 없다. 나의 피와 눈물과 땀으로 번 돈은 절대로 낭비할 수 없고, 남용할 수 없다.

돈은 벌기도 어렵고 쓰기도 어렵다. 돈을 버는 것을 축재(蓄財)라고 하고, 돈을 쓰는 것을 용재(用材)라고 한다.

세상에 축재에 성공하는 사람은 많아도 용재에 성공하는 사람은 드물다. 피땀으로 번 돈을 사회의 선(善)을 위하여 보람있게 쓰는 사람은 매우 드물다. 많은 사람들이 돈의 포로가 되어 축재에 급급하면서 살아간다.

정직하게 번 돈을 정재(淨財)라고 하고, 부정하게 번 돈을 부정재라고 한다. 깨끗하게 번 재물을 청부(淸富)라고 하고, 부정하게 번 재물을 탁부(濁富)라고 한다.

청부가 되어라. 정재를 모아라.

탁부가 되지 말라. 부정재를 모으지 말라. 이것이 금전에 관한 첫째의 계명이요, 재물에 관한 기본 윤리다.

그러므로 『대학』은 갈파했다. 生財有大道. [아래는 줄임]

이 글의 대상세계와 개념 체계는 '돈벌기', '돈쓰기'를 중심으로 전자에는 '깨끗하게 벌기, 탁하게 벌기'가 있다. 글 속에 '돈의 주인, 주인인 돈, 돈의 종, 청부, 탁부, 축재, 용재, 청부, 탁부'등 말이 많지만 모두 말놀음이다. 이 글의 정확한 대상세계는 '명언대사전(名言大辭典)'의 몇 항목이라 보는 것이 온당하다.

대상에 대한 해석은 글 속에 별로 없다. 단지 '돈을 깨끗하게 벌어 깨끗하게 써라' 정도이며 그 이유는 베이컨과 간디와 책 '대학'이 그렇게 썼기 때문이며 그런 사람과 책은 위대하기 때문에 따르는 게 이롭다는 정도이다. 사람과 책의 권위를 강조하는 표현은 그래서 필자로서는 피할 수 없었을 터이다.

글을 바르게 따져 읽으면 필자의 생각 활동을 잡아낼 뿐 아니라 필자가 글을 구성하는 마음속을 들여다 볼 수도 있고 필자의 글쓰기, 처지잡기나 어휘 구사의 방향 등도 잡아내어 만져볼 수 있다.

이 글의 필자는 '인용'이 논술의 논거가 되지 못한다는 사실을 모르고 있다. 자연의 설명에서 성경 인용이 폐기되고서 대상세계가 정확하고 엄밀하게 해석되어 수학적으로 아름다운 해석이 이루어졌다.

인용이 지금도 가장 많이 쓰이는 곳은 교화와 법당인데 그 점을 고려하면 이 글은 청교도 교회쯤 안에서 한 설교일 수는 있다. 필자가 구사한 단어 '첫 계명, 윤리' 등에서도 설교의 냄새가 풍기며 글 속의 '-어야 한다, -어라' 등 표현에서도 그런 낌새를 읽어낼 수 있다.

필자가 글을 쓰면서 처지잡기(*stance*)를 독특하게 한 점도 두드러지게 눈에 띈다. 필자는 독자보다 아주 높은 곳에서, 게다가 자신을 베이컨이나 간디, '대학'의 저자와 동일화하여 말을 덧붙여 풀어내면서 독자에게 명령하고 권유 한다.

내용에 깊이가 없고 (대상세계에 대한 치밀한 설명이나 해석이 없고) 산만함은 문단 구분에서도 드러난다. 200여 단어짜리 글임에도 문단이 열넷이나 되는 것이 특이할 정도이다.

이제 좀 더 많은 정보량을 지닌 글을 따져읽어 보자.

[예시 2] 16문단, 1,430단어

民族 및 文化와 言語社會

李 崇 寧

[01] 國語와 韓民族, 또는 國語와 韓國文化와의 關係는 과연 어떠한 것인 가를 檢討할 必要가 있는데, 흔히 國語는 우리 民族의 固有한 言語이 며, 우리 文化의 所産인 듯이 漠然하게 생각하고 規定하는 傾向을 본다. 勿論 이것은 틀림없는 事實이겠지만, 國語라 하면 解放後 所重히 여기는 나머지 非科學的인 쇼비니즘(chauvinisme, 狂信적 愛國主

義)的 態度가 엿보여 正當한 理論을 펼 수 없는 面도 있는 터이다. 더구나 民族 하면 때로는 興奮을 느끼고 神經過敏히 서두르는 學問하는 態度를 보며, 本項의 論旨에도 그러할 念慮도 있지만, 우리는 科學的 精神(l'espirit scientifique)을 끝까지 堅持하여야 하며, 學問에 있어서는 極度로 冷情하여야 함은 더 말할 必要도 없을 것이다.

[02] 國語는 絕對로 神話가 傳하는 例와 같은 天孫民族의 言語도 아니며, 自然發生的으로 地上에 솟아난 言語도 아니다. 國史가 傳하는 紀元에서 사뭇 遡及할 수 있는 그러한 悠久한 時代에서 國語의 起源을 찾는다는 것은 있어서는 아니 될 일이며, 적어도 그리 멀지 않은 數千年 前에 (大略의 年代를 推定하기도 어렵지만) 알타이 語族의 移動이 滿洲地方에서 있었을 것이라고 보며, 그 一 分岐가, 그 中에서 一部는 滿洲 北部에 定着하고 一部는 南下하여 半島 南端까지 들어온 것이 國語의 起源일 것이며, 이것을 原始朝鮮語라 부르려 한다. 後에 滿洲의 古朝鮮語의 分岐는 北方의 異 民族과의 鬪爭에서 漸次 쫓기어 民族과 같이 滿洲 南部로 移動하여 먼저 定着한 南韓의 言語와 接觸하며 發達한 것이 오늘날 國語라 생각한다.

[03] 國語가 처음부터 오늘날까지 韓民族과 運命을 같이하고 있는 言語이기에 여기 누구나 國語에는 韓民族的인 그 무엇이 스며 있고, 韓民族은 國語를 通하여 어떤 精神的인 그 무엇을 涵養해 온 것처럼 意識하기 쉽다. 이런 見解는 日帝 末期의 日本學者 中에서 一部가 떠들어댄 思考法인데, 이것이 오늘날 우리에게도 남아 있지나 않은가 하나, 過去의 歐洲에서도 이러한 主張을 하고 自國語의 優秀性을 文學的 또는 語學的으로 立證하려 한 것이 있지만 一種의 센티멘탈리즘이라 하겠다. "國語가 韓民族의 固有한 言語"라 함을 常識的으로 생각하여 틀림 없는 事實이겠지만, 여기서 이 "固有"라는 것이 本質的으로 危險한 規定인데, 다음에 우리는 于先 言語와 民族과의 關係를 考察하여 보아야 한다.

[04] 民族觀念을 學的으로 形成하려 試圖한 것은 歐洲의 近世의 事情이지만 民族과 言語가 本質的으로 不可分의 關係에 있는 것은 아니다. 佛國의 碩學 메이예(Antoine Meillet)가 "民族이란 것은 어느 物的 支點(soutien materiel)으로 連結되는 것도 아니고, 또는 言語로 連結되는 것도 아니다. 어느 民族에 속하느냐, 않느냐는 感情과 意志의 問題이다(affaire de sentiment et de volonte). 그러나 民族을 區別하는

特性中 가장 明白한, 가장 有效한 第一特性은 무어니 무어니 해도 言語이다. 言語의 差異가 消滅하는 곳에서 民族 差異도 漸漸 없어져 가며, 또는 民族 感情이 缺한 곳에 言語의 差異도 없어져 간다"고 하였다. 이것은 複雜多技한 歐洲의 民族과 言語를 考察한 데서 나온 말이지만 言語와 民族이란 本質的으로 不可分의 關係에 있는 것은 아니다. 極端으로 말하면 民族은 存在하여도 言語는 다른 言語로 바꿀 수가 있는 것이어서, 그 好例로는 가까이 淸 太祖가 中國을 統一하여 滿洲語의 保存에 無限히 努力하였지만 몇 百年도 못가서 滿洲語는 거의 消滅되고 말았으며 同時에 民族으로도 中國에 同化된 셈이다. 지금 蘇聯 領土 內의 小數民族의 言語가 露語에 밀리어 없어져 가나 黃人種이 [백인종이] 될 리 없고, 日本內의 아이누(Ainu)語가 거의 消滅 直前에 있다고 하겠다. 이러한 例는 過去에도 있었고 將來에도 있을 것이며 民族과 言語의 關係를 常識的으로 不可分의 것으로 믿을 것이 못 된다. 우리 韓國人이 個人 또는 小數人으로서 三代만 外國에 가서 居住한다면 大體로 우리 國語를 버리게 되는 實例를 볼 때, 言語가 民族에 매어 있지 않다는 것을 쉽사리 깨달을 수 있을 것이다. 大量 移住된 美國의 아프리카 黑人種의 言語가 英語임을 볼 때, 民族은 言語를 制約하지 못하며 個人의 言語를 制約하고 支配하고 있는 것은 民族이 아니라 그 周圍의 言語社會인 것이어서, 여기에 對하여서는 뒤에 다시 論할 터이다.

[05] 그러면 民族과 言語가 本質的으로 不可分의 關係에 있는 것이 아니라 하면 韓民族이 國語를 維持하고 오늘에 이른 데에는 어떠한 有利한 條件이 있는 것이 아닌가 하면,

① 韓民族이 量的으로 比較的 大民族이었다는 것. 萬一 小數民族이면 漢, 蒙語의 民族사이에 끼어 危險한 것이다. 勿論 小數民族으로도 言語를 維持한 것은 많지만 國語의 維持에는 民族의 量이 必要한 것이다.

② 韓民族이 單一한 文化는 아니었지만 外來文化를 消化하고 傳統 있는 文化를 만들어 背景을 삼고 精神的인 頑强을 간직하여 外來民族에게 同化되지 않았다는 것.

③ 地理的으로 民族이 集中될 수 있는 有利한 環境下에 내려왔다는 것. 渤海國과 같이 滿洲에 孤立되면 民族과 國語 維持에 困難하다.

④ 政治的으로 獨立을 維持해 왔기에 이것이 民族 團結에 有利하였다는 것.

[06] 以上의 諸 條件이 韓民族의 國語 維持를 가지고 온 것이라 하겠으며, 今後도 이 같은 實績과 傳統에서 韓民族이 國語를 永遠히 維持하고 發達시킬 것은 疑心할 餘地가 없다. 巨大한 民族의 거듭한 政治的 武力적 侵略과 新興民族으로 蒙古族(元), 滿洲族의 侵略에도, 또는 日帝의 侵略과 支配에도 韓民族은 屈하지 않은(政治的으로는 一次 屈服한 일이 있지만) 民族 鬪爭史가 國語의 完全 維持를 爲하여 크게 이바지한 것은 事實이다.

[07] 그러나, 그렇다고 해서 國語에 韓民族적인 그 무엇이 있는가 느껴지기 쉽지만 國語가 韓民族의 團結이란 感情의 統一에 이바지하였고, 異民族과의 對抗意識을 북돋우고 民族的 團結에 큰 구실을 하였다 하여도 民族과 國語의 關係를 誇大視해서는 아니된다. 民族과 國語의 關係는 前述한 바와 같이 本質的으로 不可分의 關係에 있는 것이 아니며, 韓民族이 歷史時代에 들어와 異民族과 大量 混血된 일은 없지만 語彙에 있어서 大量의 漢語的 語彙를 받아 들였고, 日帝 三十餘年에 적지 않은 日語系 語彙를 또한 받아들인 것이 곧 民族이 國語를 制約할 수 없다는 國語史에 나타난 實例라 하겠다.

[08] 國語는 政治와 文化의 實力을 背景으로 항상 隣接한 外國語와 鬪爭하며, 社會生活에 必要한 語彙를 外國語에서 借用하기도 한다. 오늘날 日帝의 怨恨으로 日本을 敵對視하고 있으나, 아직 日語系 語彙는 生命을 가지고 있는 이 事實은 民族이 國語를 制約하는 것이 아니라 國語가 우리의 言語社會의 支配를 받고 있다는 이 事實을 銘記하여야 한다.

[09] 다시 一般 人事中에는 우리 文化와 國語의 사이에 또한 어느 不可分의 關係가 있는 듯이 여기고 滿足을 느끼는 듯한데, 우리는 이러한 態度를 檢討하여 보아야 한다.

[10] 우리 文化는 內容이 果然 어떠한 것인가를 端的으로 말하면, 原始 朝鮮語 時代에는 文化라는 것이 그다지 形成되었을 리 없지만 오늘날 말하는 샤아마니즘 類型의 文化이었으리라 推測이 되어, 近世에 무당과 其他 民俗에서 若干의 殘滓를 發見할 수 있으나, 이것을 가지고 우리 文化의 固有性 形成에 重要한 要素로 삼을 수도 없다. 우리

文化의 固有性이란 奄然히 存在할 것이며 이것이 各 樣相으로 露呈되었을 것이다. 文化 類型으로 指摘하기에는 아직 學的으로 不分明하여 때로는 末梢的 技巧의 特異性을 가지고 固有性 云云으로 過大評價를 하는 便도 있으며, 主觀的인 解釋을 여러 事業에 붙이어 固有性을 造作하는 便도 없지 않은 듯하다. 勿論 우리 文化의 固有性이란 여러 모에서 直感되는 터이나, 文化類型으로서 萬人이 公認할 程度의 學的 體系가 아직 세워진 것은 아닌 듯하다.

[11] 우리 文化는 歷史時代에 들어와 佛敎文化와 漢文化를 消化하였고, 現代에 와서 西洋文化를 輸入하여 文化史의 一大 轉換의 실마리가 보여지는 터이다. 要컨대, 過去에는 中國文化에 對한 極度의 接近, 近者에 와서는 西洋文化에의 轉換이 豫想되는데, 이것이 우리 文化의 時代的 特性이라고 하겠고, 그 基底에 있어서는 韓國的인 特性이 加味되고 調和되고 때로는 크게 露出되어 있으리라고 본다.

[12] 그렇다면 國語와 우리 文化와의 關係는 어떠한가를 보면, 原則的으로 文化가 言語에 미치는 影響의 限界란 至極 明白한 것이어서, 文化의 發達로 高度의 生活의 必要性에 따라 國語의 語彙가 크게 增加될 것이며, 國語가 아직 大文學語로 發達된 것은 아니라 하여도 文章의 修練과 表現方法의 技巧가 또한 發達된 것임은 勿論이다. 그러나, 文化가 發達되고 文化의 어느 類型이 固有되었다고 해서 言語의 構造가 달라질 理 없고 어느 特性이 附加될 理도 없는 것이다. 語彙가 늘고 使用面의 技巧가 文學技術과 아울러 發達된다 하여도 言語의 本質的인 性格에 變化를 일으키지는 못하는 것이다. 國語에 있어서 그 背景이 될 文化가 漢文化 또는 中國的인 要素가 强하였다고 國語의 構造에 中國語的인 要素가 있을 리 없고, 佛敎文化가 强하였다 하기로 宗敎的 色彩가 國語에 附加될 리 없다. 오직 中國文化의 生活化로 말미암은 必要性에서 漢字 起源의 語彙가 多量으로 늘었고, 佛敎에 관한 語彙가 같은 理由로 남았다는 程度라 하겠다. 이러한 複雜한 外來文化의 輸入으로 國語 自體가 本質的으로 어느 變化를 일으키지는 못한 것이나, 萬一 中國語와 國語가 雜居하고 또는 近接하여 生活한다면 一方이 他를 同化할 수도 있고, 一方의 言語를 消滅시킬 수도 있어 言語에 根本的인 變化를 일으킬 수도 있지만, 이는 全然 別個의 範疇에 處할 問題라 하겠다. 今後 우리나라에 더욱더욱 西洋文化가 輸入될 것인데, 그렇게 되면 外來語의 借用과 새로운 語彙와

多少의 色다른 表記法이 늘 것이 豫想되지만 國語 自體에 어느 本質的인 影響을 끼치지는 못할 것이다.

[13] 그러므로, 文化와 言語의 關係는 그 限界가 明確하여 原則的으로 文化가 言語에 制約을 준다고 해도 本質的인 變化를 일으키지 못하는 것이기에 韓國文化라는 複雜한 內容의 文化가 國語에 어느 特性을 附與하지 못한 것이라 말할 수 있다고 하겠다. 따라서 民族과 文化가 國語에 對하여 不可分의 關係를 가진 것같이 過大히 생각할 것은 아니라 하겠다.

[14] 그렇다면 言語를 育成하고 支配하고 있는 것은 民族도 아니고 文化도 아니라면 果然 言語를 支配하고 있는 것이 무엇이냐 하면 그것은 言語社會라는 것이다. 國語는 우리의 言語社會의 所有物이란 이 點을 强力히 主張하고자 한다. 우리는 言語生活에서 우리의 言語社會에서 規定된 國語를 使用하는 것인데, 이 國語는 오랜 時日을 두고 社會的 契約으로서 이루어진 것이어서, 우리가 出生과 더불어 이 言語社會의 契約인 法典과 같이 規定된 言語를 家族과 이웃을 通하여 引繼를 받고 이것을 使用하고 또 子孫과 後輩에게 引繼하고 죽는 것이다. 이 國語란 契約은 個人의 힘으로 變易할 수 없는 契約이며, 所謂 "言語는 社會的 契約"이라는 文句는 곧 言語社會를 前提로 하고 여기서 契約된 言語를 말하는 것이다. 우리는 言語生活에서 言語社會의 支配를 받는 것이어서, 韓國人의 어린이를 美國에 移住시키면 그는 곧 英語라는 言語社會의 支配를 받는 것이어서, 美國語를 自然 美國人과 같이 使用하게 되는 까닭이 理解될 것이다. 그러므로, 母國을 떠난 移民이 비록 母國語를 堅持하려 하여도 三代 가기 前에 完全히 그곳 言語社會의 契約인 言語를 所有하게 되는 것임은 다시 말할 餘地도 없다. 오늘날 猶太人이 民族精神을 堅持하고 團結을 꾀하나, 言語만은 各 居住地의 言語社會의 무거운 支配를 벗어날 수 없어 各 國의 猶太人의 言語가 다른 理由도 또한 理解될 것이다. 사람은 그 民族別이 어떻든 그 民族의 文化가 어떻든 間에 居住하는 곳의 言語社會의 契約을 따르는 것이 原則인 것이다. 그러므로, 言語에 對하여 民族이나 文化가 그다지 支配力을 가진 것이 못 됨이 더욱 쉽게 理解될 것이다.

[15] 끝으로 結論하면, 國語는 우리의 言語社會의 契約物인데, 이 言語社會의 形成된 起源은 原始朝鮮語가 分岐된 時代부터일 것이며, 그 構

成 人員이 始終 韓民族이었으며, 各種의 外來文化의 輸入은 이 言語社會의 性格에 어느 모의 變化를 주어 外來語의 借用漢字語的 新語採用이란 生活上의 必要로 一部 契約의 修訂도 있었을 것이다.

[16] 그리고, 多幸하게도 이 言語社會는 民族으로는 單一民族이었으며, 地理的으로는 移動이 거의 적었던, 主로 半島라는 同一 地域이었고 文化的으로는 비록 複雜한 異民族의 文化와의 混合體이었지만 同一 文化圈內에서 維持되고 發達되었다는 好條件이 國語의 發達에서 順調로운 過程을 밟게 한 것이다.

이 글은 형식적 매듭이 반듯하다. 그 구성을 [1]로 보인다.

[1] [예시2]의 형식적 구성

(글머리)	(글몸)	(글맺음)	
	[04] 소주제-1 제시		
	[05] 한국어가 살아남은 이유		
	[06] 앞날 예측		
[01] 주제제시	[07-08] 언어사회-말	[14] 결론	[16]
[02] 한국어 역사 –	[09] 소주제 전환 –	[15] 요약/반복	군말
[03] 앞의 반복	[10-11] 우리 문화 설명		
	[12] 말과 문화		
	[13] 소주제-2 맺음		

이 글이 대상세계를 어떻게 인식하고 있는지를 핵심 개념을 통해서 살펴보자.

이 글의 핵심어는 '말, 겨레, 문화, 언어사회'이다. 필자의 마음에 자리잡은 의미와 일반인이 생각하는 의미를 견주어 보자.

	필자의 개념	일반인의 개념
특정 말	정치 사회적 소산이다 (소련 구성 민족어를 무시함) (흑인이 미국에 끌려간 일 무시)	겨레 사이의 주된 특징이 겨레말. (소련 해체 뒤 민족 단위 나라됨)
겨레	겨레와 인종을 혼동함 ([04] '소련 소수민족이 백인종이 될 리 없고')	메이예의 말(겨레는 감정과 의지 의 문제다. 겨레 구분 특성 중에 서 가장 명백하고 유효한 제1특 성은 그들의 말이다).
문화	우리 문화 = 샤머니즘, 불교, 한 문화, 서양문화.	겨레 삶의 양식(의식주, 일생의 의례, 모듬삶의 양태, 물건, 학문 과 예술의 창조)
언어사회	정치적 지배사회(소련의 병합, 미 국의 흑인, 만주족)	한국어 사회 = 한겨레 일본어 사회 = 일본족 몽골어 사회 = 몽골족

이런 바탕에서 쓰여진 이 글은 주제가 모순된다. 이 글의 주제[최상위명제]
는 "말은 언어사회의 계약물로서 겨레와 크게 관련이 없고 겨레의 문화와도
관련이 적다."이다. 그러나 그 필자가 주장하는 '언어사회'를 한겨레에 적용하
면 한국어사회가 되고 이 사회의 자연집단을 '한겨레'라고 부른다. 그리고 이
들의 삶의 모습이 '한문화'이다. 이들의 의식주 문화 속에 '버선, 된장, 초가집'
등이 국어사전에 있고 '금줄, 돌잔지' 등도 우리말 사전에 있으며 존비법이 문
화유전자(meme)로 마음 깊이 박힌 이 겨레의 초등학교 교사는 자기가 자기를
가리키면서 "자, 선생님 좀 보세요." 한다.[27] 말이 곧 문화이다. 어휘와 말엮기
와 말본새가 곧 그 문화이다. 개인에게도 그렇고 특수 집단에게도 그러하며
겨레 총체로서도 그렇다.

이 글에는 사실 해석이 거꾸로 된 곳이 있다. 문단 [05]가 그것인데 우리말이
(용케도) 살아남은 이유를 넷 든 부분이다. 말 쓰는 이의 수는 문제가 되지
않는다는 점은 필자 스스로 글 속에서 고백했다. 외국 문화를 소화했기 때문

---

27) 대통령은 청와대를 찾은 초등학생에게 자신을 가리켜 "자, 대통령님 좀 보세요."라고
하지 않는다. 문화유전자는 어휘나 말투[말본새], 문법 등에 반영되어 있으면서 반성적
성찰에 의해 고쳐지고 바꾸어진다.

에 우리말이 살아남은 것이 아니라 거꾸로 우리말이 있으니 '子曰學而時習之不亦樂乎'를 '배우고 때로 익히니 또한 즐겁지 않으냐?'로 소화할 수 있었다. 정치적으로 단절했으니 우리말이 살아남았다는 명제도 거꾸로이다. 같은 말을 쓰면서 감정가치와 지향이 같으니 정보 공유의 공동체가 되고[즉 단결이되고] 어느 정도 정치적 독립을 유지했다. 필자 자신도 [06]에서 "(政治的으로는 一次 屈服한 일이 있지만)"이라고 했으니 이는 자기 주장 명제의 반례이다. 그리고 세 면이 바다로 둘러 싸여 국어가 유지되었다는 명제는 충족되는 설명력이 없을 뿐 아니라 긍정도 부정도 불가능한 명제이다.

필자는 얼이 빠지고 글을 쓴 것 같다. 메이예로부터 인용한 말은 필자의 명제를 증명한다기보다 반증한다. 그뿐 아니라 필자의 예시 가운데 '그 好例로는 가까이 淸 太祖가 中國을 統一하여 滿洲語의 保存에 無限히 努力하였지만 몇 百年도 못가서 滿洲語는 거의 消滅되고 말았으며 同時에 民族으로도 中國에 同化된 셈이다'는 필자 주장과 반대가 된다. [14]문단 속에 나오는 한국 어린이 예시는 가치 지향으로 우리 겨레되기를 선택하지 않은 경우이므로 사실을 잘못 보게 이끄는 보기다. 그에 뒤따르는 유태인의 설명은 잘못된 것이다. 유태인으로 가치 지향점을 둔 이들은 누구나 헬라어로 된 경전[토래]을 읽으며 헬라어를 지니고 산다.

필자의 핵심 주장인 '말은 사회적 계약이다'는 것은 앞서 다른 곳에서 밝힌 바처럼 은밀한 재정의의 오류를 범했거나 남의 글을 잘못 읽은[誤讀] 결과로 보인다. 한 겨레 안에서 구성원들이 어휘의 음성형과 의미 맺음에 일치를 보이는 현상이나 말엮기를 한 갈래로 이루는 일을 두고서 언어학 개론 책들에서 그 일은 그렇게 하자고 '흡사 계약이나 맺은 *듯이 보인다*고 설명했다.[28] 그걸

---

28) '사회적 계약이 나오는 문맥은 이렇다. 낱말의 소리와 의미 연계에 필연적 연관을 찾을 수 없어 제멋대로(arbitrary)로 보인다. 그럼에도 특정 사회 안의 성원들은 특정 소리 연결을 특정 의미로 동일하게 이해하고 표현한다. 이를 '제멋대로'와 견주면 그들이 흡사 계약스런 무엇을 맺은 것 같다. 의미 [아비]는 서로 다른 말 사이에 서로 다른 음성형으로 달리 표현된다. 그럼에도 (희한하게도) 같은 말을 쓰는 사회 성원은 같은 음성형을 쓴다. 이런 문맥을 고려하면 이 '계약 운운' 부분은 말이 통하는 사회가 역으로 바로 한 '겨레' 임을 은근히 증명하는 결과로 이끌린다.

문맥을 고려하지 않고 필자가 잘못 읽어 계약했다고 하니 그 계약서에 도장을 찍은 독자는 한 명도 없는 현실과 배치된다. 이숭녕 자신도 어릴 때 '한국어 사용 계약서'에 도장을 찍거나 동의한 일이 없었을 터이다.

이렇게 생각해 볼 수 있다. '말은 사회적 계약이다'는 주장을 펴는 이들은 언어학 책에 쓰인 '겨레 안에서 어휘-의미의 짝과 말엮기 방식은 흡사 그들이 계약을 맺은 듯이 같을 면을 보인다.'는 말을 편리하게 말꼬리를 잘라내고서. 식민지에서 신민들에게 토박이말을 버리고 삼킨 겨레의 말을 강요하기 위한 억지 논거로 썼을 수 있다. 즉 다음과 같은 억지 삼단론법을 쓰고 있다. '말은 사회적 계약이다. 너희들은 대일본제국 사회의 신민이다. 그러므로 너희들은 일본말을 써야 한다.' 그리고 사태의 일부 왜곡도 그 교실에서 썼을 수 있다. '인도를 봐라. 거기서도 자기네 말을 버리고 영어를 공용어로 쓴단 말이야.'

이 글의 필자 마음속을 더 들여다 보자. 우리는 필자에게서 이런 성향을 추측할 수 있다.

① 말이 다르면서도 개념이나 의미가 같을 수 있다는 것을 바르게 인식하지 못한다.
② '佛國'에 대한 겨레의 마음속 사전 속 의미는 '부처님 나라 (불국사, 불국토)'인데 왜정시대에 '프랑스'를 그리 표기하기도 했다.
③ 필자는 한자로 쓸 수 있는 어휘는 모두 한자로 썼다. 일본어 표기는 문법형태만 카나로 쓰는데 어휘들을 카나로 쓰면 동음 표기가 우리말보다 훨씬 많아서 의미 구분이 되지 않는다. 일본인의 그 버릇과 비슷한 면이 있다.
④ 필자는 [01]에서 상대 주장을 사실 차원에서 진술하지 않고 감정이 깃든 쇼비니즘으로 꾸짖으면서 그 주장을 '비과학적'이라고 단정했다. 사실의 모습을 탐구하는 자세가 아쉽다.
⑤ [02] 문단 내용은 모두가 사실 확인이 불가능한 추측을 진술했다. 그러면서 '나는 그것을 무엇이라고 부르려 한다.' 속에는 '독자도 그리 불러라'가 함의되었다고 읽을 수 있다.

이 글이 실린 곳을 살피면 우리 교육의 몇 모습을 반영하고 있는데 말이 난 김에 이야기를 좀 해야겠다.

1954년 서울대학교 교양국어 책에 이 글이 실렸고 다른 대학들도 이를 따라 베껴 썼는데, 이를테면 1977~1982년 사이에 경북대학교 교양국어 책에도 들어 있었다. 그 때는 대학 1학년에 반드시 배워야 하는 교양과목을 정했는데 국어도 그 한 과목이었다. 그 때 그 교육의 모습을 추리하면 글의 내용을 꼼꼼하게 따져보고 필자의 인식과 대상사태 해석을 살피는 교육을 한 것이 아니라 한자를 익히는 수준의 교육을 편 것이 아닌가 생각된다.

게다가 이 글은 5차 교육과정 시절인 1990년 우리나라 고등학생 모두가 배우는 국정(國定) 교과서 '국어(하)'에 실렸다.29) 그 책을 어느 대학교 사범대학에서 만들었는데 그들이 글을 읽어내는 안목이 어느 수준인지 짐작이 간다.30) 그 교과서에는 이 글에 이어진 글이 '언어와 민족 문화'(강신항)로서 그 주제는 우리 문화의 변천과 말쓰기의 변천을 띄엄띄엄 살피는 일이었는데 그 글은 내용 전개의 대전제로서 '말이 곧 문화다'를 잡아 이 명제를 글머리에 명백히 진술하고서 내용을 풀어내었다. 또한 몇 단원 뒤에 최현배의 글 '한민족과 국어'가 버젓이 들어 있으니 참으로 헷갈리는 시절이 오래 지속되었다.

9.2 얽어읽기

남이 한 말이라고 모두 사실이라고 믿을 수는 없다. 사물이나 사태에 대한 남의 진술이 모두 참이라고 믿을 수도 없고 사실들에 관한 사람들의 추리나 해석도 모두 건전하며 설명력을 충분히 갖추었다고 믿을 수 없다.

얽어읽기는 글 내용에 필자의 사실 파악과 사태 해석을 점검하는 활동이 된다.

---

29) 그 교과서 글은 제목이 '민족과 문화와 언어 사회'였고 글 내용 중에서 위의 [05](국어가 살아남게 된 이유) 부분은 뺐다.

30) 그 교과서의 '학습활동'에서나 '단원의 마무리'에서 그 글을 꼼꼼하게 따져 읽으라는 활동도 없고 강신항의 글과 제재나 주제를 견주어 얽어 읽으라는 활동도 없다.

전형적 논술문인 논문들에서는 '선행 연구' 항목에서 한 주제나 제재에 대한 여러 학자들의 견해를 견주어 살피는 일을 한다. 같은 주제나 제재에 관한 둘 이상의 글에서 결론이 다르다면 (ㄱ)논거로 잡은 사태의 내용상 넓이와 깊이 및 인식에 차이가 있거나 (ㄴ)추리상 오류가 있거나 타당성이 모자라거나 (ㄷ)명제들의 전제를 달리 잡았거나 (ㄹ)결론과 논거 사이에 설명력이나 건전성에 문제가 있거나 한 글이 있을 것이다. 얽어읽기로 학생들은 이런 사고 활동을 한다.

가까운 보기로 5차 교육과정 시절에 눈 바로 뜬 교사가 이어져 있는 두 글, '민족과 문화와 언어 사회'와 '언어와 민족 문화'를 얽어읽히었다면 학생들은 위의 (ㄱ)~(ㄹ) 사고 활동을 했을 것이고 글을 꼼꼼히 따져읽는 버릇도 들였을 것이며 어느 글이 어떤 오류를 범했는지도 찾아냈을 것이다.

이런 활동들을 여러 번 하면 글을 바르게 읽는 태도와 글을 바르게 쓰는 태도도 마음 깊이 새길 수 있게 되었을 것이다. 인터넷 시대에 남의 글을 책임 없이 퍼 나르는 행동을 바로잡는 데는 '매체' 과목을 두어 그런 쪽의 지식을 암기시키는 방식보다도 국어과의 본질에 충실한, 즉 따져읽기와 얽어읽기를 훈련하는 방식이 훨씬 더 효율적일 수 있다. 그러면 자기가 퍼 나르는 정보의 참/거짓을 점검하게 되고 추리의 건전성과 해당 정보의 숨은 전제와 파급 효과/역효과까지 바르게 잡게 되므로 책임 없는 퍼 나르기를 하지 않게 될 것이다.

한편, 얽어읽기를 문학적 글의 감상과 표현에 쓸 수도 있다. 아래 [예시 3, 4]는 겉으로 사과나무를 제재로 삼았는데[31] 문장 표현이나 비유의 질이나 문단 구분에서 상당한 차이를 보인다.

---

31) 엄밀하게 보면 [예시4]는 부석사 앞의 사과나무이지만 [예시3]의 제재는 필자의 마음속 사과나무와 자기 어머니의 그런 모습이다.

[예시3] 407단어 27문단

한 알의 사과

[01] 가을이다.

[02] 사과 몇 알이 식탁 위에 올라왔다. 빨간 보석 같은 홍옥이다. 덥석 한 입 깨물어 보니 새콤하면서도 달다. 뒷맛이 개운하다.

[03] 나는 한 입 베어 문 홍옥 한 알을 손바닥 위에 올려놓았다. 어찌 보면 빨간 불덩어리 같다. 이 불덩어리 홍옥은 어디서 온 것일까?

[04] 나는 이 가을날 고향 하늘 속에 수없이 박혀 있을 저 수많은 불덩어리 사과를 생각했다.

[05] 지난 겨울이었다.

[06] 찬바람 이는 과수원을 지나다가 달빛에 비친 사과나무의 모습을 보았다. 가지를 하늘로 뻗고 있는 모습은 기도하듯 하늘을 우러르고 있는 것 같았다.

[07] 마치 우리네 어머니가 자식들의 소원 성취와 평안을 위해 이른 새벽 장독대에서 정화수를 더 놓고 기도하는 모습이었다. 또한 힘든 일을 모두 혼자서 감당해 내는 우리네 어머니의 마음이었다.

[08] 가을이 지나고 추운 겨울이 오면 사과나무는 꽃과 잎과 열매들, 그리고 벌과 나비들까지 온갖 것들을 땅 속으로 돌려보낸다. 그리고는 사과나무 혼자서 추운 북풍을 맞으며 겨울을 견디어 낸다.

[09] 그 외곬으로만 향한 어머니 같은 마음에 하늘은 가지마다 맑은 빛을 스며들게 하여 말간 꽃물로 삭히는 것이다.

[10] 계절이 바뀌어 봄이 되면, 따스한 빛은 하늘과 땅에 가득 차고 사과나무 가지에도 푸른빛의 수액이 감돌기 시작한다.

[11] 보라, 저 죽은 듯한 가지마다 겨울 하늘 빛, 그 빛과 같은 사과 꽃들이 과수원 가득히 피는 것을. 마치 하늘 한 자락이 내려온 것 같은 것들.

[12] 사과나무는 꽃잔치를 벌여 놓고 벌 나비를 부른다. 갓 깨어난 벌, 나비들이 배가 고플까 봐 일찍 꽃을 피워 꿀물을 준다. 우리네 어머니의 마음과 똑같은 것이다.

[13] 벌, 나비들은 감사와 은혜의 표시로 꽃 속에 사과 씨앗을 두고 간다. 우리가 말하는 꽃가루받이이다.

[14] 그러나, 좀 더 생각하면 그것은 하나의 큰 은혜로움이며 더불어 살아가는 마음이다.

[15] 다시 햇살이 두터워지는 오월이 되면 따스한 바람과 햇빛은 커다란 둥지가 된다.

[16] 과일밭 전체가 포근한 둥지와 같은 역할을 하는 것이다.

[17] 바람은 쉼없이 사과 주위를 맴돌며 윤기 있게 닦아주고 땅 속에선 향기로운 물을 보내 사과 속을 달콤하게 채워 준다.

[18] 그러나 누군지 모르지만 커다란 힘을 가지신 분은 그냥 사과가 자라도록 하지 않는다.

[19] 때론 사나운 비바람과 땡볕을 보내 시험을 하신다. 그러니까 그 시련을 견디어 내는 사과만이 가을에 빛나는 한 알의 사과가 된다.

[20] 비바람과 땡볕에 견디지 못하면 채 익지도 못한 채, 땅 위로 떨어져 썩고 마는 것이다.

[21] 사과나무의 마음은 이 때처럼 아픈 때가 없다.

[22] 자신의 기도의 부족함을 알고 마음 아파하지만, 남아 있는 다른 사과를 위해 더욱 열심히 물을 빨아올리고 햇빛을 받아들이는 것이다.

[23] 하늘이 높푸르고 햇빛은 맑고 엷어지는 가을날.

[24] 땅엔 온갖 풀과 나무들의 잎새가 떠날 준비에 바쁘고, 먼 북쪽 하늘에서 기러기가 날아올 때쯤, 사과나무에 가득 달린 저 빨간 사과들, 살찐 덩이들.

[25] 누가 알까.

[26] 그 빛나는 사과들을 겨울부터 가을까지 어머니 같은 나의 숱한 기도와 크나큰 힘을 가지신 분의 은혜로움에서 온 것임을.

[27] 나는 사과를 한 입 베어 물면서, 지난겨울 과수원에서 기도하듯 서 있는 겨울 나무를 떠올렸다.

[예시4] 230단어 5문단

부석사 앞 사과나무밭

[01] 부석사 진입로의 이 비탈길은 사철 중 늦가을이 가장 아름답다. 가로수 은행나무 잎이 떨어져 샛노란 낙엽이 일주문 너머 저쪽까지 펼쳐질 때 그 길은 순례자를 맞이하는 부처님의 자비로운 배려라는 생각이 들기도 한다.

[02] 내가 늦가을 부석사를 좋아하는 이유는 은행잎 카펫 길보다도 사과

나무밭 때문이었다. 나는 언제나 내 인생을 사과나무처럼 가꾸고 싶어한다. 어차피 나눈 세한삼우(歲寒三友)의 송죽매(松竹梅)는 될 수가 없다. 그런 고고함, 그런 기품, 그런 청순함이 타고나면서부터 없었고 살아가면서 더 잃어버렸다. 그러나 사과나무는 될 수가 있을 것도 같다. 사람에 따라서는 사과나무를 사오월 꽃이 필 때가 좋다고 하고, 시월에 과실이 주렁주렁 열릴 때가 좋다고 할 것이다. 그러나 나는 잎도 열매도 없는 마른 가지의 사과나무를 무한대로 사랑하고 그런 이미지의 인간이 되기를 동경한다.

[03] 사과나무의 줄기는 직선으로 뻗고 직선으로 올라간다. 그렇게 되도록 가지치기를 해야 사과가 잘 열린다. 한 줄기에 수십 개씩 달리는 열매의 하중을 견디려면 줄기는 굵고 곧지 않으면 안 된다. 그리하여 모든 사과나무는 운동선수의 팔뚝처럼 굳세고 힘있어 보인다. 곧게 뻗어 오른 사과나무의 줄기와 가지를 보면 대지에 굳게 뿌리를 내린 채 하늘을 향해 역기를 드는 역도선수의 용틀임을 느끼게 된다. 그러한 사과나무의 힘은 꽃이 필 때도 열매를 맺을 때도 아닌 마른 줄기의 늦가을 이 제격이다.

[04] 내 사랑하는 사과나무의 생김새는 그것 자체가 위대한 조형성을 보여준다. 묵은 줄기는 은회색이고 새 가지는 자색을 띠는 색감은 유연한 느낌을 주지만 형체는 어느 모로 보아도 불균형을 이루면서 전체는 완벽한 힘의 미학을 견지하고 있다. 그 힘은 어디에서 나오는가? 나는 그 사실을 나중에 알고 나서 더욱더 사과나무를 동경하게 되었다.

[05] 세상엔 느티나무 뽑을 장사는 있어도 사과나무 뽑을 장사는 없다.

[유홍준, 『나의 문화 유산 답사기』에서]

이들 두 [예시] 글은 겉으로 보기에 둘 다 사과나무를 제재로 삼는다. 특히 두 글은 늦가을 사과나무의 버쩍 마른 가지가 하늘로 치켜올린 모습을 진술하는 점에서는 같다. 두 글의 핵심 개념 체계와 해석들을 살펴보고 나아가서 표현도 아울러 살펴보자.

핵심 개념 체계는 [예시4]가 비교적 단순하여 '늦가을의 사과나무 모습'이다. [예시3]의 그것은 '겨울의 사과나무', '사과나무의 1년'이다. 거기에 '바짝 마른 자기 어머니의 모습'이 은근히 대상 해석의 바탕으로 비교되어 있다.

우리가 수필이라고 부르는 글들은 필자의 대상 해석이 주된 내용을 이룬다, [예시4]의 글 내용은 사과나무의 생김새에 대한 해석과 묘사로 이루어져 있는데 이유와 귀결이 선명하고 묘사가 참신하며 대상에 대한 필자의 사랑이 가득 드러나 있다.

[예시3]에서는 사과나무가 버쩍 마른 가지가 하늘로 향해 있음에서 필자는 '우리네[아마도 필자 자신의] 어머니가 기도하는 모습'을 연상하고 그 연상을 전개하는 식으로 해석을 펼쳤다. 이는 참신할 수 있으나 필자 개인의 내면 체험에 근거하므로 이는 또 다른 제재에 해당되는데 독자에게 그것을 이해시키는 데 공을 훨씬 더 들였어야 했을 것이다.

글쓴이의 대상에 대한 처지(stance)에서 두 글은 차이를 보인다. [예시4]에서는 필자와 독자와 대상 사물로서의 사과나무가 선명히 구분되어 있다. 그러면서 대상을 사랑한다는 표현을 비교에 의해서 비교적 객관적으로 드러내었다. 가을의 은행잎 깔린 길을 누구나 좋아한다고 하고서는 필자는 그것보다 대상을 더 좋아한다고 했고, 게다가 '나는 언제나 내 인생을 사과나무처럼 가꾸고 싶어한다'고까지 했다. 이 글의 필자는 독자 누구나 공감할 '은행잎 카펫길'을 먼저 내세우고서 그보다 대상을 더 상한다고 하였고 그 이유도 뒤에 밝혔다.

한편 [예시3]에서는 필자와 독자의 구분이 선명하지 않고 그리려는 내용이 필자의 내면세계임에도 이를 선명히 대상화하지 않는다. 겨울의 사과나무를 '가지를 하늘로 뻗고 있는 모습은 기도하듯 하늘을 우러르고 있는 것 같았다. 마치 우리네[사실은 '필자의] 어머니가 자식들의 소원 성취와 평안을 위해 이른 새벽 장독대에서 정화수를 더 놓고 기도하는 모습이었다. 또한 힘든 일을 모두 혼자서 감당해 내는 우리네 어머니의 마음이었다.'고 표현하여 의인화의 길을 열고는 사과나무의 일 년을 의인화하였는데 보기에 따라서는 상당히 무리가 있다. 그리고 그에 대응하는 어머니의 각각의 모습은 전혀 진술되지 않아서 모호하기 그지없다.

표현상 [예시3]은 [예시4]에 견주어 지적할 점이 많다. 우선 앞 예시글은 산문 문단 구분이 전혀 되지 않고 있다. [1-3]이 한 문단이며 [5-7]도 묶어져야 하고 이런 예는 매우 많다.

글에 쓰인 비유를 두 예시에서 비교하면 앞 예시글의 비유들이 거의 죽은 비유임을 알 수 있다. 또한 이 글에는 명사문이 많은데 이는 산문 표현에서 매우 꺼리는 일임에도 필자는 여러 곳에서 과감히 사용했다.

[예시3]이 잘못된 글이라거나 무가치한 글이라는 말이 아니다. 초등학교 과학에서 할 말 몇 군데나 특정 종교를 연상하게 하는 표현을 빼고 나면 동화(童話)의 상황에서는 이런 글도 충분히 이해될 여지가 있다.

9.3 글의 난이도를 구성하는 요소

따져읽기와 얽어읽기는 학생이 주체적으로 수행한다. 교사는 학생이 특정한 사고 활동을 작업을 수행하는 데 긴요한 제재를 제공한다. 앞에서 보았듯이 교사의 글 읽어내는 안목과 능력이 커져야 함은 물론, 글의 난이도(*readibility*) 구성에 대한 이해가 필요하다. 여기서는 그것을 아래 [3]으로 잡아 보았다.

> [3] 글의 난이도 구성 요소
>   (ㄱ) 글의 크기와 난이도 : 총정보량, 정보 반복도, 정보 긴밀도,
>   (ㄴ) 글 구성의 형식 요소 : 어휘의 갈래, 문장의 복잡성, 문단들의 크기와
>   사고 내용, 문단 속 지시표현의 정도
>   (ㄷ) 글 내용의 사고 요소 : 추상성과 구체성, 논리상 비약 정도
>   사고의 양식 - 대상 인식, 개념 체계, 해석
>   핵심 개념의 분석/연역의 깊이와 넓이
>   사태의 귀납 정도, 오류의 검증
>   추리의 깊이와 넓이
>   (ㄹ) 글 전달방식 : 설명, 논증, 묘사, 서사, 설득, 문학 작품
>   (ㅁ) 필자 : 해당 지식과 정보의 계보상 위치(지식의 고고학), 글과 사회,
>   필자와 그의 사회
>   (ㅂ) 내용에 관한 독자의 마음속 이해/인식의 정도

예전 중국에서 목간(木簡)으로 기록할 때 목간 두루말이의 맨 왼편에 그 글이나 책의 제목을 쓰고 그 아래 그 책/글의 글자 수를 적었다고 한다. 이것이 총정보량이다. 중국 한문은 한 글자가 한 낱말이다.

위의 [3.ㅂ]은 글 자체의 난이도보다는 특정 독자의 특정 글 이해도 (*comprehensibility*)[32] 등급 결정에 영향을 미치는 요소이다. 같은 학년의 학생들이 대개 이 정도가 같다면 크게 문제되지 않는 요인이다.

만약 [3.ㅂ]이 같다면 구체적인 대상에 대한 인식 위주의 글은 추상적 개념의 체계에 대한 글보다 읽기가 더 쉽고, 후자보다는 추상 개념 체계의 숨은 전제들을 밝혀내어 견주는 글이 읽어내기에 땀이 더 많이 날 수 있다.

---

32) 이상태(1978)에서는 낱말깁기 검사로 학생의 글 이해도를 검사할 수 있다는 점을 제시했고 영어가 아닌 우리말의 특성에 맞은 낱말깁기 검사의 지침도 만들었다. 내용어 깁기와 기능어 깁기도 거기서 체계화했다.

04

'사고＋문법
＋논리'의
융합을
위하여

'학교문법' 또는 '교육문법'은 참말-거짓말, 정확한 말- 모호한 말, '(논리적 추리가) 바른말-틀린말' 등을 구분하고 학생들이 참말을 더 정확하고 논리적으로 바르게 구사하도록 훈련하는 교과가 되어야 한다. 이런 일들은 말을 대상세계와 직접 연관해 주고, 말을 사고와 직접 이어 주며, 말쓰기에서 논리 점검과 오류 점검을 직접 수행하는 훈련 교육으로 달성된다.

'논리'를 가르친답시고 논리학 책의 지식을 암기시키면 또다른 병폐를 만든다. 논리란 인간 사이에 공통으로 터잡힌 보편적 사고의 길이다. 11, 12학년 학생에게 주시경이나 최현배의 마음속에 들어가라고 하기 전에 말과 사고, 논리를 이어주어야 한다. 조작적 성격이 강한 '품사' 개념은 더 효과적인 방법으로 더 일찍 4학년쯤부터 정확한 말이나 (논리적 추리가) 바른말을 가르치는 데 필요한 조작적 개념이다. 형태 /-이(다)/를 '(서술격)조사'로 유화(類化 : 속성 일반화)하거나 '지정사'로 구분하거나 '명사의 서술화소'로 특정(特定)하거나 간에 /-이(다)/는 '-이(다)/로 쓰일 뿐이다.

10

지시-기능적으로 본 국어 문장 구조

10.1 들머리

우리는 지금까지 초중등 학생들에게 국어 문법을 교육 본래의 관점에서 가르쳐 오지 않고 있다. 모국어를 상당히 익힌 학생들에게 문법 교육을 바르게 시행하면 대상을 정확하게 표현하고 사고를 정확하게 전개하며 바른 논리를 피어나게 할 수가 있는 것이다. 이런 필요를 우리는 무시해 왔다.

광복 이래 학교에서 가르치는 국어 문법을 몇 가지로 묶을 수 있다. 초기에는 왜정에서 우리말을 말살했던 당연한 결과로 맞춤법과 띄어쓰기 등을 집중적으로 가르칠 수밖에 없었다. 뒤이어서 중등학교에서 가르친 문법은 한두 사람이 세운 특정 시대의 특정한 관점에서 국어를 바라본 이론의 결과를 그 효용을 살피지 않고서 지식으로서만 가르쳐 왔다. 이것은 당연히 특정한 학설 선전으로 인식되었고 다른 학설을 가진 이들이 용어와 체계를 조금씩 바꾸어 이 선전 마당에 들어오게 되어 상당한 혼란이 일어났다. 이 혼란을 극복하는 방안으로 당국이 적당히 중재에 나서서 용어와 체계를 통일하여 오늘에 이르렀으나 그것이 실제의 사용에 동떨어지기는 예전과 조금도 다르지 않다.

모국어의 문법이 '사고의 안내자이면서 규제자'란 견해(Whorf, 1965)가 있듯이 문법의 효용은 말이나 글로 대상을 정확하게 표현하고 사고를 정확하게 전개하며 바른 논리를 피어나게 하는 방편인 것이다. 그런데 '언어를 언어로만' 국한시켜서 연구할 때에는 이 효용을 직접 고려하지는 않는다. 순수하게 문법 만을 연구하는 학자에게 문법의 실용적 교육의 책임까지를 부과할 수는 없다.

최현배(1937)은 음운 이론과 형태배합 이론을 적절히 활용하여 잡힌 틀이기 때문에 우리 맞춤법의 정착과 띄어쓰기의 정착 정도의 실용에 도움이 되는 이론이었다.[33] 미국의 생성이론을 받아들이면서 이상적인 화/청자의 국어사 용 능력에까지 우리의 연구 시야를 넓히게 되어 모국어 문법 능력의 신장을 위한 이론 구성의 길을 열었으나, 그 이론의 추구하는 바가 말의 구조에만 한정한 점과 기계적 적용과 형식화된 논리에 집착하기에, 요즘 보는 전산학 (電算學)적 적용까지에 머무르고 교육에 큰 효용을 얻지는 못하게 되었다. 다 행스러운 점은 모국어 능력을 연구 대상으로 삼음으로써 언어학과 인지심리 학이 만나게 되는 계기를 열어 주목할 만한 성과가 나오기를 기대할 수 있게 되었다는 점이다.

더욱 포괄적인 이론이 나타나게 되어 순수 이론의 결과를 더욱 포괄적이고 큰 언어단위에 직접 응용할 수 있게 된 것은 다행스런 일이다. 말의 구조에만 매달리지 않고 말의 기능에까지 관심을 넓혀감에 따라 그런 연구는 표현과 이해의 수정과 평가에 더욱 직접적으로 쓰일 수 있는 문법의 틀을 제공할 수 있게 되었다. 또 문장 단위를 넘어서서 더 큰 덩이의 언어단위를 연구 대상으로 삼는 텍스트 언어학의 방법론을 바르게 적용하면 문법학에서 기술한 체계와 내용을 학생의 표현과 이해의 수준 개선에 직접 이용할 수 있다.

더 나아가서 모국어와 사고의 관계를 살피면서 국어에 숨은 논리를 드러내게 되면 위의 여러 학문적 성과들이 통합되어 강력한 체계를 구성할 수 있게 된다.

이 논문에서는 교육문법에 쓸 수 있는 문법의 체계를 세우는 일을 목적으로 한다.

---

33) 최현배(1937)을 '규범문법'으로 보는 일은 온당하지 않다. 이 체계는 우리말에 관한 토박 이의 직관을 드러내고 낱말 형태들의 의미를 고려한 체계이므로 '전통문법'으로 보아야 한다.

10.2 '문법 지식' 영역의 문제점들

우리는 우선 '기술(記述), 규칙, 이론, 설명, 규범, 정책' 등을 구분할 필요가 있다. 교육을 위한 문법을 정할 때에는 한국인의 언어와 사고라는 세계[현실]에 관한 기술이 바탕이 되고 그에 관한 이론이 뒷받침이 되어야 하며 어느 하나를 규범으로 정하며 마지막으로 교육은 남에게 무슨 일을 편다는 의미에서 정책이기 때문이다.

보기를 음운 현상에서 들어 보자. '꽃에'를 한국인들은 여러 가지로 달리 발음한다. 이들은 대략 [①꼬체, ②꼬테, ③꼬세, ④꼬제, ⑤꼬데]로 발음하지만 결코 [⑥꼬메, ⑦꼬게, ⑧꽁에] 등으로는 발음하지 않는다. '꽃에'를 한국인이 앞의 무리①-⑤로는 발음하나, 후자⑥-⑧로는 발음하지 않는다는 것을 인식하여 진술하여 놓은 것이 '기술' 단계이다. 이렇게 발음되는 다섯 소리의 공통성을 찾아내는 일은 현상을 지배하는 규칙 찾기의 시작이 될 터이다. 전자에 든 다섯 소리의 공통성을 찾는 일은 후자에 든 세 소리와의 차이를 인식하는 일이 되고 이런 일들을 계속하여 한국말의 자음을 이루는 체계가 발견되면 '이론'의 모습을 지니게 된다.

앞의 무리①-⑤ 가운데 [①꼬체]로 발음하여야 한다고 규정을 하면 이는 '규범'이 된다. 현상들이 보이는 후보들 가운데 하나를 규범으로 정하려면 그 현상을 설명하는 이론이 필요하다. 더 나아가서 아나운서나 대중가수가 되어 대중 앞에 서는 사람은 '꽃에'를 [꼬체]로 발음하여야 한다는 내용이 든 법을 만드는 일은 정책이다.

여기서 잠시 '정책명제'에 관해서 살펴보자. 우리는 흔히 명제를 사실명제와 가치명제와 정책명제로 구분한다. 대상세계에 관한 기술은 사실에 관한 면제이므로 사실명제이다. 가치명제는 가치에 관한 판단을 포함하는 명제들로서 흔히 전칭명제로서 뒤에다가 '-어야 한다'를 붙여 표현한다. 사람이 사회를 이루어 살면서 공통으로 지향하는 가치는 현대에 와서 다원적이므로 가치명제는 흔히 상위가치와 부합됨의 정도를 따진다. 상위가치 중에는 법률로 규정한 것이 있으므로 '네가 부순 물건에 대해서 네가 변상하는 것이 [법률에 부합하므로] 마땅하다'처럼 표현되기도 한다. 정책명제는 이를테면 '[그러니] 너는 물건값을 한보에게 변상하여라.'처럼 남에게 권하거나 함께 이루어 낼 일에 관한 명제 모두를 이르는 말이다. 나라 일을 처결하기 위해 정당(政堂, 국회)에 내미는 정책만이 정책명제인 것이 아니라, 아비가 자식들에게 하는 권유, 이를테면 '내일 할머니 뵈러 가자'도 정책명제인 것이다. 무엇을 권하거나 제안하기[정책으로 정하기] 위해서 고려할 점들이 많다. 그 효과와 역효과를 충분히 배려해야 하며 상위의 가치와도 충분히 부합해야 한다.

덧붙이건대, 이들 세 가지 명제는 사태의 주체나 시간 및 의도 등에서 차이가 있다. 사실명제는 인간을 포함한 대상 세계 전체에 대하여 과거나 현재의 일을 진술하며 미래에 일어날 일도 논리적으로 추리할 수 있다. 가치명제는 인간의 행위를 대상으로 하여 과거나 현재나 미래의 일을 판단할 수 있다. 이에 비하여 정책명제는 인간이 앞으로 벌일 일을 대상으로 한다. 사실명제가 뒤의 두 가지 명제의 속에 들어 있다는 점도 유의할 점이다.

교육이라는 이름으로 교사가 학생에게 수행하는 일들은 위에서 밝힌 정책의 성격을 지닌다. 특정 분야의 지식이나 기능이나 능력을 심어주는 교과 교육도 목표 설정이나 내용 선정 등에서 정책의 특성을 교육과정 속에 '교육목표'로 드러내고 있다. 우리는 문법 교육의 효율성을 높이기 위해서 지금 행해지는 교육의 중요한 면면들을 사실 차원과 가치 차원과 정책 차원에서 따져볼 필요가 있다.

2007년 교육과정에서 문법은 고등학교 심화 과정의 한 과목으로 설정하고 있고 그 목표를 아래 [1]로 설정하고 있다. 이런 교육 내용을 1학년부터 10학년까지는 국어과의 '문법' 영역에서 교육한다.

[1] '문법' 과목의 교육 목표 [고등학교 심화 과목]
　　국어에 대한 이해와 국어에 대한 탐구 활동을 바탕으로 문법 능력을 발달시키고 국어와 국어 문화의 발전에 기여하는 태도를 기른다.
　　가. 국어의 원리와 규칙을 이해한다.
　　나. 실제 국어 생활에 대한 탐구를 바탕으로 문법 능력을 기른다.

다. 국어를 사랑하고 국어 문화를 창의적으로 발전시킨다.

이들을 보면 목표 진술이 어느 정도 추상적일 수밖에 없음을 감안하더라도 몇 가지 사실 차원의 착오와 정책 차원의 비효율을 찾아낼 수 있다. 이들은 교육 내용을 살펴보고 난 뒤에 살펴보자.

2007년 교육과정에서 '문법' 과목의 교육 내용의 영역을 아래 [2]로 잡고 있다.

[2] '문법' 과목의 교육 내용 체계 [고등학교 심화 과목]

국어와 앎	○ 언어의 본질	○ 국어의 구조
국어와 삶	○ 국어와 규범	○ 국어와 생활
국어와 얼	○ 국어의 변천	○ 국어의 미래

겨레말의 가장 두드러진 특징과 소임이 겨레의 삶과 앎을 반영하면서 이끌기도 한다는 점을 염두에 두면 이 내용 체계는 이전의 교육과정에서보다 틀을 매우 바르게 잡았다. 이규호(1972)에서 20세기 서양의 몇몇 철학자들이 '해석학(解釋學)적 지식론'을 탐구했는데 그 내용을 소개하면서 우리말 '앎'과 '삶'에 의미를 풍부하게 부여하였다. 이를 김수업(1980 : 124-189)에서 이들 개념을 우리말과 관련을 맺어서 우리말 교육의 영역으로 구체화한 것이 아래 [3]이다.

[3] 김수업(1980) '국어 교육에서 배우고 가르쳐야 할 세계'

	삶의 영역	앎의 영역
일상의 국어	말하기, 듣기, 쓰기, 읽기	말, 글에 대한 이론과 역사
예술의 국어	문학(입말/글말)의 창작과 감상	문학(입말/글말)에 대한 이론과 역사

교육과정에서 '앎'과 '삶'이란 말을 국어와 통합하였으나 [3]에서 이룬 통합과는 거리가 멀고, [3]의 '일상의 국어'에 '앎의 영역'은 [2]에서 일부는 '국어와 얼'로, 일부는 '국어와 앎'으로 나뉘어 있다. 그 이유는 교육과정 전체를 [3]으로 짜지 않았기 때문이다.

결과적으로 '앎'과 '삶'의 개념은 이규호(1972)의 개념과 [2]에서의 개념, 및 [3]에서의 개념 사이에서 서로 다른 면이 많다. 말을 '얼'에 결부하여 살피는 작업은 이규호(1968)에서 이루어졌는데 이규호의 두 저작에 쓰인 '앎', '삶', '얼'의 개념은 인간의 인식과정에 대한 철학적 성찰이 역사적으로 어떻게 변모되고 발전해 왔는지를 성찰하면서 이전 개념이 새로운 말로 번역되면서 새 의미를 지니는지를 알뜰히 살피는 일을 수행했다. 이 개념들을 살리면서 국어와 이들 개념을 통합하는 일은 '문법' 영역에 한정되는 일이 아니고 국어교육 전체의 얼개를 다시 짜는 일이 된다. 이 논의는 다른 함의를 이끌어 내므로 여기서 그친다.

문제는 '문법' 과목의 큰 영역을 국어를 '얼, 삶, 앎'과 통합하면서 정작 더 구체적인 영역의 내용은 이전에 하던 일을 거의 그대로 두었으니 큰 영역과 구체적 내용이 맞지 않게 되었다는 점이다.

보통 '국어와 앎' 또는 '말과 앎'은 국어/말이 인간의 인식/사고/판단과 어떤 관계가 있는가를 살피는 일을 뜻한다. 이 부분은 알뜰히 가르칠 필요가 있다. 이미 우리가 살핀 '사고의 구성요소'들을 낱낱이 수련하고 아울러 논술에 필요한 요소들도 익히며 추리와 오류 잡아내기에 관한 훈련도 시키는 곳이다. 그런데 이 교육과정에서는 언어의 특성을 이해하고 국어의 구조를 이해하는 내용으로 잡혀 있다. 이는 상식과 상당한 거리가 있다.

'국어와 삶'도 그렇다. 삶의 다양한 국면들, 이를테면 개인적 삶, 정치 체제, 경제 활동, 사회 체제와 사회 각 영역, 문학 작품 등에 통용되는 말/글을 통시적으로 살피는 일이 필요하다. '국어와[-의] 규범'은 11학년에 가르칠 필요가 없다. 이미 학생들은 10년간 그것들을 익혀왔기 때문이다. 교육과정은 '국어와 삶'을 상당히 편협하게 이해가고 있다.

'국어와 얼'에 들어있는 '국어의 변천'은 훨씬 범위를 넓혀 '국어와 삶' 영역에 들어가는 것이 더 온당하다. 역사 교육에서도 생활사 교육으로 나아가는 추세가 보이는데 이를테면 한국고문서학회(1996, 2000, 2006) 등이 그런 노력의 산물인 바, 역사/사회 교과와 협동으로 이들을 가르치면 학생의 인격적 통합이나 대상 세계에 대한 통합적 인식을 위해서 매우 가치 있는 일이 될 것이다34).

'국어와 얼'은 교육할 거리가 그리 많지 않다. 앞으로 철학자들이 애써 찾아 내어야 할 과제가 많다. 이 분야의 일부는 문학 작품들을 통하여 찾아질 수도 있겠다.

한편, 1-10학년 국어과의 '문법' 영역의 교육 내용은 아래 [4]로 잡아내고 있다.

[4] 1-10학년 국어과의 '문법' 영역의 교육 내용

국어 사용의 실제			
- 음운	- 단어	- 문장	- 담화/글
지 식		탐 구	
○ 언어의 본질 ○ 국어의 특질		○ 관찰과 분석	
○ 국어의 역사 ○ 국어의 규범		○ 설명과 일반화	
		○ 판단과 적용	
맥 락			
○ 국어 의식		○ 국어 생활 문화	

이 내용에서 특히 눈여겨 볼 점은 '탐구(관찰과 분석, 설명과 일반화, 판단과 적용)이다. 이들은 국어과의 다른 영역에서나, 거의 모든 지식 교과에서 수행 하는 교육의 방법이거나, 그런 곳에서 학생들이 지니게 될 사고의 양식들이다. 이들이 이곳의 교육 내용이 될 수 있을지는 의문이다.

이 교육과정을 포함한 우리나라 역대 교육과정은 사실 차원의 착오를 지니 고 있는데, 일부는 모국어에 관한 인식이 잘못된 데서, 다른 일부는 학자들이 기술한 문법의 본성을 오해한 데서 비롯된다.

전자부터 살펴보자. 교육 계획자들은 모국어의 기능을 부당하게 제약하고 있다. 모국어는 사고 작용과 깊이 연결되어 있다. 이 점을 그들이 애써 외면하 고 말이 지니는 소통의 측면을 지나치게 부각시키면 한자나 한자어를 가르치

---

34) 그런 시도가 장은정(2010)에 보인다.

는 억지를 쓰게 되며, 모국어 기능의 알맹이인 사고 작용은 쏙 빼어 버리고 표현의 면만 바라보면 엉뚱한 일만 하게 된다.

인간에게 말은 인간으로서 살게 되는 '고차원적 의식'의 세계를 열어주는 열쇠이다(에덜만, 1992 : 186 이하). 진화적 관점으로 보면 이때의 '말' 속에는 장애자가 쓰는 수화(手話)도 포함된다(암스트롱 등, 1995 : 31 이하). 여기서 중요한 것은 특정인, 즉 '돌쇠'가 사람으로서 대상을 범주화하고 기억하며 개념을 형성하고 상상과 추리를 펴며, 근본적으로 자아의식이 피어나게 되는 등의 뇌 과정은 한국말을 어릴 때 배우면서부터 가능하다는 것이다.[35]

지난 세기말에 생물학과 심리학과, 특히 신경과학이 연합하여 인간과 동물의 생태를 포괄적으로 연구한 결과 그들은 이런 결론을 끌어내었다. 그러나 이 결론은 겉으로 보기에는 그리 새로운 것이 아닌 것이, 우리는 말이 사고를 형성한다는 생각을 오래 전부터 가지고 있었다. 논리학은 말과 사고를 연결짓는 학문인 것이다.

모국어를 가르칠 때 그것이 지니는 사고 형성의 면을 간과해 버리면 별로 가르칠 것이 없게 된다는 점을 진지하게 교육 계획자들은 진지하게 고려하지 않았다.

후자는 바로 '별로 가르칠 것이 없다'는 무지에서 생긴 잘못이다. 이상태(1978, 1993) 등에서 자세히 다루었듯이 초기의 교육과정에서는 '학자들이 기술한 특정 문법'의 용어들을 어디에 효용이 있는지도 모르고 가르쳤다. 지금의 교육과정은 이들이 쓰일 데를 찾으며 고민하다가 그 쓰일 데를 바로 찾지 못하여 어정쩡하게 체계화한 것이다.

이런 두 가지 잘못이 깔려 있게 되어 지금까지 학교에서 가르치는 '문법' 교과의 내용은 교육의 목적과 효과로 볼 때, 본말(本末)이 뒤집어진 것이라고 아니할 수는 결코 없다. 그 모습을 몇 가지 따져 보자.

---

35) 이 견해는 이른바 심성론[mentalism]과 반대된다. 르네 데카르트(1596~1650)가 길을 연 심신(心身) 이원론이 노엄 촘스키에게서 극에 달하게 되어 그는 '인간은 언어능력을 가지고 태어난다'는 주장을 하게 된다. 그러나 이 주장은 물리적인 증거를 아직도 찾지 못하고 있다.

첫째, 문법 교과의 내용에 넣어서 소리 규칙들을 가르치는데 이들을 대상 현실의 기술 수준으로 가르치기 때문에 학생들에게 부작용을 심어 주거나 효용 없는 지식을 암기시키게 되어 있다. 이것이 문법 교육의 본령은 아니나 문법을 가르치는 현실과 당위의 틈새가 잘 나타나 있으므로 이를 살펴본다.

교육자는 소리규칙의 본성과 생기게 된 이유와 그 귀결을 포괄적으로 이해할 필요가 있다. 외국어가 아닌 모국어인 경우는 '국물'을 [궁물]로 소리를 내게 되어 있다. 소리규칙들의 본성은 발음을 편하게 하려는 데서 생기는 경우가 많은데 규칙 가운데는 우리나라의 일부 지방에서 유독 더 심하게 적용하는 경우도 있고 사람에 따라 다를 수도 있다. 이것이 그런 규칙의 본성으로서 인력(引力) 법칙이나 화학 방정식과는 다른 규칙이다. 또 소리규칙들을 많이 적용하면 쓸데없는 동음어가 많이 생기기도 한다. 이를테면 '학문'과 '항문'은 글로는 서로 다르지마는 소리규칙을 적용하면 서로 같아져서 동음어가 되는 것이다. 따라서 '쏘-니까'에 있는 어미(語尾)를 '먹-'에 적용할 때에는 '먹-니까'라고 하지 않고 자음의 변동을 피하는 쪽으로 '먹-으니까'라고 발음하는 것이 우리말의 본성이다. 그런 뜻으로 보면 '국-만 [먹지 말고]'를 굳이 [궁만 [먹찌 말고]]라고 발음해야 할 이유가 없다. '국민'을 [궁민]이라고 발음하면 '궁민(窮民)'과 혼동된다. 우리는 그런 규칙의 적용을 덜 받는 쪽으로 말이 발달되어 있다고 할 수 있다. 이것이 그 규칙의 귀결이다. 이런 본성과 귀결을 바로 알지 못하면 엉뚱한 교육을 하기가 십상이다.

둘째, 똑 같은 사실을 문법 범주의 면에서 보자. 품사는 우리말의 문법 규칙을 더 간결하게 기술하기[36] 위한 구분/분류의 명칭이다. 우리가 다 아는 대로 대상에 대한 절대적인 구분/분류는 찾기 어렵고 본성이나 목적에 따라 그런 작업은 달리 이루어질 수 있다. 우리말의 어휘들을 구분한 틀은 학자들에 따라 당연히 다른데 그것은 무엇을 기준으로 삼느냐에 따른다. 문장의 성분됨이라는 기준에다가 의미를 소중하게 본 주시경(1910)에는 '-고, -거나, -으면'

---

36) 품사는 문법규칙을 '설명'하기 위하여 설정된 것이 아니고 단지 그런 규칙을 나름대로 기술하기 위한 방편이다. 그런 규칙의 본성이 가장 바르게 드러나도록 어휘류를 구분한다면 설명에 도움이 될 수도 있긴 하다.

등이 독립된 품사이지만, 띄어쓰기를 은근히 생각한 최현배(1937)에는 그런 것이 독립된 품사는 아니다. '먹-으면'을 전자에 의하면 품사가 둘이 되고 후자에 의하면 하나가 되는데 이를 서양말로 번역하려면 최소한 두 단어가 동원된다. 이런 사실이 바닥에 깔려 있음을 인식하지 못하고 특정 품사 체계를 맹목적 지식으로 가르치는 수준에 머무르기 때문에 효용이 없는 암기 교육에 머무르기가 십상인 것이다.

셋째, 위의 문제들은 문법을 사고나 의미와 관련짓지 않기 때문에 생겼다. 지난 세기에 주류를 이룬 문법 연구는 문장의 구조에 관한 연구였고 이는 말/문장의 의미를 배제한 체 '구조'만을 연구의 대상으로 삼는 제약을 학자들 스스로 지녔다. 이를 보통의 일반 학생들에게 지도하는 것은 의의가 극히 적은 것이다. 외국어 학습과는 달리 토박이는 입학 이전에 제 말의 '구조'를 상당한 정도로 숙달하고 있기 때문이다. '문법' 교과가 말의 쓰임과 기능을 정면으로 가르치려면 문장이나 어휘의 의미와 그에 숨은 논리를 파헤쳐 가르쳐야 할 것이다.

7차 교육과정에서는 '문법'에다 말의 의미와 논리를 싸안는 대신에, '문법 지식'이란 영역을 만들어 말 구조 연구자의 학설을 가르치는 일을 정당화하려고 하는데, 위의 [3]과 [4]에 그것이 잘 나타나 있다. 그 지식이 무슨 의미와 효용이 있는지를 묻지 않는다. 이 교육과정은 게다가 '문법' 과목의 '4. 교수/학습 방법'에서 한발을 더 나아가서 '지식의 전달이나 주입을 지양하고 원리나 법칙을 발견해 내는 탐구 과정을 중시'하라고 권하고 있다. 이는 특정 체계를 이룬 국어학자들의 마음속을 들여다보라는 말로 들리는데 이것을 왜 학생들이 알아야 하는지 묻지는 않는다.

10.3 논리와 의미를 싸안는 문법 체계

먼저 문법은 어떤 효용이 있는가? 소설 '토지'나 '태백산맥'을 환원하면 어휘 수준에서는 고유명사를 제하고 나면 대부분이 국어사전에 들어 있는 어휘들이다. 관련되는 어휘를 통일되고 의미 있는 복합 개념이나 명제로 묶어 주는 데에 문법이 소용되며 관련 개념들을 명제나 복합명제로 엮는 데에 문법이 개입된다. 이것이 문법의 핵심 기능인데 모국어를 교육할 때에는 이 점을 가장 중요하게 붙들어야 한다.

이들을 드러내는 문법의 체계를 세 가지로 나누어서 아래에 살펴본다. 교육에 적절하게 쓰일 수 있도록 품사를 분류하고 문장의 구조를 기술하며 그들을 바탕으로 하여 문장의 의미와 논리를 결합하여 본다.

10.3.1 품사 분류

우리말의 어휘를 실질어와 입겿[의존형태들]으로 구분/분류해야 한다. 이 구분은 우선 우리말의 특징을 바르게 드러낸다. 어휘를 엮어 문장을 만드는 방법으로 우리말이 주로 의지하는 방법은 '형태소 첨가 방식'이므로 우리말을 이처럼 두 부류로 크게 나누는 것은 말의 생리를 바르게 반영하는 일이다. 이 구분은 우리말에 관한 인식이 초보적이었던 신라시대 이래 조선에 이르기까지 입겿(口訣)을 크게 사용한 데서도 알 수 있으며, 주시경(1910)에서나 김두봉(1916)에서도 '겿, 잇, 끗' 등을 독립된 품사로 다루었다. 그뿐만 아니라 지난 세기 중반의 생성문법에서도 '나무그림'으로 문장의 구조를 표현할 때 이들을 중요한 범주로 기술하였다. 게다가 정보 연산을 할 때 [-다가, -으면, -고, -도, -조차] 등 거의 모든 형태들이 준어휘적 정보량을 지닌다. 영어나 한문 등 외국어로 번역할 때면 이들 각각은 한 단어 값을 한다.

이런 여러 견해를 종합하여 이상태(1994ㄴ)에서는 국어의 품사를 아래 [5]로 구분하였다.

[5] 우리말의 품사 구분
　　㈎ 실질어 : ① 체언 : 명사, 대명사, 수사
　　　　　　　② 용언 : 동사, 형용사 [현재 학교문법의 어간들만]
　　　　　　　③ 수식언 : 관형사, 부사
　　　　　　　④ 그 외 : 접속사, 간투사

(나) 입　결 : ① 토 : 자리토[-가, -를 [등]], 이음토[-과, -하고 [등]],
　　　　　　　　담화토[-도, -는 [등]]
　　　　　　② 이룸입결 : 맺음입결 [-다, -느냐 [등]],
　　　　　　　　　　　이음입결 [-으면, -고 [등]],
　　　　　　　　　　　바꿈입결 [-는, -은, -을, -기, -음]
　　　　　　③ 앞선입결 : -겠-, -었- [등]
　　　　　　④ 풀이입결 : [짐승]이[며]

　어휘를 이렇게 실질어와 입결의 둘로 구분하면 교육상의 실용성이 높다. 입결 무리들은 문장, 즉 명제를 이루는 데 참여하기도 하고 문장의 의미나 논리 관계를 연합(聯合)하고 표현하는 데 참여하기도 한다. 이들 입결 무리들을 자세히 갈라내어, 수학 과목에서 연산소[+, -, × 등처럼]를 수련하듯이, 하나하나의 의미와 논리를 생각하면서 수련할 수 있다. 입결들의 교육상 위상을 우리 문법 표현에 걸맞은 수준까지 높여줌으로써 이런 형태들의 기능과 의미를 충분히 수련할 수 있다.

　개체들의 공통 속성을 유목화해 가면 끝에는 최고의 류개념에 이르고, 대상의 구분을 끝까지 끌고 가면 개체에 이른다. 지금 학교문법의 체계로는 '-으면'은 '용언' 무리의 '어미' 무리의 '어말어미' 무리의 '비종결어미' 무리의 '연결어미' 가운데 하나이다. 이렇게 족보를 세우다가 보니 정작으로 토박이에게 중요한 의미나 논리적 기능은 찾지 못하고 말게 된다.

　사고나 의미나 논리를 중심으로 하여 국어의 어휘나 형태소를 다시 묶어 체계화하면 이는 효용 우선의 유목화가 되므로 직접적인 이용이 가능하다. 단지 그런 작업을 위해서는 기존의 문법 체계상의 요소들이 재편되는 면이 있다. 비근한 보기로서 [가능/능력 양상]을 표현하는 데는 명제문의 뒤에다 [-겠-, -리-] 등 의존형태소를 써서 표현하며 이말고도 통사적 숙어라 할 [-을 수 있-] 등도 쓰이며 [능력, 가능성] 등의 단어들을 해당 명제를 보문으로 거느려 쓰일 수 있다. 각각은 제대로의 환경을 지니는데 그런 환경을 기술해 주면 다양한 표현이 생기게 된 계기에 대한 설명에까지 이를 수도 있다.

　또 학생들의 글 텍스트 이해도를 측정하는 낱말깁기 검사에 이를 적용한

선구적 연구에 이상태(1979)가 있다. 국어 텍스트로 낱말깁기 검사를 할 때에는 영어처럼 낱말을 비울 수 없고 내용어와 기능어를 갈라서 각각을 검사해야 하는데, 전자는 실질어이고 후자는 입겿이다.

10.3.2 문장의 구조와 의미

한국어 문장의 구조는 국소적(局所的) 기술과 전체적 기술로 나누어 보는 것이 편리하다. 전자에 의해서 문장 속의 이웃하는 어휘들의 조건을 기술하고 후자에 의해서 전체 문장의 얼개가 기술된다.

문장 속에서 낱말들이 연결되는 규칙은 아래 [6]으로 기술할 수 있다.

> [6] 문장 속에서 낱말의 연결 [국소 규칙]
> ㈎ 체언 뒤에는 토가 직접 붙는다.
> ㈏ 체언 앞에는 관형사, 용언에 바꿈입겿이 온다.
> ㈐ 용언 뒤에는 여러 입겿이 올 수 있다.
> ㈑ 용언 앞에는 부사나 '체언+토'가 올 수 있다.

이 규칙만으로 의미 있는 말이 되기 어려운 말이 많다. 그래서 문장의 전체를 부감하는 구조를 기술해 주어야 하는데 이것을 지배하는 요인은 말의 의미상 완성도와 소통상의 완성도들이다.

학자들이 지난 세기에 이룬 문법은 문장의 구조만을 연구한 연구가 주류를 이루었지만, 문장이나 문장소들의 기능과 의미에 초점을 맞춘 연구도 더러 있다. 이른바 기능주의자들의 연구가 교육 문법으로서의 효용이 더 높을 터인데, 디크(1978)에서 길을 튼 연구가 반 발린 등(1984)와 이를 발전시킨 반 발린 등(1998)에서는 문장을 여러 층위로 갈라 볼 수 있게 되었다. 이들이 본 층위는 순수 구조 기술을 하는 촘스키 류의 그것과는 다르다. 이를테면 반 발린 등(1998 : 47)에서 문장에는 그 알맹이로부터 밖으로 나오면서 서술어를 중심으로 핵(*nucleus*), 고갱이(*core*), 절(*clause*), 문장(*sentence*) 등의 층위를 갈라내었다. 각 층위마다 그 의미를 명세화하는 연산소(*operator*)가 있는데, 이들은 안으로부터 상적 요소, 부정소, 양상소, 부정소, 시제소, 증거소를 거쳐 마지막으로 완형문장에 의향소(*illocutionary force*)가 관여함을 밝혔다.

이런 관점에서 한국어 문장은 아래 [7]의 층위를 지닌다. 이런 층위는 접속문에서 잘 관찰된다.

[7] 한국어 문장의 층위

   ㈎ 명제절 : 용언을 중심으로 이와 깊이 관여하는 한두[세] 논항으로 이루어진다.

   ㈏ 시제절 : 명제절에 시제의 요소가 더 붙는다.

   ㈐ 양상절 : 시제절에 양상의 요소가 더 붙는다.

   ㈑ 의향문 : 양상절에 의향소가 더 붙는다.

명제절은 언어적 진술(陳述)의 핵심인데 이를 이루는 핵은 용언이다. 이것이 체언으로 나타나는 논항과 어울려 완결된 명제를 이룬다. 논항 가운데는 용언과 깊이 연결된 것이 있다. [그 선수는 맛이 갔어]에서 [맛-가]는 [학교-가]보다 더 긴밀히 관여한다. 전자는 새로운 의미 '전성기를 지나'를 나타내는 바, 그런 의미를 낱말 '맛'에 넘기기는 어렵다. 이런 논항을 내부논항이라고 부르고 표면 문장에서 주어로 드러나는 외부논항과 구분한다. [간-크, 손-검, 시침-떼] 등도 인지적으로는 두 낱말이 깊이 연합하여 시냅스(*synapse*) 상의 새 네트워크를 형성하여 새 의미를 만들었다고 볼 수 있다. 인지적으로 보면 이들을 관용어로 처리하여 한 낱말로 볼 것인지 두 낱말로 볼 것인지는 큰 의미가 없다. 문장 속의 명제절은 이처럼 개념의 연합에 핵심을 이루며 정보의 생산과 처리에 중요한 것이다.

시제절은 명제절에 시제소가 덧붙어 이루어진다. 사건이 일어난 시간과 말하는 시간의 상대적 관계를 나타내는 것이 중요 기능이며 사태 진술을 접속할 때에는 해당 사태의 시간상의 선후를 표현하기도 한다. 양상절은 시제절에 양상소가 덧붙어 이루어진다. 필연성이나 가능성, 의지나 추측 등을 나타내는데 그 주체는 말할이이고 의문 의향문에서는 들을이가 될 수도 있다.

의향문은 우리가 항용 대하는 완전한 문장이다. 한국어에서 의향은 문장의 맨 끝에 '-는다, 어라' 등으로 표현한다. 과학이나 철학 텍스트에서 시공(時空)을 초월한 표현을 할 때에는 시제나 양상이나 의향이 큰 의미를 지니지 않는다. 이런 글에서는 이어지는 사태들의 외부논항이 바뀜으로 해서 주어가 바뀌게 되니까 문장도 구분된다.

이제, 이런 문장 층위의 의미론적 측면의 고찰에다가 사태의 언어화를 주목하기로 하자. 언어화되는 사태는 보통 이어져 있고, 한 사태라고 할지라도 특정의 상황에서 일어나기가 쉬우므로 문장은 복잡하게 될 수밖에 없다. 마음속에 떠오르는 심상(心象 : mental image) 덩이는 대개 한 문단 이상으로 언어화된다. 이 가운데 정보 안정성이 큰 것은 사태가 일어난 공간과 시간이고 계속 변하는 것은 사태와 내부 논항이며 중간 자리를 차지하는 것이 외부논항이 된다. 게다가 심상은 다차원적이며 한꺼번에 드러나지만 말은 수(繡) 실처럼 한 가닥으로 끌어낼 수밖에 없다. 따라서 사태를 언어화할 때에는 시공상황 설정어[상황 설정어, 또는 상황어]를 맨 앞에 내세우고 주제어를 다음에 두며, 이어 주어[주로 외부논항]를 두고 용언 바로 앞에 내부논항[주로 목적어나 초점어]을 두는 식으로 서열은 짓는다. 이에는 말의 중요 기능인 소통상의 이점도 고려된다.

남에게 내 생각을 전하려고 할 때에는 생각, 즉 심상을 그대로 컴퓨터의 그림 파일을 그대로 복사하듯이 할 수는 없다. 이를 언어화해야 하는데 노끈 풀 듯이 심상의 요소들을 줄줄이 풀어내어야 하고 적당한 매듭과 끊기를 해야 하는 것이다. 이런 필요가 덧붙어 표면 문장이 되었다. 우리말의 문장을 몇 가지 각도로 아래 [8]에서 요약한다.

[8] 한국어의 문장

어제	거기서	한보는	손이	크	어서	지갑을	꺼내	어	그에게	만원을	주	었	다
상황어		명제 1				명제 2				명제 3		시	의
상황어		주제어	보어	V	Con	목적어	V	Con	목적어	목적어	V	T	Int
부사	대-토	명사-토		형	곁	명-토	동사	곁	대-토	명사-토	동	곁	곁

그리고 문장이 겉으로 드러날 때에는 아래 [9]의 순서로 나타난다. 심상 덩이가 언어화할 때는 안정되어 변화가 적은 상황어가 미리 나타나고 심상들 각각이 서술어로 표현되는데 심상들은 이어져 있으므로 명제절들은 접속어에 의해 연결된다. 문장은 의향소로 마무리된다. 우리의 문장이 이런 순서를 지니는 한 보기를 아래 [10]으로 보인다. 양상은 여러 가지로 표현되는데 문법적 장치를 지니는 것들은 [10]에서 보듯이 의향소 바로 앞에 자리한다.

[9] 한국어의 문장의 구성 :

　[상황어]-[주제어]-명제절-[-접속입겿-명제절]-시제소-양상소-의향소

[10] '추측' 양상 표현의 여러 가지
　㈎ [한보가 이걸 바르게 이해하였]- 　　　겠- 　　　　　　　[다.]
　㈏ [한보가 이걸 바르게 이해하였]-을 수가 있-었/더/겠- 　　　[다.]
　㈐ [한보가 이걸 바르게 이해하였]-을 가능성이 [80%/조금 있]-[다.]

같은 양상을 표현하는 데 여러 표현방법이 마련되었는데 그 이유는 표현의 섬세화 때문이다. [10-개로는 말할이의 명제에 대한 추측에 다시 다른 양상이나 시제를 덧붙일 수 없고 [10-내는 그 부분은 가능하나 명제 내용에 관한 가능성의 정도 표현이 어려우므로 [10-대를 쓸 수밖에 없다. 국어의 표현이나 문법의 바탕에 사고나 의미의 요소가 중요한 몫으로 숨에 있음을 보이는 보기이다.

이제까지의 논의로 보면, 우리가 문장의 주어니 목적어니 하는 요소를 가르치려고 할 때에는 그들이 생기게 된 숨은 이유와 귀결들을 깊이 인식하여야 그들 본래의 몫을 가르칠 준비를 하게 됨을 알겠다.

10.4 의미와 논리를 따지는 국어교육

'국어를 정확하게 사용하자'는 내용은 국어과에서 교육과정을 처음 짤 때부터 목표로 삼아왔다. 말을 정확하게 사용한다는 것이 의미하는 내용을 풀어보면, 이는 [ㄱ]대상세계를 바르게 표현하도록 개념과 명제를 선택하고 구성하는 일과 [ㄴ]개념의 혼동이 없게 말하는 일과 [ㄷ]개념과 명제를 바르게 추리하는 일 등이 포함된다.

그런데 지금 우리가 자리를 바꾸어 생각해 보면 이들은 전통적인 논리학, 즉 사고의 학문에서 주로 다루는 개념론과 명제론과 추리론 및 오류론의 내용과 맞물린다. 즉 국어사용 영역의 교육을 바르고도 효과적으로 하는 데에는 이런 고려가 함께 이루어져야 함을 의미한다. 한편, 논리학에서 다루는 이들 내용은 국어과의 '문법 지식' 영역에 숨어 있다. 이 영역 속에는 위에서 본 바처럼 '국어의 어휘, 단어의 의미, 문장과 담화' 등이 들어 있는데 그들의 중요한 내용은 논리학의 해당 부면과 관련을 지을 때 효용성 높고 살아있는 현실을 잡아내는 정도에까지 이른다. 놀라운 사실은 많은 국어 교사들은 이들 '문법 지식'을 논리나 논리학의 지식과 관련을 맺지 않고 '문법 지식으로만' 가르친다는 점이다. 읽기 자료를 가르치면서 글 속의 핵심 명제의 체계를 잡아 주고, 글에 부려 쓴 핵심 개념의 체계를 잡아내어 주며 글 속의 자료와 필자의 추리가 정합하는지를 따지는 등의 일이 살아 있는 모국어 읽기일 터이다. 많은 국어 교사들이 논리와 문법 지식 영역의 그런 부면과 국어사용 영역의 이런 부면을 연결지어 생각하지 않고 있음은 더욱 놀라운 일이 아닐 수 없다.

이 말은 국어 시간에 논리학을 가르치자는 것이 절대로 아니다. 교사는 아는 사실을 다 가르칠 수 없다. 순수 교사의 지식과 기능으로서 국어과의 그런 영역 내용과 인접 학문의 성취를 유기적으로 관련지어 지닐 때 자신이 가르칠 내용이 더 밝게 보인다는 말이다. 이런 유기적 관련은 논리학의 초기에서 보인다. 김영정(1997 : 114)의 다음 진술에서 그런 사정을 알 수 있다.

'범주론'에서 아리스토텔레스는 존재하는 사물들의 분류를 시도하는데, 이 때 사물들이란 단순히 언어적 표현들과 대비되는 것으로서의 사물을 뜻한다. 그러나 여기서 간과해서 안 될 점은 그가 말하는 사물들이란 언어적 표현들에 의해서 지칭되는 한에 있어서의 사물들이다. 즉 그는 언어 표현은 사물을 지시함으로써 그들의 의미를 얻으며, 또 이런 한에 있어서의 사물들이란 언어라는 거울을 통해서 드러날 수 있다는 것을 가정하고 있다. 실제로 우리는 존재론의 맥락 속에서 그가 관심을 가지고 있었던 것은 언어 표현에 의해서 지시되는 한에 있어서의 사물들이었다고 말할 수 있을 것이다. 더 나아가 그는 문장의 문법적 구조가 갖는 존재론적 함축에도 주의를 기울이고 있다.

  아리스토텔레스의 '사고의 방법이나 기관[오르가논]'이 이후 논리학의 주요 받침이었다는 점과 '범주론'이 그 중요한 한 편[37]이었음을 이해하면 논리와 언어가 따로 떨어질 성질의 것이 아님을 우리는 이해할 수 있다.

10.5 마무리

  말, 특히 모국어의 성찰은 인문학의 중심에 늘 있어왔다. 인문학이 발전한 역사를 되돌아보면 그 시작은 늘 실용과 대상의 탐구가 함께였다는 점이다. 말과 관련되는 부면을 보면 고대에는 말을 바르게 하자는 데서 논리학과 문법학이 함께 서로를 붙들어 주었음을 우리는 알고 있다.

  그런 전통을 잇고자 하는 마지막 시도가 포르 롸얄 수도원이었다. 1660년 프랑스 포르-롸얄 수도원에서 문법과 논리[사고]를 직접 결합하는 괄목할 만한 시도가 있었다. '이성적이고 일반적인 문법(*Grammaire generale et raisone*)'

---

37) 아리스토텔레스의 논리학 저서는 '범주론, 해석론, 분석론 전/후서, 토피카, 궤변론' 등 여섯 편으로서 이를 '오르가논'이라고 부른다. 존재론에 근거한 전통적 논리학의 기초가 이에 의하여 확립되었으며 후대 형식 논리학의 단서도 여기에 있다. 오랫동안 이것이 학문 연구의 기초로서 존중되어 왔는데 프랑시스 베이컨의 '새 오르가논'과 르네 데카르트의 '방법 서설'이 이 논리학에 도전하였다. [http://www.naver.com/]참조.

을 랑슬로(*Claude Lancelot*)와 아놀드(*Antoine Arnold*) 두 사람이 완성하였고 철학자인 아놀드는 두 해 뒤에 니콜(*Pierre Nicole*)과 함께 '논리 즉 사고의 기술(*la Logique ou l'Art de Penser*)'을 완성하였다. 권태균(1993 : 49)에 의하면 "결국 Port-Royal(포르-롸얄)의 두 저작에서 말하고 있는 것은 인간의 언어 활동에서 사고하는 기술과 말하는 기술은 분리될 수 없으며, 언술(言述) 속에서 논리학[38]과 문법이 결합되고 있는 것이다. 이 수도원의 언어이론이 문법과 논리학의 이원 체계로 구성되어 있다고 말할 수 있는 것은, 문법이 논리학에 바탕을 두고 있으며 논리학은 사고의 언어적 표현을 검증하는 것이기 때문이다."

천상의 배필처럼 보이는 이것이 아름다운 결실을 세계에 남기지 못한 이유는 나름대로 있다. 우선 당시의 논리학이 인간 이성에 대한 인식을 바르게 얻지 못한 바탕에서, 즉 아직 아리스토텔레스의 체계를 벗지 못하였기 때문이다. 17세기에 와서야 인간 이성이 자연 세계를 바르게 이해하게 되는 길을 열어 아이작 뉴턴의 '자연철학의 수학적 원리(1687)'가 나온 한참 후에야, 이성적으로 사고하는 인간학의 길을 열었다고 평가되는 '순수이성 비판(1781)'이나 '실천이성비판(1788)'이 이마누엘 칸트에게서 나온 것이다. 게다가 심리학에 뿌리박은 사고의 연구는 20세기에 와서 밑그림을 바르게 그려내기 시작하게 된다.

소쉬르 이전에는 언어학 쪽도 마찬가지 사정에 있음을 우리는 잘 알고 있다. 그러나 근대에 와서, 특히 지난 세기에 들어 분석하기와 구조 찾기가 주류를 이루면서 언어학도 그에 영향을 받아 자연스레 쓰는 말을 분석하기에 몰두하여 구조를 찾는 이점이 있었으나 통일된 의미체의 구성을 잃었으며, 구조 찾기에 몰두하여 그 기능과 의미의 연관됨을 놓치는 면이 있었다. 이 학문도 비단 분석의 세기(age of analysis)에는 문법학, 어휘론, 의미론, 음운론으로 가지를 치고 이들은 더 많은 하위의 가지를 쳐 와서 각각의 시각과 조류가

---

38) 이 글의 필자는 '논리학'과 '논리'를 구분하여 인식하지 않은 것 같다. 이 문맥에서는 전자 대신에 후자가 더 정확한 진술로 여겨진다. '논리와 문법'은 '일반 이성과 말로도' 이해된다.

제약됨으로써 총체적인 모습은 그들에 의해서 감추어져 버렸다.

순수 학문으로서의 언어학이나 국어학은 그렇다고 치더라도 통일된 의미체 구성이나 의미와 기능을 우선해서 가르쳐야 하는 모국어 교육에서 그들 순수 학문의 사조를 따짐 없이 받아들여 상당한 혼란이 있었음을 우리는 위에서 보았다.

이제 학생의 마음속에서 이루어지는 지식 구성의 활동을 활성화하고 증폭 시키는 일을 교육의 중요한 소임으로 삼게 된 지금은 모국어에 관한 종합적 성찰-철학과 논리학과 언어학과 심리학과 신경과학과 사회학이 함께 어울려 서-을 통해서 모국어와 겨레, 나아가서는 언어와 인간에 관한 전체적인 그림 을 그릴 때가 되었다.

11

교육문법의 체계 구성 시도

　일선 고등학교에서도 '문법'을 심화과목으로 채택하는 학교가 4%에 못 미치는 실정이다. 이런 실정을 감안하여 2007년 교육과정을 개발하면서 '문법'을 심화과목으로 설정하지 않으려는 움직임이 일자, 이 과목을 없애지 않으려고 이의 교육 목적을 찾는 연구도 생겼다. 현재 가르치는 틀을 부정하는 연구로 주세형(2004, 2006)에서는 '기능-의도-상황' 관계를 다시 규정함으로써 학교 문법을 다시 구성해야 한다고 한다. 현재의 틀을 그대로 두고서 신명선(2007)에서는 현재의 틀에도 인문학적 의미가 있는데 인문학적 의미가 있는 내용은 가르칠 가치가 있다는 데서 '문법' 과목의 존재가치를 찾는다. 전자는 그럴듯한 면이 있으나 완성된 새 체제를 갖추지 못했고, 후자는 모든 인문학적 발견이 교육되어야 한다는 함의가 있는데 그것은 인류의 학문적 성과 모두가 된다는 점에서 수용하기에 부담스럽다.

　현재의 틀을 가르치는 데 교육 활동을 탐구학습으로 하자는 제안을 김광해(2002)에서 내 놓았는데 이는 초/중등학생에게 문법학자 이를테면 '최현배'의 마음속을 탐색하라는 말이다. 그 탐색을 초/중등학생이 수행해 낼지도 문제거니와 '최현배'의 마음만 탐색해서는 대상 탐색이 불완전하게 된다는 면을 몰각(沒覺)하는 것이다. 대학이나 대학원 과정에서 시행하듯이 '설총, 프랑스 선교사, 주시경, 김두봉' 등의 마음속을 탐색할 때 비로소 대상세계 즉 한국인이 마음속에 지닌 문법에 관한 개념체계가 더 잘 드러나 보이게 될 것이다. 그런데 이 일을 고등학교에서 비록 심화과목으로서라도 이룰 수 있는지는 심히 의심스럽다. 국어학을 공부하려고 대학에 들어온 학생들이 '문법론'이나 '통사론'으로 75시간을 공부해도 내면화하는 학생이 많지 않은 실정이다.

지금 획기적인 발상의 전환이 필요하다. 초/중등학교에서 학생들이 '말을 바르게 하고 글을 바르게 쓰'도록 이끌려면 대상 세계와 사고와 논리를 포괄하는 새 문법의 체계를 만들어 내는 일이 중요하다. '바르게'는 말/글의 구조를 바르게 하는 일을 넘어서서 생각 자체를 바르게 하도록 이끌어 주는 것이 모국어가 지니는 핵심 속성이다. 두 측면-즉 표현된 결과로서 말/글의 구조의 바름과 표현 과정을 포함한 사고의 바름-모두를 포괄할 때 진정한 힘 있는 교육이 이루어질 것이다.

이 통합된 내용을 '문법'이라고 부를지, '교육문법'이라고 부를지, '논리적 사고와 표현'이라고 부를지는 새 교육과정을 설계할 때 논의될 것이다. 여기서는 이름에 얽매이지 않고 그런 내용을 구성하는데 필요한 몇 가지 방향을 살펴보고자 한다.

11.1 바르게 말하기의 체계 잡기

교육문법이 참말, 정확한 말, 바른말의 훈련을 위한 체계라면 그 문법의 체계를 잡기 위해서 말/글 사용의 틀을 먼저 살펴보아야 한다. 말이나 글은 아래 표에서 보듯이 대상세계와 사고와 논리가 관여한다.

[1] 말/글 사용의 틀과 네 가지 말

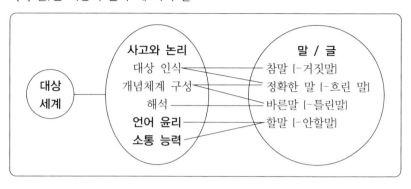

대상에 관하여 생각한 바를 말/글로 표현한다. 대상 자체가 말/글이 되는 경우는 없다. 말/글은 대상에 대해서 생각한 바를 표현한 것이다. 말 쓰기에는 대상 세계, 화/청자, 말/글의 세 요소가 관여한다. 화/청자는 다시 세 가지 능력을 지니는데 사고와 논리, 언어 윤리, 소통 능력이 그들이다. 생각하기의 더 자세한 목록을 이상태(2002)에서는 위에서처럼 나누었다. 그렇게 나누면 말/글의 앞 세 가지는 사고의 내역들과 위에서처럼 관련을 맺게 된다. 할말-안할말은 화자가 바른말 조건을 충족하면서 여기에 더하여 언어 윤리와 세상살이에 관한 이해를 포함하는데 여기서는 이 이상 다루지 않는다.

참말-거짓말은 대상세계를 바르게 인식했는가와 관련을 맺으면서 한편으로는 말할이의 윤리와 관계한다. 말을 정확하게 하는 힘은 대상 인식의 치밀함과 그에 관한 개념들의 체계화 능력에서 나온다. 말을 바르게 하는 힘은 표 속의 모든 사고 작용이 종합되어 생기는데, 따라서 바른말이란 거짓된 정보를 전할 의도를 지니지 않고서 대상을 치밀하게 인식하고 관련되는 개념들의 체계를 논리적으로 구성하고 나서 현상들에 대해서 논리적으로 [또는 사람들이 공감할 정도로] 의미를 구현한 말들이다. 틀린글들은 선전, 선동문이나 사기성 광고들은 물론이고 일상에서도 사실을 잘못 파악한 신문 기사나 소문을 게시한 인터넷 글에서 발견되는데 이런 글들은 위의 한두 조건 이상 맞지 않는다.

이제 아래에서 세 가지 말/글 사용에 관해서 살펴보자.

11.1.1 참말하기

대상세계에 맞아 떨어지는 말이 참말이고 그렇지 않은 말은 거짓말이다. 참말하기에 가장 큰 영향을 주는 요인은 화자의 윤리의식이다. 상대를 속이려는 의도가 숨어 있으면 대상에 부합하지 않는 줄 알면서도 거짓말을 하기 때문이다. 그 이외에는 사람들이 참이라고 인식한 내용을 말한다. 즉 대상에 관한 인식의 정도가 참말하기에 관여한다. 대상의 이름을 짓는 일을 지금은 누구나 한다. 가게 이름이나 상품의 이름을 지을 때 대상에 부합되는 이름을 지어 주는 일이 꼭 필요하다. 이는 언어 사용 윤리의 문제이기도 하다.

표현할 말/글이 어떤 성질의 것인지 구분하는 일이 여기서 매우 중요하다. 문장 이상의 말/글은 (ㄱ)화자의 주관적 표현, (ㄴ)대상세계 묘사/서사 진술 표현, (ㄷ)대상에 관한 설명/해석 표현, (ㄹ)대상들에 관한 화자의 판결 표현, (ㅁ)대상들에 관한 화자의 정책 표현 등으로 나눈다. 이 구분은 사태의 해석적 사고에도 꼭 필요하다.

(ㄱ)은 '이 교실은 늘 시끄럽다, 순이는 키가 크다, 여기서 고향은 멀다, 이순신은 훌륭하다'처럼 형용사 문장들이다. 정치 문맥에서 자주 나타나는 명사들에 '괴뢰, 파쇼, 역적' 등이 있는데 의미 내용이 추상적인 명사들은 의미를 실제의 사태로까지 연역함에 개인차가 클 수 있고 따라서 주관성을 띄게 된다. 사물의 모습/성질을 얼마만큼 객관적으로 나타내는 형용사 이를테면 '붉다, 검다, 짜다' 등은 여기서 제외된다. 이 모두는 '이 교실은 절의 법당보다 더 시끄럽다, 이 교실은 폭격기가 날 때만큼 시끄럽다.'처럼 비교에 의해 주관성이 약화된다.

(ㄴ)은 일반 동사 문장들이다. 위의 주관적 표현도 객관화 도구를 이용해서 (ㄴ)으로 표현할 수 있다. 이를테면 '순이는 키가 182센티미터이다, 여기서 고향까지는 거리가 555킬로미터이다' 등이다. 신문 기사나 소설, 수필 등에서 가장 많은 부분을 이런 말/글이 차지한다.

(ㄷ)은 위의 (ㄱ)이나 (ㄴ)에 화자가 다른 사고 작용[이를테면 개념 체계화와 해석]을 덧붙이는 표현이다. 여러 글에서 자주 나온다.

(ㄹ)은 '바르다, 틀리다, 맞다, 옳다' 등이 서술어인 문장, 그리고 '-해야 한다' 문장의 일부가 이에 들어갈 수 있다. 이 표현을 가장 자세하게 진술하면 '어찌하는 것이 어찌하는 것보다 상위 가치 체계에 더 부합한다'가 된다. '네 말은 틀렸어'는 '네 말은 여기와 저기에서 이러 저러한 이치에 부합하지 않는다'를 줄인 표현이다. '세금을 내어야 한다'는 '세금 내는 일은 국민의 의무에 부합한다'를 줄인 표현이다. 따라서 (ㄹ)만을 말하면 불완전하므로 상대 명제와 상위 가치 체계를 찾아서 서로를 비교하는 정신활동을 하고서 이들을 함께 표현해야 표현이 완결된다.

(ㅁ)은 청유문장과 명령문 및 '무엇해야 한다'의 일부가 여기에 해당한다. 이를 가장 자세하게 진술하면 '어찌하는 것이 어찌하는 것보다 정책 목적 달성에 효과가 크고 역효과[정책 비용]이 적다'가 된다. '내일 달엄산 가자'를 펼치면 '내일 우리 가족이 달엄산을 함께 오르는 것이 대구 달성공원에 가는 것보다 가족 대화 넓힘과 건강 증진, 비용 절감 등에 더 효과적이다'가 된다. 이처럼 (ㅁ)도 그런 부분들을 치밀하게 생각하고 그들을 표현해야 표현이 완결된다.

이들 다섯 가지 표현 가운데서 (ㄴ)이 가장 기초가 된다. (ㄱ)이 남의 이해를 얻으려면 여기에 (ㄴ)을 채워야 하고 (ㄷ), (ㄹ), (ㅁ)은 각각의 바탕에 (ㄴ)이 있다. 그리고 대상을 깊이 인식해야 (ㄴ)이 참말이 된다.

남의 말/글을 옮길 때[39]에는 그 말을 한 이를 밝혀 주면 참이라고 인식한 책임이 남에게 돌아간다. 이 경우라도 스스로 비판적 인식 과정을 거쳐서 그 내용이 참인지 아닌지 따져보는 일이 필요하다. 남의 말을 말로서 옮기는 시대를 우리는 살지 않는다. 말을 대상세계로 환원하여 그 참/거짓을 스스로

---

39) 수사(修辭) 기교로 인용이 통하는 시대는 전제군주 시대거나 종교의 터에서이다. 남의 말글을 주체적으로 따지게 되는 것이 '글말사회'의 특징인데 한국은 일천여 년 남의 말을 외는 교육을 펴 와서 이 버릇을 버리기가 매우 어렵다. 인터넷 시대에 남의 말을 책임 없이 퍼 나르는 일을 경계하는 교육은 사고력과 비판력을 함양하는 교육만으로 가능하다.

확인하고서 옮기는 말하기는 말하기의 윤리의 일부로 자리 잡고 있다.

남의 말/글 내용이 대상 세계에 부합하는지, 더 나아가 그의 해석이 바른지를 따질 때에는 같은 대상을 다룬 여러 말/글을 얽어읽고(to read syn-topically) 스스로 대상 세계에 관해서 다시 검토한다. 이는 읽기나 듣기의 능력으로 드러나지만 속살은 한 가지이다.

11.1.2 정확하게 말하기

이것은 표현의 대상화/객관화와 상호 관련된다. 화자는 자기가 아는 일을 말하기 때문에 심상에만 충실하면 '그게 그리 됐어, 가 버렸어' 정도로 누가 무엇을 어디에서 어떻게 했는지를 알지마는 충분히 대상화되지 않기 때문에 다른 이는 정보 내용의 모습을 온전히 알기 어렵다. 모호 표현은 대상화가 덜 되거나 사태를 지나치게 추상하거나 해서 생긴다. 아래가 그 보기다.

[2] 모호 표현들

① 대용어 쓰기 [*거시기* 불러 와서 *거시기*한테 *거시기* 좀 *거시기* 해.]
　　[*하*려고 *하*는데 [= 방을 훔치려고 걸레를 드는데]]
② 추상적 표현
　　[한보가 *운동 많이 했다.*〉아침에 산길 4킬로미터 뛰었다.]
③ 상관 표현 [영희네 *옆*에〈*오른편*에〈*동편*에 순희가 산다.]
④ 필수 정보가 빠진 표현
　　[[칼로] 연필을 깎다가 [왼손중지를] 베었다.]
⑤ 일부 형용사/부사 표현
　　[저 산이 *아주* 높다. 거기는 늘/낮이 *매우* 덥다.]
⑥ 상황어 표현 [*지난해, 어제, 조금 있으면, 저기, 그래*
　　[2008년, 35분, 영천에]]

말 표현의 정확함에는 말 구조와 내용이 관여한다. 전자는 문장 수준에서 문성분을 갖추어 표현하는 일과 서술어가 요구하는 논항을 빈틈없이 갖추어 쓰는 일과 논항이 되는 명사들을 특정화해 주는 일 등이 포함된다. 이런 일들은 초등학교 저학년에서 특정 대상을 제시하고 묘사하고 서사하는 표현으로 충분히 훈련될 수 있다. 한국어는 문성분의 생략이 빈번할 뿐 아니라 필수성분이 투명하게 토박이의 마음에 각인되지도 않았다. 영어 화자는 문맥에서 잉여 정보라도 'one, it, me' 등 대명사로 바꾸어 해당되는 문성분의 자리를 채우지마는 한국어는 아무 제약 없이 생략한다.

내용을 정확하게 표현하는 일을 위해서 할 일이 여럿 있다. 먼저 고려할 사항은 말/글의 정보 크기를 총정보량으로 나타내는 일이다. 이것으로 대상 표현의 정확성뿐만 아니라 사고의 복잡성도 함께 나타난다. 말/글의 정보량은 총 어휘수로 재면 비교적 정확하다. 윤오영의 수필 '까치'는 2,650글자, 545단어이고, 이희승의 수필 '딸깍발이'는 한자를 빼면 3,400여 글자, 842단어로 되어 있다. 신문의 칼럼은 대개 2천여 글자, 500단어쯤 된다. 500단어 정보량은 〈아래아 한글〉로 A4 용지에 10포인트 글자 크기로 쓰면 대개 한 쪽을 채운다. 책은 3만 단어가 넘는 것이 보통인데 토머스 쿤의 『과학혁명의 구조』는 14개의 장으로 구분되어 있고 62,000단어를 넘는 분량이며, 리처드 도킨즈의 『이기적 유전자』는 86,000단어를 넘고 13개의 장(章)으로 구분되었는데 이 책은 예시가 많다.

대상을 더 정확하게 표현하기 위해서 관형어에[절]이 쓰인다. '이 [학생], 모든 [학생]'에서 '이, 모든'을 구조적으로 보면 관형어이지만, 기능상으로는 특정화소가 된다. 전칭/특칭 표현의 구분은 대상 표현의 정확성을 위해서 훈련해 주어야 한다. 계약이나 법률문에서 내용상 특정되지 않은 부분이 있으면 나중에 분쟁의 중요한 요인이 된다. 일상의 언어행위라고 해서 다를 것이 없다.

모든 표현이 이른바 표현의 6하원칙을 충족하면 사태를 더 정확하게 진술하게 된다. 이는 문장 구조상의 완결성이 드러내는 효과일 수도 있는데 한 문장 안에 그들을 모두 포괄할 필요는 없다.

다른 한 편으로 '포괄-상세화'의 훈련이 정확한 사태 표현을 위해서 효과적이다. 여기에는 논항의 상세화와 서술의 상세화가 포함된다. 논항의 상세화는 논리에서 다루는 '유개념-종개념'이 우리에게 낯익은 접근이다. 모호한 표현인 '인간이 음식을 다 먹었다'를 논항에 주목하여 정확하게 말하면 '순이가 밥

상위의 밥과 찌개와 갈치구이를 다 먹었다.'가 된다. 서술의 상세화도 논리에서의 유개념-종개념과 같으나 단지 그 대상이 사물이 아니라 사태가 된다는 점만 다르다. 여기서는 이 다른 점에 주목하여 사태의 류종(類種) 관계를 '포괄-상세화'라고 부른다. '아침을 먹다'는 포괄 표현이고 '주방에 와서 의자를 당겨 앉아 숟가락을 들고 국을 한 숟갈 뜨고 나서 ……'는 그의 상세화 표현이다. '특수상대성이론을 발표했다'는 포괄표현일 수도 있고 나름대로의 상세화 표현일 수도 있다. 포괄-상세화의 훈련은 대상을 더 정확하게 파악하는 길도 되고 그 결과도 된다. 이들이 모두 한 문장 안에서 진술되는 것은 결코 아니다.

구조상 명칭인 부사어[절]은 기능상 '사태 특정화소'이다. '술을 마셨다'보다는 '술을 안 마셨다', '술을 홀짝홀짝 마셨다', '술을 후루룩 마셨다', '[장비가] 술통을 들고 술을 꿀꺽꿀꺽 한꺼번에 다 마셨다'가 각각의 사태를 더 정확하게 드러내는 표현이다.

말에 군더더기가 붙으면 화자의 심상[표현하려는 의미]과 겉 표현 사이에 틈이 생겨 청자가 정보를 처리하기 어렵다. '저 [*같은 경우에*]는 어제 [*같은 경우*] 어떻게 했어야 할지요?'에서 청자는 두 '같은 경우'를 복원하기가 몹시 어렵다. '하지 않았을까 싶[*은 생각이 든*]다', '동지(冬至)[*라고 하는 것*]으로 한 해의 시작을 삼고서', '말띠와 살림을 못하는 것하고는 아무런 상관이 없다[*는 것이 분명하다고 해도 될 것 같다는 생각이*]다.'에 들어 있는 군더더기를 표현 그대로의 의미를 찾으면 헷갈린다. '이제 회의를 시작해[*도록 하겠*]습니다'는 '회의 시작합시다'가 정상 표현이다. '-도록'은 '아들이 편히 놀도록 우리가 비켜 줍시다'에서처럼 앞과 뒤의 주어가 다를 때 쓰인다. 그 연결어미도 문제이지만 행위 일반을 포괄하는 의미를 지닌 '하-'도 청자가 복원하기 어렵다. 구체 행위가 무엇인지 알기 어렵다.

대상을 정확하게 표현하려면 대상에 대한 인식이 뚜렷해야 하고 화자의 심상을 객관화하는 정신 작용이 필요하다.

11.1.3 바른말하기

바르게 표현하기 위해서는 우선 참말이어야 하고 정확한 말이어야 한다. 게다가 화자는 개념을 바르게 체계화해야 하고 해석을 바르게 내려야 한다. 이 둘을 우리는 논리적 사고라고 싸잡아 부른다. 논리와 논리학은 문법과 문법학처럼 서로 얼마만큼 다르다. 후자들은 전자들에 대한 학문적 탐구로서 초등학생 정도에서는 부담스런 이름들[이를테면 '오류론' '실재화의 오류' 등처럼]을 상당히 지니고 있다. 따라서 우리는 학문으로서의 논리학은 심리학과 함께 교사의 소양으로만 지니고 이들을 학생에게 그대로 가르치는 일은 조심할 일이다.

개념의 체계화는 언어학에서 '상위어-하위어'와, 논리에서 '유개념-종개념'과 관련된다. 화자가 구성하는 텍스트를 의미상으로 보면 개념들의 덩이가 나타나 있고, 말로 보면 중요 어휘들이 의미상 관련을 맺고 있다. 각각의 텍스트는 수필이건 설명이건 묘사이건 서사이건 논증이건 모두 나름대로의 중요 어휘가 있고 나름대로의 의미상 관련을 부여하고 있다. 그들이 꼭 과학적일 필요는 없다. 필자의 시각과 의미 부여에 알맞게 체계화되면 바른 체계화가 되는 것이다. 이를테면 '친구의 얼굴'을 묘사하는 텍스트에서는 '얼굴 전체, 이마, 눈썹, 양 눈, 양 귀, 코, 입, 피부' 등이 묘사될 터인데 이들이 개념의 체계화이다. 설명 텍스트에서 핵심 개념은 보통 제목으로 드러나 있고 책 단위의 텍스트에서 필자는 주요 개념을 책의 차례/목자에서 체계화한다.

지금 우리 교육에서는 '상의어-하의어'를 대상의 파악과 관련 맺지 않고 단지 단어 관련으로만 가르치며, 더욱이 논리와는 전혀 관련을 맺지 않고 있다. 그래서 단지 암기의 항목만 늘리고 결국은 죽은 교육이 되는 것이다. 하위 교과 '문법'에 숨은 개념을 끌어내어 텍스트 생성과 수용에 두루 훈련함이 필요하다.

해석적 사고는 사태들의 연관을 추리하는 일이다. 낱낱의 사태 사이의 관련을 원인-결과로 밝히거나 목적-수단으로 맺어 줌으로써 사태 전체의 모습을 온전히 드러내는 일은 기본적으로 설명 행위이고 이를 바탕으로 논술 행위나 설득 행위가 이루어진다. 해석하기에는 잘 알려진 대로 연역하기와 귀납하기가 있다. 전자는 결론을 구성하는 명제들을 깊이 분석하고 그 전제마저도 찾아서 분석해 주는 일이며 후자는 수많은 후보가설들의 설명력과 정합성을 낱낱이 따져 주는 일이다. '철학'이나 '논리'를 교과목으로 가르치지 않는 한국에서는 이들 훈련이 탐정소설 읽기에서 이루어진다.

바르지 않은 말, 즉 틀린말은 생각이 짧아서 생긴다. 다시 말하면 결론의 핵심 개념들을 철저하게 분석하지 못했거나 전제 분석을 깊이 못했을 경우에, 그리고 후보가설들과 귀결과의 설명력과 정합성이 철저히 검증되지 못해서 생긴다. 논리를 수련하는 책에서는 이들을 '오류'라고 부르면서 자세하게 나누어 놓고 각각 독특한 이름을 붙여 놓고 있다. 오류는 말 때문에, 논증이 설어서, 심리적으로 생긴다고 그런 책들은 하나같이 말한다. 심리적 오류는 앞의 두 오류 가운데 어느 하나와 겹친다.

한때 국어 교육에서나 논술 교육에서 '어색한 말 고치기'에 힘을 쏟은 적이 있었다. 이들이 그때 교육을 더 효과적으로 수행하려고 했으면 한편으로는 말을 말로만 고치지 않고 말과 대상 세계나 대상 사태를 대응하면서 또 한편으로 학생의 사고의 깊이와 넓이와 어긋남을 짚어 주었을 것이다. 이 일을 앞으로 우리는 중요한 국어 교육 내지는 사고 교육으로 수행해야 할 것이다.

개념 분석과 전제 분석, 정합성과 설명력 따지기, 그리고 오류 찾기와 오류 피하기를 흔히 논리라고 한다. 문법이 '문법' 교과서에 박제(剝製)되어 있는 표본이 아니라 토박이의 마음속에 살아 있는 힘이듯이, 논리도 논리학 교과서 속에 딱딱한 용어들로 박제되어 있는 암기거리가 아니라 텍스트와 대상과 사고를 통합하는 수련의 대상이다. 논리는 사람 사이의 소통의 바탕이다. 논리적 사고를 통하여 화자는 대상 속으로 한 걸음 더 깊이 들어가게 되고 자신을 대상화하여 독단과 주관을 버림으로써 남에게 다가선다. 이 소통의 바탕과 대상 속으로 들어가기[= 대상의 관찰과 대상에 대한 사고]는 우리 교과 교육 모두에 깔려 있다. 교과마다 그 대상이 서로 다를 뿐이다. 논리와 사고의 훈련이 충분하여 얻게 되는 것이 자신의 대상화, 즉 자신의 정체성 확인인데 이는 모든 교육의 결과로 얻어지는 숨은 효과이다. 단지 국어과 교육과정은 이 일들을 논리와 사고와 관련짓지 않고 있다.

이미 오래 전에 위기철(1992, 1994, 1998) 등에서 논리학 책 속에 들어 있는 논리를 현실 세계에 끌어내어 바르게 사고하기를 '놀이'하듯 수련하고 있다. 모국어 교과에서 사고와 논리를 배제한 교육을 계속 실행하면 앞으로 틀림없이 학생에게 '논리'나 '논리적 사고' 교과를 따로 만들어 학생들을 가르쳐야 한다는 목소리가 더 높아질 것이다. 이미 이해심(1993 : 107)에서 "저급 학교[아마 초등학교를 가리키는 듯, 〈필자〉]에 새 교과목을 개설하여 논리, 특히 과학을 문법과 어법 검사 및 언어 분석을 통하여 파악하여 가르쳐야 한다."라는 주장이 나온 바 있다. 그런데 후자처럼 새 과목을 만들면 학생에게 필요한 능력의 유기적 통합 훈련에 오히려 장애가 될 수 있다.

11.2 바른말 사용을 위한 문법

학생들이 말과 글을 바르게 사용하도록 교사가 훈련해 주는 일은 우리 교육의 핵심적 도달점이다. 이를 위해서는 사고와 논리와 대상 세계가 일차적으로 관여하며 모국어에서 '문법'은 이차적 중요성이 있다. 여기서는 교육에서 문법 명칭이 어떤 실체를 지니는지 교육의 맥락에서 살펴 본 다음에 사고와 논리 훈련을 위한 문법 교육의 방향을 어떻게 잡을지 찾아본다.

11.2.1 품사 이름 교육의 의의와 제약

구조주의의 문법학은 한국어를 구성하는 말덩이[즉, 형태소, 단어, 구절구조 등]의 구조상의 배합과 규칙을 기술하는 데 목적이 있다. 후자는 한국인의 마음에 내재하는 바를 드러내어 진술하는 것으로 이를 알아야 한국말을 바르게 하는 것도 아니다.

지금 우리가 '문법'의 이름으로 가르치는 품사나 문장성분의 개념은 모국인의 의식의 반영이지 의식 형성의 길잡이가 아니다. 명령의 의미로 [너 좀 더 예뻐라.]는 말을 하지 않기 때문에 '예쁘다'가 형용사이다. 거꾸로 그 어휘가 형용사이기 때문에 명령의 어미를 붙이지 않는 것이 아니다. 대중가요 '아빠의 청춘' 가운데 [아들, 딸이 잘 되라고 **행복하라**고 마음으로 빌어주는 ...]이 나온다. 구성주의 관점으로 보면 이 노래를 지은 이의 마음속에는 '행복하다'가 동사와 형용사 둘로 저장되어 있고 위의 경우에는 동사로 실현된 것이다. 박완서가 수필 '그까짓 거 내버려 두자'를 쓸 때 그의 마음을 들여다본다면 [별시시한 것에다 넋을 잃고 한눈을 파느라 날 **어둡는** 것도 몰라세]에서 '어둡다'는 형용사와 함께 동사로도 등록되어 있다. [크는 아이]와 [큰 나무]의 '크다'처럼 동사로도 형용사로도 내면화되어 있다. 그 두 내면화에 따라 사전이 두 어휘로 이를 처리하는 것이다.

그리고 품사 구분에 자의성이 보이는 경우도 있다. '이분, 이놈, 그분, 그놈'은 대명사로, '이 쌔끼, 그 쌔끼'는 관형사와 명사로 처리할 설득력 있는 근거를 찾기가 어렵다. '하늘 같은 분, 빌어먹을 놈, 빌어먹을 쌔끼'가 다 가능하다. 구분의 근거를 만들어도 쓰임에 별 도움이 되지 않고 외는데 부담을 많이 준다.

품사 이름이 학자에 따라 다를 수 있다는 점은 그 이름들이 명명자 각각의 의식의 반영이라는 점을 잘 보여 준다. 단어들에 대한 의식이 다르기 때문에 이름을 달리 붙였으나 품사 이름을 달리 한다고 해서 학자들이 서로 다른 한국말을 쓰지는 않는다.

문제는 품사 이름을 아는 것이 말을 정확하고 바르게 하는 데에 어느 만큼 도움이 되는가 하는 데 있다. 전혀 도움이 되지 않는다고는 할 수 없겠으나 그리 큰 도움은 되지 않는다는 것이 필자의 판단이다. 한국어는 일인칭 대명사 수가 매우 많다. '나, 저, 우리, 저희'에다가 '소자, 소생, 소녀, 소인, 쇤네, 소신, 소첩, 과인, 짐, 본관, 본인' 등이 그들인데 그들을 만들거나 쓴 이들이 그 품사의 부류를 알고 쓴 것은 아니다.

그러나 단어류를 품사 이름으로 총괄하면 설명이 간편해진다. " '사람' 뒤에는 '-에, -에게, -이, -을, -부터, -까지, -도, -만, -조차, -마저, -이야'를 써야지."라고 해야 할 경우에 " '사람' 뒤에는 '조사'를 써야지." 정도로 말을 줄일 수 있겠다. 문장성분의 이름도 이들을 이용하면 설명이 간편해지는 점이 있다. 말/글을 참되고 정확하고 바르게 구사하는 훈련에 이들이 넓게 쓰일 수 있다. 이를테면 낱말깁기 절차는 읽기 훈련의 중요한 도구가 되는데 그 훈련의 제시로 "다음 글의 [ ] 속에 의미상 적절한 조사(경우에 따라서는 다른 품새)를 넣으라."는 말을 쓸 수가 있다. 또 표현의 정밀화는 일찍부터 가르치는데 그 훈련의 한 방법으로 문장을 주고 그 훈련의 제시로서 "다음 문장의 명사 앞에 적절한 관형어를 넣어 의미를 더 정확히 표현해 보라."라고 할 수 있다.

그러므로 4-5학년 정도에서 가르칠 수 있다. 단지 그 때 문법학자의 마음속을 헤집는 수준까지 들어가면 그 나이 학생들에게 부담을 너무 많이 준다. 모든 분류가 그렇듯이 이런 분류도 보기 나름이니까.

품사 이름들을 그런 나이에 알맞게 가르치는 방법도 찾아보면 생길 것이다. 특징을 도형화해서 가르치는 방법을 구상하는 일도 가능할 것이다.

11.2.2 사용과 의미 구성을 위한 문법 교육

음운론이나 형태음운론은 이론을 꿰뚫었다고 해서 국가 제정의 발음이나 표기법을 익히는 것이 아니다. 대구의 국어국문학과 대학 졸업자들도 8모음을 익히려면 따로 훈련하는 방법밖에 없고 표기법 수련은 교육의 들머리에서 이루어진다. 표기법 제정자의 마음속을 이해해야 표기법을 아는 것이 아니다.

각 품사 부분에서 교육의 초점을 어떻게 잡아야 말의 바른 사용이나 말의 의미 이해에 어떤 도움이 될까? 여기서 모두를 말할 수는 없고 전체 방향만 잡아 보자.

명사는 대상이나 사태를 개념으로 표상한다. 구체명사는 대상을 표상한다. 추상명사의 연쇄를 문장으로 풀어주면 사태에 근접한다. '자녀 직업 선호도 조사'란 말은 '자기 자녀가 어떤 직업을 가지기를 바라는지를 어디에서 어른을 대상으로 조사했다.'고 풀면 명사가 사태로 풀어진다.

의존명사는 의존되는 환경과 함께 특정 의미를 지닌다. 한국어에서 가능 양상은 ㈎'-겠-'을 쓰든지, ㈏'-을 것 같-'을 쓰든지, ㈐'-을 수 있-'을 쓰든지, ㈑'-을 확률/가능성이'를 쓰든지 하여 표현된다. 이들은 각각 장단점을 지닌다. ㈎은 간단한 표현이나 가능 양상의 부정은 표현되지 않으며 가능과 의지의 구분이 확연하게 표현되지 않는다. 그걸 보완해 주는 표현이 ㈏과 ㈐인데 이들은 가능성의 정도를 표현하기에 미흡하다. 그래서 생긴 것이 ㈑이다. 이로써 '내일 비가 올 가능성이 {많다/적다/77퍼센트다}' 정도로 정확한 표현을 얻는다. 의존명사 '것'은 표현 감각이 섬세한 정도에 따라 달리 쓰이는데 조응사의 기능을 하는 경우도 있다.

의존명사들을 이름으로 식별하는 교육은 그 형태 앞에 띄어쓰기를 한다는 정도의 기대 효과가 있을 뿐이다.

국어에 일인칭대명사는 왜 그리 많을까? 이런 질문을 구조주의 언어학에서는 하지 않으나 말의 쓰임을 살피는 곳에서는 의의 있는 물음이다. 한국인은 상황에 맞추어 '나-너'를 달리 표현하는 말버릇 때문에 이의 어휘 수가 많다.

용언들은 논항을 다 채우는 훈련이 필요하다. 한국어 문법학자 사이에서 필수 논항에 대한 합의가 없는 실정이고 요구하는 논항을 더 채울수록 사태가 더 완결되게 표현된다.

관형사는 관형어와 함께 모호 표현을 특정하거나 전칭화하여 사고의 자료로 사용되고 사물의 식별을 쉽게 해 준다.

특정한 상황에서 더러 쓰이는 욕설의 상당수가 품사로 감탄사라는 사실을 알면 그의 남용을 막게 될까도 생각해 볼 일이다.

문법의 의미론은 사고나 논리와 통섭하여 사용하면 바른말 쓰기에 유익하다. '상의어-하의어'는 앞에 다루었고 어휘의미론은 개념 분석을 위한 훈련을 할 수 있다. 문장의미론을 다른 것들과 통섭하면 앞의 의존명사에서 일부 다룬 것처럼 더 정확한 표현을 위한 훈련에 쓰이며 전제나 함의 찾기를 더 체계적으로 훈련할 수 있다.

접속어미들은 복합명제 구성에 쓰이는데 단순명제로 표상되는 사태의 추리에 나타난다. '-어서, -으니까, -으면' 등은 '-은 탓/덕-에, -기 때문에, -은

관계로' 뿐 아니라 '-을 때에, -을 경우에' 등과도 의미상 겹침과 차이를 나타
낸다. 이들의 쓰임 뿐 아니라 앞뒤의 문장/절로 표상되는 사태 사이의 대상적
관계나 사고나 추리의 건전성을 아울러 따져 주면 문법과 논리와 대상 세계가
통합되는 교육을 할 수 있게 된다.

　이들 형태들은 토박이들이 어릴 때부터 사용한다. 어릴 때 이미 설명과 논
증 행위를 행하는데 우리는 교육의 초기에 구체적 사태를 대상으로 하여 이들
형태가 행하는 설명과 논증의 의미를 잡아주다가 학년이 높아지면 더 추상적
이고 복잡한 사태를 대상으로 본격적인 설명과 논증을 행하는 방향으로 가게
된다. 즉 구체적 사태에 대해서 문법 형태의 의미를 훈련하고 난 뒤에 더 추상
적 대상이나 사태를 가지고 사고와 논리를 집중해서 훈련하는 길을 취한다.

　문법이 대상과 사고와 논리가 결합된 세계의 보기를 하나 더 든다.

　형용사 서술문[절]의 상당수는 화자의 주관을 표현한다. "아버지, 키가 커다
란 사람이 왔어요."라는 아들의 말을 듣고 누군가 했는데 정작 찾아왔던 사람
은 학과에서 키가 가장 작은 학생이었다. 그런데 비교 구문이 되면 형용사문
의 진술은 어느 정도 객관성을 획득한다. 그리고 동사와 형용사의 중요한 차
이가 후자는 {더/덜} 등의 비교구문을 지닌다는 점이다. "영수는 철이보다 키
가 한 뼘 더 크다."라는 비교차까지 진술되어 상당한 객관성을 확보했다. 더
나아가 "영수는 키가 162센티미터이다."라는 진술은 객관적 진술이다.

　사전편찬자들을 제외하면 어떤 단어가 동사냐 형용사냐 하는 것은 큰 문제
가 되지 않는다. 형용사문이 지니는 진술의 주관성을 확인/인식하는 일과 그
것을 비교에 의해서 상대적으로 객관화하는 일 및 가장 객관적 진술로 바꾸어
보는 일은 참말이나 정확한 말이나 바른말을 위해서 매우 중요한 일이 아닐
수 없다. 그런데도 지금 고등학교 심화과목인 '문법'에서조차도 이런 데 대한
인식과 훈련이 없다. 비교 구문의 말은 학교에 들어오기 전부터 토박이는 사
용하고 있고 형용사 어휘를 그들은 매우 많이 알고 사용한다. 따라서 위의
일들은 상당히 일찍 용어의 부담을 주지 말고 훈련해 주는 것이 더 효과적인
의사소통을 위해서 요긴할 터이다.

11.3 마무리

어떤 말을 바르게 사용한다고 할 때 '바르게'의 의미에는 그 말을 문법 구조에 맞게 말한다는 의미와 그 말의 내용이 대상 사태를 참되게 드러낼 뿐 아니라 나아가서는 사고와 추리와 사태의 해석에 설명력과 타당성이 있다는 의미를 아울러 지닌다. 전자의 의미에 의한 교육은 외국어 교육의 초기에 충분한 훈련으로서 수행될 뿐 모국어 교육에서는 크게 중요하지 않다. 게다가 모국어 교육에서는 전자가 후자의 훈련에 의해서 더 효과적으로 성취된다. 모국어 교육은 따라서 후자의 훈련이 주가 된다.

이런 교육을 위한 교육 내용의 설계를 할 때에는 이른바 '문법'이라는 것을 대상 세계와 사고와 논리를 결합하여 통섭(通攝)적인 체계를 구성해 주는 일이 필요하다.

문제는 그런 요소나 영역의 통합체를 어떻게 구성하는가에 있다. 이 글에서는 '문법' 분야에서 50년 시행착오를 솎아내고 말의 쓰임과 논리 연관의 부분을 부각하며 사고와 논리 부분에서 지식의 부분을 빼고 활용의 부분을 드러내어 통합체를 하나의 시안으로서 제시한다.

[3] 바르게 말하기 교육을 위한 교육 내용의 통합적 체계

말/글 쓰기	문법	사고	논리
참말	명명하기 적절한 어휘 선택	대상의 관찰 비교/대조/식별 언어 윤리	비교/대조/식별
정확한 말 대상화 표현 개념 체계화	적절한 어휘 선택 논항 채우기 대상화 표현 [주관 형용사 등 배제] 특정화[관형어/부사어]		개념 체계화
바른말 구조의 바름 내용의 바름 개념 체계화 대상 해석 개념 분석 전제 분석 설명력 타당성 검증	논항 채우기 해석/판결/정책의 구분 상의-하의 접속어미 전제 접속어 류 [어미, 접속부사]	개념의 체계화 [분류/분석] 해석하기 추리 가설 세우기	연역 [=개념분석] 귀납 [설명력] 타당성 검증 오류 검증

남은 과제는 이들을 더 구체화하는 일과 이들을 싸잡아 교육의 영역화하는 일이다. 후자는 교육의 설계를 다시 짤 때 필연적으로 논의될 것이다. 네 언어 활동은 뭉쳐주고 여기서 논의하는 내용을 '논리적 사고와 표현'으로 하여 새 영역으로 제시하면 국어과는 두 영역의 체제가 된다. 이들은 뒤에 다시 논의될 성질의 과제이다.

12

품사 개념 지도의 한 방식
– '품사 조각그림' 창안 –

12.1 들머리

이 글은 학생들의 한국어 품사에 관한 인식을 도울 방안을 탐색하는 데 목적이 있다. 우리 학생들이 우리말을 비교적 유창하게 사용하면서도 우리말 문장을 기술하는 데 필요한 품사를 쉽게 익히지 못하는 이유는 자기 내면에 숨은 능력을 가시적인 대상으로 드러내지 못하는 데 핵심적인 이유가 있기 때문이라고 여겨진다. 그런데 이 내면 세계의 대상화는 도식(圖式)으로 제시할 수가 있는 것이다. 우리말의 각 품사 특성을 잘 드러내는 도식을 구성한다면 학생의 내면에서 일어나는 인식 작용을 더 분명하게 이끌어내게 될 것이다. 이 도식의 이름을 '품사 그림'이라고 부른다.

그러나 이 제안은 아직 학생들에게 실제로 실험해 보지는 않았다. 그 대신 논리적인 검증만으로써 제안의 유효함을 보일 것이다. 이 도식이 한국어의 말엮기 특성에 부합하는지, 또 각 품사가 말엮기의 자연스런 계열 관계를 바르게 드러내는지 등이 확인될 것이다.

이 글에서 다루지 않을 수 없는 내용이 또 있다. 품사를 지도하는 효과와 부담을 따져 주지 않으면 교육이 맹목에 흐를 염려가 있다. 그런데 이들을 논의하면서 다소 생소한 개념들이 쓰이는 것을 피할 수도 없었다.

2007년 교육과정에 의하면 국어 낱말의 품사적 일반화[즉, 품사로의 유화(類化)]는 7학년에 수련하도록 되어 있다. 그런데 이보다 훨씬 정신적으로 성숙한 대학생[사범대학 국어교육과 3학년]들에게 다음 문제를 내어 품사를 찾으라고 했더니 모두를 맞추거나 넷을 맞춘 이가 78명 가운데 하나도 없었다. 그들에게 품사 개념을 탐구학습 수준으로 자세히 지도했는데도 그렇다.

[1] 전공과목 '학교문법론'을 듣는 대학생에게 낸 문제와 정답

다음 글에 쓰인 아래 품사들을 있는 대로 쓰시오. [10점]

> 뒷간도 재미 있지만 거기에서 오래 있다 나왔을 때 세상의 아름다움은 유별났다. 텃밭 푸성귀와 풀숲과 나무와 실개천에서 반짝이는 그 햇빛이 너무도 눈부시고 처음 보는 것처럼 낯설어 우리는 눈을 가느스름히 뜨고 한숨을 쉬었다. 뭔가 금지된 쾌락에서 놓여난 기분마저 들었다.

형용사 : 있지만, 있다, 유별났다, 낯설다
보조사 : 도, 은, 는, 마저, 처럼
대명사 : 거기, 우리, 뭐
관형사 : 그
부 사 : 오래, 처음, 가느스름히, 너무

틀린 답의 경향
① /아름다움/을 형용사로 일반화하는 학생이 많은데 이는 (전성)명사다.
② /반짝이다/, /눈부시다/는 자동사이다.
③ /뭔가/는 형태상 /뭐/+/-ㄴ가/로 나뉜다. /뭐/만 대명사이다.
④ /그/는 (지시)관형사인데 대명사로 일반화한 이가 많다.
⑤ /우리/를 대명사로 일반화하지 않은 학생이 반을 넘는다.
⑥ 부사를 더도 덜도 말고 꼭 맞게 찾은 학생은 셋뿐이다.
⑦ 보조사를 더도 덜도 말고 꼭 맞게 찾은 학생은 둘뿐이다.

이들 대학생들은 낱말을 품사로 일반화하는 인식이나 능력을 교사가 지녀야 할 지식과 능력으로 갖추기가 요망되는 이들이다. 이들에게 어려운 과제라면 7학년은 얼마나 더 감당하기 어려울까?

그런데 또 달리 바라보면 우리가 앞에서 살핀 '교육문법'으로서 학생들이 더 정확하고 바르게, 더 풍부하게 말하는 교육을 시행하려면 7학년이 아니라 3, 4학년에 각 품사를 약정적으로 사용하는 것이 더 효율적일 수 있다.

각 품사 개념이 왜 약정적 효력을 발휘할 수밖에 없는가? 그리고 그런 경우에 그 개념을 더 효율적으로 마음의 뿌리 속에 심어줄 방법은 없는가? 이것이 여기서 해결해 보려는 바이다.

12.2 품사 개념 이해의 실질적 효용과 부담

학생들이 품사 개념을 이해하면 어떤 실질적인 효용이 있을까?

개념상 가장 근접한 효용은 문장 구성에서 문제의 단어나 단어류의 계열 관계상 적합한 배열을 생성하고 이해하는 데 도움을 줄 수도 있다. 그러나 한국어를 토박이말로 사용하는 학생에게는 이 효용은 거의 없다. 초등학교 1학년 학생이라도 한국어의 구절구조 규칙에 어긋나는 말을 하는 이가 거의 없기 때문이다. 모국어의 문법적 구성 능력은 날 때 타고난다고까지 말하는 이가 있을 정도이다. 그리고 외국어로 한국어를 배우는 외국인들에게도 이런 교육은 큰 쓸모가 없다. 그런 교육을 위한 교재의 편찬자들은 교재의 편찬이나 교육 내용을 설정할 때 품사들에 대한 고려를 하지만 전적으로 품사에 의한 문장구성법을 가르치지는 않는다.

실질적 효용은 각 품사에 드는 어휘 항목을 열거하는 수고를 덜게 된다. 교육 현장에서 자주 쓰일 수 있는 낱말깁기 검사(규칙빈칸 메우기 검사)를 시행할 때, 특히 기능어 깁기를 시행할 때, '조사'라는 이름을 사용하면 "다음 괄호 속에 적절한 조사를 써 넣으라."처럼 말해서 조사 항목의 열거를 생략할 수 있다.

셋째 효용은 띄어쓰기가 애매한 말의 연결을 학생들이 만날 때 품사를 이해하면 그걸 바르게 수행해 낸다. 우리 표기 규칙이 단어 사이를 띄어서 쓰게 되어 있고 품사가 단어됨의 표지이기 때문이다. 어린이들이 늦어도 1,2학년에서 표기법의 대강을 익히게 되어 있으므로 이 이전에 품사를 인식하게 하기는 실제로 어렵다. 품사의 인식은 아무리 빨라도 4학년 이후가 될 것이므로 학생들이 글을 쓰다가 의심스런 띄어쓰기를 확인하는 정도가 품사 인식의 부수효과일 것이다. 띄어쓰기는 명제의 분석이나 연역 추리를 하는 등의 고등 사고가 아니므로 〈흔글〉 프로그램으로 점검되는 정도의 절차이다.

교육을 위한 지식은 효과와 함께 늘 부담도 아울러 지닌다. 품사 개념 지도의 부담 내지는 역효과는 무엇일까?

첫째는 모든 분류 행위가 지니는 제약이다. 분류 자체가 학문이 되는 일은 거의 없다. 이 작업은 대상이 지닌 여러 계층 가운데 특정 계층이 지닌 속성을 밝히려는 작업이다. 생물의 분류가 그렇고 원소의 분류가 그렇다. 특정 언어의 어휘류를 분류하는 일이 문법학자들에게 중요한 까닭은 그것이 그 말의 구절구조를 해명하는 데 필요하기 때문이다. 이 일을 위해서 우리말의 품사의 분류는 여러 체계가 나와 있는데 현재 학교에서 가르치는 분류는 그 중에서 한 가지일 뿐이라는 점을 적어도 교사는 확실히 알고 있어야 한다.

{인간적, 어제} 등처럼 형태와 의미가 같으면서 조사를 붙였느냐 안 붙였느냐에 따라 품사를 달리 본다. {모두}도 뒤의 환경에 따라 명사[40]로도 처리하고 부사로도 처리한다. 수사와 수관형사도 표층적 분포를 중요하게 보고 형태의 품사를 추상했다. 이런 분류가 의미하는 바가 무엇인가? 품사의 분류란 특정 단어가 어느 환경에 쓰였느냐를 따져주는 정도의 의미가 있고 그 이상의 의미는 없다. 왜 그런 무리의 단어들이 명사나 부사로 쓰이느냐에 대한 답은 주지 못한다.

---

40) 최현배(1937, 1965 : 242)에서는 {여럿, 얼마}와 함께 '안 잡힌'[부정(不定) = 비확정] 수사로 본다.

둘째는 세밀한 점에서는 의견의 차이를 지닐 수 있어서 현재의 체계가 어느 정도 자의성을 지닌다는 점도 알아야 가르칠 때 지나친 강요나 지나치게 빠져드는 일을 피할 수 있다. {이천 년}은 관형사와 명사로 나눌 수도 있고 합쳐서 하나의 명사로 취급할 수도 있다. 이 형태는 의미가 둘인데 {이천 년 동안}이거나 {[서력기원으로] 이천째 년}으로 자세히 풀어주면 둘 다 앞의 '이천[째]'은 관형사이다. {오 분}도 마찬가지이다. 이를 풀어주면 {다섯 육십초 동안}이거나 {[9시 정각을 지나고] 다섯째 분分}의 의미를 지니는데 둘의 구성이 전자의 경우와 꼭 같다. {이런 것, 그런 것}이 관형사와 명사라면, {이것, 그것}을 그리 못 볼 이유도 딱히 없다. {그분, 그이, 그놈}이 대명사라면 {이 새끼[야}를 관형사와 명사라고 볼 이유도 없고, 나아가서 {그 위대한 분, 그 개 같은 놈}의 {그}는 관형사라고 가르쳐야 하고 {위대한 그분, 개 같은 그놈}의 뒷부분은 또 합쳐서 대명사라고 가르쳐야 하니 아이들은 도로 벙벙해 할 수 있다. 그리고 앞에서 본 바처럼 {여럿, 다, 모두}를 최현배(1937, 1965 : 242)에서는 '안 잡힌 셈씨'로 보지만 한글학회 큰사전, 표준국어사전, 민중국어사전 등에서는 명사와 부사로 추상했다.

셋째 분류에 집착하면 정작으로 중요한 사고와 논리와 표현을 놓치는 경우가 많다. 이미 이상태(1978)에서 지적한 바처럼 {예를 들면}은 품사로 분류하면 명사와 조사와 동사로 나누어지는데 이게 무슨 의미를 토박이 학생에게 주는가? 이 말은 합쳐져서 추상적이거나 상대가 알기 어려운 명제를 풀어서 설명할 때 쓰인다는 점을 힘들여 가르치는 것이 더 효용이 많다. 이런 예는 무수히 많다. {-을 수가 있-}은 관형어미와 명사와 조사와 형용사가 이어져 있다는 것을 가르치기보다는 그것을 넘어 통사적 합성으로서 {-겠-}, {-을 가능성이 [98%]} 등의 형태와 함께 표현의 섬세함 정도를 비교해서 짚어주는 것이 실용의 효과가 훨씬 크고 한국어의 실상을 아는 데도 바른 길이다.

위의 둘째와 셋째는 한국인의 단어/형태 연결의 실재상(實在相) 버릇을 반영한다. 한겨레는 {것}을 대상 독립적으로 사고하지 않았다. 조상 중에 누군가가 {것}의 쓰임을 살펴 이 형태가 물질['잉어 중에서 네가 잡은 것']뿐 아니라 특정의 사태['오늘 여기서 본 것'], 특정의 관념이나 생각['理의 뜻으로 이황이 새로 풀어낸 것', '오늘 옹점이가 올 것 같다.'] 등을 추상한 이가 있었다면 그 형태는 그 추상만큼 쓰임에서도 자유로워졌을 것이다. 영어 'entity' 또는 'matter'[41]나 한자어 '存在'의 의미에 버금가는 이 형태를 우리 조상은 누구나 대상 독립적으로 써 버릇하지 않았다. (네가 잡은 것), (내가 생각한 것)처럼 사태 의존적으로만 썼으므로 의존명사로 각인되었다. 그리고 (분, 이, 놈, 년]은 '사람'의 뜻에다가 한겨레가 하기 좋아하는 버릇, 즉 '대상에 대한 말할이의 판단과 호오(好惡)'의 의미를 보태니까 형태가 그렇게 넷이 되었다. 그리고 (그]는 대상의 확정지시 기능을 지니고 (그런]은 속성의 확정지시 기능을 지닌다. 그런 단어들을 합쳐 놓은 것들을 대명사로 보아도 되고 관형사와 명사의 결합으로 보아도 무리가 없다.

이들은 고유어에 의한 철학의 부재와 번역의 부재를 드러낸다. 이 사실을 7학년이나 11학년에서 가르치는 것이 가능한가? 그리고 무슨 효과를 얻을까? 학생들이 이를 이해할 가능성은 매우 낮아 보인다. 이 문제는 모국어와 철학의 문제, 철학함의 문제, 국어 개혁의 문제 등을 포괄하는데 한국의 철학자들은 앞의 두 문제를 화두로 겨우 꺼내놓고 있는 형편이고 모든 국어학자들에게 후자는 매우 생소하기 때문이다.

이런 여러 부담을 고려하면 품사의 이해 지도는 상당한 제약이 있다. 우리가 학생들을 사전편찬자로 기르는 데 목적을 두지 않는 한, 품사의 큰 틀을 이해하도록 하는 것으로 우리의 일을 제한하는 게 마땅하다. 즉 낱낱의 어휘류를 열거하는 대신에 특정 품사의 이름으로 싸잡아 부르는 정도의 효용에 충족할 만큼만을 가르치자는 것이다.

---

41) 이 말은 영어에서 과학과 철학의 용어로도 쓰인다. 특수상대성 원리에 의하면 '에너지와 물질(matter)은 동등하다'의 번역에서 '물질' 대신 '것'으로 쓸 수도 있다. 그리고 'Utopia is an ideal entity.'를 '유토피아는 관념적 존재[= 것]이다.'처럼 '존재' 대신 '것'을 쓸 수 있다. 만약 '것'의 지위를 사고(思考) 의존성에서 풀어주기만 했더라면 말의 의존성에서도 풀려났을 터이다.

12.3 품사 개념 이해의 과정

학생들은 어떤 과정을 통해 품사를 인식할까?

품사는 토박이의 마음속에 들어있는 숨은 능력이다. 토박이의 마음속에는 단어의 소리와 의미뿐 아니라 그 품사와 한국어 문장의 구절구조 규칙도 내면화되어 있고 용언들은 선택제약들도 함께 내면화되어 있다.

품사를 인식하는 일에는 두 가지 사고 작용이 개입한다. 하나는 분류이다. 대상의 공통점을 추상하는 일은 주로 과학 분야에서 이루어지지만 거의 모든 교과가 하는 일이다. 품사 인식의 둘째 요소는, 내면화되어 있지만 아직 대상화하지 못한 지식을 드러내어 대상화하는 일이 포함되어 있다. 학생들은 자기 '마음속 국어사전'(이상태, 1993 : 152 참조)에 소리와 의미와 품사와 구절구조 규칙이 내면화되어 있다는 사실을 대상화하기 어렵다. 인간은 누구나 기억력이 내재하지만 신경학자들이라고 해도 그들이 아무리 정교한 MRI 영상이나 생화학적 탐구를 해도 아직 기억 작용이 뉴런 연합 수준으로 해명되지는 못하고 있다[42].

분류도 마찬가지다. 분류에는 세 요소가 있다. 즉 대상과 공통 성질과 분류된 결과가 그들이다. 학생들이 1학년일지라도 이들 셋을 무의식으로 알고 있다. '사과, 배, 감, 귤'을 '과일'이라는 분류된 이름으로도 부르고 낱낱의 이름으로도 부른다. 전자들을 왜 '과일'이라고 부르느냐고 물었을 때 답을 정확하게 하는 단계는 분류라는 사고 작용이 세 요소를 지닌다는 사실에 대한 인식이 마음속에 정착하고 나서일 것이다.

학생들이 품사를 분류할 때 만나는 사고 작용도 셋이다.

첫째 분류하기가 세 가지를 함의한다는 사실을 알아야 한다.

둘째가 가장 헷갈리기 쉽다. 대상 세계가 한국어 단어들이란 점은 이해가

---

[42] 기억에 관한 설명은 여러 층위가 있다. 뇌의 특정 부위 수준의 측면, 지각과 기억과 저장[특히 잠과 기억] 수준이 있는데 환원론의 극단에 위의 진술이 포함된다. Rock, A.(2005) The Mind at Night : the new science of how and why we dream, Perseus Books Group, 윤상운(2006) 『꿈꾸는 뇌의 비밀』, 지식의 숲 참고.

되는데 더 구체적으로 무엇인가? 단어는 의미를 지니고 대상세계를 표상하기도 하므로 그들인가? 위의 '사과, 배, 감, 귤'처럼 단어의 의미나 대상물로 혼동하기가 쉽다. 그것이 아니고 단어가 한국어의 문법적 문장을 구성하는 데 참여하는 상대적인 자리를 대상으로 한다는 점을 학생들이 인식하기가 쉽지 않다. 이 인식을 위해서 대상을 명확히 드러내는 조작이 필요하다. 우리는 이 조작을 다음 장에서 해 본다.

그것만 인식이 되면 셋째는 쉽다. 상대적 자리에서 공통점을 찾으면 그 공통성에 따라 그것을 드러내는 이름을 붙인다. 그것이 넷째로서 개별 품사이다. 품사의 각 이름은 어휘류의 상대적 자리에서의 공통점과 총체 의미/기능상의 공통성을 따라 붙였다.

12.4 품사 개념 인식을 위한 '품사 조각그림' 구상

앞에서 품사 분류 행위에서 가장 중요한 일이 단어의 문장 구성상의 위치 확인과 공통 속성 뽑기임을 보았다. 이것은 학생 자신의 마음속에 들어 있어서 대상화가 쉽지 않으므로 이를 드러내는 조작(操作)을 필자가 구상했다. 품사 분류를 위해서 대상[43]을 명확히 드러내는 조작이 품사 그림이다. 품사 그림은 한국어의 자연스런 어순 배열을 반영해야 한다.

학생들에게 품사 분류를 포함한 문법 지식을 가르칠 때 탐구학습을 하는 것이 유용하다고 주장하는 김광해(1997)에서도 품사 분류하기라는 정신 작업의 대상이 학생의 내면적 능력이라는 사실을 바르게 잡아내지는 못하였다. 이는 이춘근(2002)에서도 마찬가지이다.

한국어는 단어 형태의 품사적 특성이 비교적 고정된 언어이다. 영어에는 명사—동사의 양쪽으로 쓰이는 형태가 매우 많다. 이를테면[44] 'The ship *sails*'

---

43) 여기서 대상은 학생의 마음속에 들어 있는 품사 정보이다. 학생들은 마음속에 각 단어마다 소리와 의미뿐만 아니라 품사 정보도 지니고 있다. 용언들은 선택제약 규칙들도 함께 마음에 지니고 있다고 본다.(Jackendoff, 2002 : 35-44) 참조.

today. Spread the *sails*[n]. You will *stone*[v] me. You will cast *stones*[n] at her. He *toothed*[v] a saw. She has a great *tooth*[n] for fruit.' 등처럼 수많은 단어가 이렇게 양쪽으로 쓰인다. 한문도 그러함을 우리는 잘 안다. 보기는 무수할 정도로 많다. 생각나는 보기 셋만 든다. '君[n]君[v] 臣[n]臣[v], 盜[v]盜[n]不不義'. 이에 비해 한국어는 양쪽의 품사를 지닌 단어가 동음어를 제하면 거의 없다. 동음어들은 서로 다른 단어들이다.

한국어 단어들은 체언 뒤에 조사가, 용언 어간 뒤에 어미가 오게 되어 있다. 그게 그 말이다. 용언 어간에 조사가 바로 오는 형태나 체언 뒤에 바로 어미가 붙는 일이 거의 없다는 말은 체언과 용언어간이 그만큼 선명하게 구분된다는 말이다. 그러므로 우리는 품사 도식을 그만큼 쉽게 만들 수 있다.

우리말의 관형사는 수관형사를 제하면 수가 그리 많지 않다. 그리고 이들은 체언에 바로 이어 붙는 일이 많다. 부사들이 문장에 오는 위치가 비교적 자유로운데 이는 우리말의 비형상적 특성과 관계된다.

전체 문장 구성에서 한국어의 큰 특성은 둘이다. 하나는 문법형태소 첨가에 의한 말엮기 특성이다. 한국어는 품사/문성분의 변환, 격 관계, 표현 의도 등을 각각 특정 문법형태소의 첨가로 표현한다.

둘째는 국소적 형상성이다. 형상성을 보이는 곳은 관형어와 핵어 사이, 서술어와 다른 성분 사이, {더/덜} 등의 비교 구/절과 형용사나 부사 사이 등이고, 서술어에 의해 격을 받는 성분들, 이를테면 주어, 목적어, 보어, 부사어 등 사이에는 형상성을 보이지 않는다.

문장의 형성에서 품사 도식을 시작해 보자. 문장의 중심은 서술어이고 서술어는 여러 논항을 지니며 각 논항들 사이에는 뒤섞기가 자연스레 이루어지므로 이 현상을 아래처럼 도식화한다.

---

44) 아래에서 [v]는 그 단어가 동사임을, [n]은 그 단어가 명사임을 나타낸다.
그리고 한문 예시들의 의미는 대강 이렇다. '임금이 임금답고 신하가 신하답다. 도적의 물건을 도적질하면 불의가 아니다.'

[2] 문장 그림

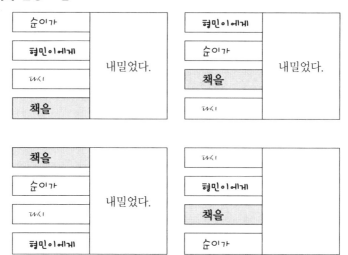

2007년 교육과정에서 문장의 구성을 초등학교에서 가르치게 되어 있다. 한국어는 성분이 뒤섞이고 생략 또한 많으므로 영어 말엮기가 보이는 통사적 완결성은 찾기 어렵다. 한국어 문장의 완결성은 대상 표현의 상황독립성에서 찾아진다. 따라서 한국 학생들에게 문장을 가르칠 때에는 대상 표현의 독립성 개념을 심는 일이 중요한데 그 일은 문장 진술에서 6하원칙의 충족과 관련된다. 그 '6하' 가운데 '왜'를 빼면 나머지 다섯, 즉 '누가, 무엇을, 언제, 어디서, 어떻게'는 서술어 하나에 매이므로 이를 충족해 주면 그 표현은 그만큼 상황에서 독립된 표현이 된다. 이 때 그런 훈련을 이런 방식으로 해 주는 부수 효과도 노릴 수 있다.

서술어를 이루는 용언들은 여러 논항들을 지배하므로 그것을 아래 [그림3]처럼 도식으로 나타낸다. 용언(동사, 형용사)의 왼편 단추는 용언이 거느리는 논항들이 올 자리인데 용언의 종류에 따라 둘 이상의 단추를 지닌다. 단추의 수는 각 용언 어휘가 거느리는 논항의 수에다 부사어를 보탠 것인데 이 그림을 초등학생에게 제시한다면 [또는, 대학의 문법론 강의가 아니라면] 그것을 일일이 명시할 수 없겠다.

우리말의 각 품사들은 문장의 완성을 위한 모듈(module)이 된다. 문장의 중심은 용언들이고 용언 어간들은 격을 부여하며 부사어들이 직접 연결된다. 그리고 우리말은 여러 격들에서 영어에 보이는 형상성이 적어서 순서가 비교적 자유롭다. 이런 특성을 드러내도록 동사 어간을 그리면 아래 [그림3]이 구성된다. 왼편에 있는 단추의 수는 동사가 의미의 완성을 위해 필요한 격들과 부사어들의 수에 맞춘다. 문장 구성에서 우리말은 용언들 앞에 오는 성분들의 순서가 비교적 자유로우므로 용언 그림의 왼편 단추를 가지런히 만든다. 그림의 위아래 'o' 구멍은 접속어미들이 끼워지는 자리이다.

[그림3] 동사의 조각그림

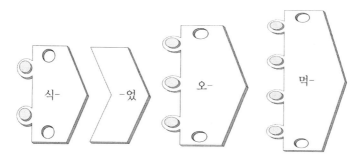

형용사 어간이 동사 어간과 보이는 차이는 비교구문을 이룬다는 점이며 공통되는 점은 격과 다른 부사어를 지배하는 점이다. 비교어구를 이끌도록 그림을 형상화하기 위하여 '⟨'를 왼편에 덧붙인다. 그래서 [그림5]를 구상한다.

형용사에 지배받는 [더, 덜, 매우] 등 비교어구는 형용사의 '⟨'에 끼우도록 조각의 안쪽에 '⟨' 모양의 홈을 파는 그림을 만들고, [더, 덜]은 다시 두 개의 단추를 지니는데 하나는 비교 대생[즉, '순이보다]을 위해서, 또 하나는 비교차 [즉, '훨씬, 매우, 한 뼘]를 위해서 만든 것이다. 이를 반영하면 [매우, 더, 덜]은 [그림4]로 구상된다.

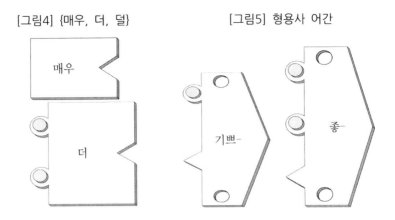

[그림4] {매우, 더, 덜}   [그림5] 형용사 어간

매우

더

기쁘-   좋-

{더, 덜} 조각그림의 앞에 단추가 둘인 이유는 이 낱말들이 '철수보다'와 '조금, 훨씬, 한 뼘' 등 비교대상과 비교차 둘을 이끌기 때문이다. 이 때 비교차를 이끄는 아래 앞단추의 모양을 달리 만들 수 있으나 복잡함을 피하기 위해서 이렇게 만들었다.

우리말의 많은 부사도 '더 빨리'처럼 비교구문을 이룰 수 있기 때문에 그림의 앞쪽에 밖으로 나온 '〈'을 만든다. 이들은 동사나 형용사 어간에 직접 이어지므로 그림의 뒤쪽은 '0' 홈을 판다.

[그림6] 부사 조각그림   [그림7] {-의} 조각그림

빨리   의

관형사와 체언과 조사의 조각그림은 이상태(2009)에서 구성한 바와 같다. 다만 조사 {-의}는 뒤에 체언에 붙기 때문에 [그림7]로 구성한다.

참고로 관형사와 체언과 조사들의 조각그림을 아래 보인다.

[그림8] 관형사　　　[그림9] 체언　　　[그림10] 조사

접속어미들은 용언들(동사나 형용사의 어간)에 직접 연결되므로 [그림11]으로 구현된다. 종결어미가 [그림12]로 구현됨은 당연하다.

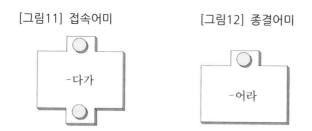

[그림11] 접속어미　　　　[그림12] 종결어미

명사형 어미와 관형 어미는 각각 뒤에 조사, 체언이 따르게 되므로 그런 요소가 오도록 [그림13, 14]로 구현되어 용언들의 어간 뒤에 붙는다.

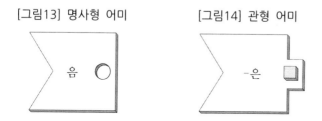

[그림13] 명사형 어미　　　　[그림14] 관형 어미

우주선이나 컴퓨터는 여러 모듈로 이루어져 있고 각각의 모듈이 합쳐져서 하나의 큰 구성체를 이룬다. 그런 모듈은 각각 어느 만큼 독립 단위로서 기능을 수행하며 다른 모듈에 접합부가 존재한다. 우리말에서도 각 단어들은 음성형과 의미와 통사정보들이 들어 있는데 통사정보는 다른 성분들과의 접합부를 형성한다.

이제 낱말의 접합부에 유의하면서 조각들이 합쳐져서 완성된 문장을 이루는 모습을 합쳐진 그림으로 살펴보자.

[그림15] 문장의 모습 예시 [1]

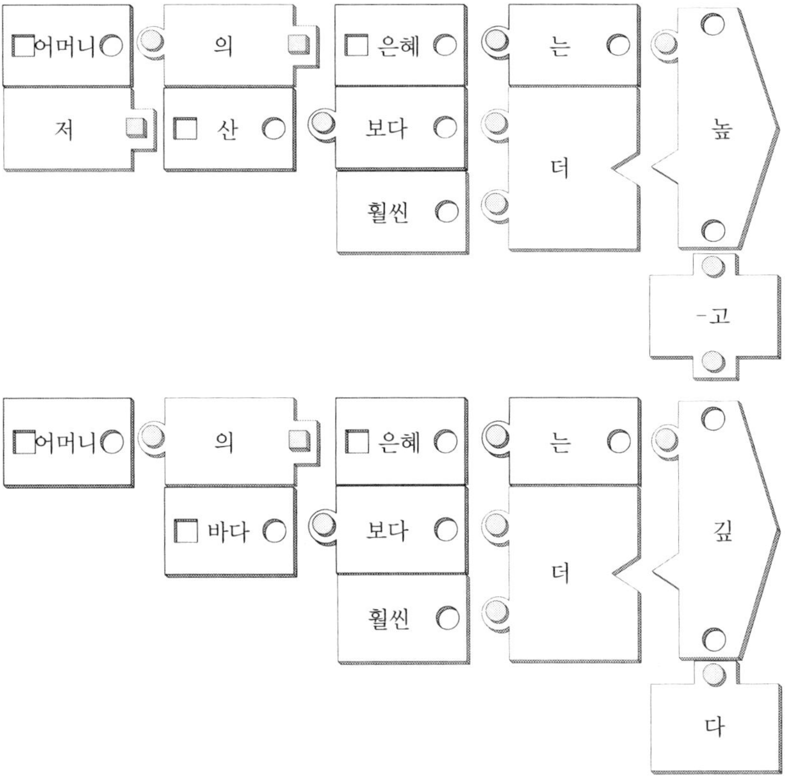

동사 문장을 보자. 아래 보기는 서종욱(2010 : 65)에서 따왔다.

[그림16] 문장의 모습 [예시2]

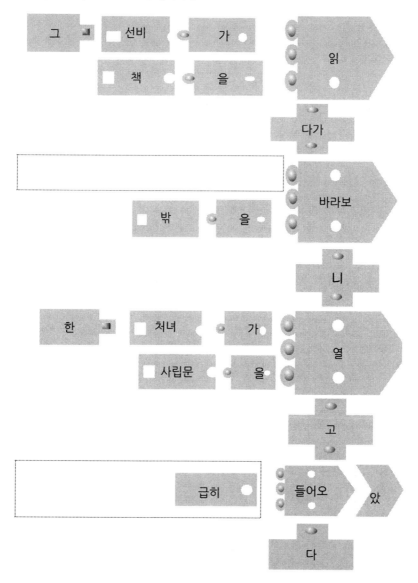

12.5 마무리

 개체나 개념의 속성상 공통성을 일반화하는 정신작용은 살면서 흔히 하는 일이다. 사과나 배가 과일이냐 아니냐를 생각하는 일이 그것이다. 그럼에도 학생들은 모국어를 자유롭게 구사하면서 그 속에 들어있는 품사 개념을 마음 속에 형성하는 데 어려움을 겪는다. 그 이유는 두 가지에 말미암는데 품사 조각그림으로 맺힌 곳을 풀어낼 수 있다.

 첫 어려움은 '품사'가 지니는 의미의 추상성 때문인데 이는 조각그림으로 외현화하면 해소될 수 있다.

 둘째 어려움은 낱말 속성의 일반화에서 학생들은 낱말의 의미와 통사정보 를 구분하지 않는데서 일반화에 실패한다. 이것은 품사 조각그림으로 낱말에 관해서 마음속에 지닌 두 가지 내용을 구분해 줌으로써 해소한다. 각 낱말들 은 의미와 음성형을 지니면서 문장 형성에 필요한 접합부를 아울러 지닌다는 점을 품사 조각그림으로 보여주는 것이다.

 여기서는 우리말의 통사적 특성에 부합하도록 각 품사나 문법형태들의 조 각을 [그림3-14]으로 구현했고 그들이 접합하여 구성하는 문장의 모양을 [그림 15, 16]으로 구현해 보였다. 학생들은 이들의 조작을 통하여 아래 여러 사실을 눈과 손을 통하여 인식하고 이해할 것이다. 우선 각 낱말에 대한 자신의 마음 속 지식으로 음성형과 의미를 알고 있을 뿐 아니라 통사적 접합부도 내면화하 고 있음을 인식하게 되고, 각 품사나 문법형태는 김장독이나 술주전자처럼 낱말의 '겉모습'에 유추될 수 있으며 이들이 서로 어떻게 다른지 눈으로 이해 하게 된다.

 게다가 조각그림을 글쓰기 등에 활용하면 학생들은 더욱 더 완결된 생각을 표현할 수도 있게 된다. 각 동사나 형용사 낱말이 지니는 단추에 부합하도록 문장의 성분을 채우는 일로써 학생들은 사태 독립적인 표현의 완결성을 얻을 수 있다. [[구름이] 뜨다]는 '아까+저 산 위에+비행기가+갑자기+떴다'처럼 네 개쯤까지 단추를 채우면 대상 사태로부터 더 독립되고 그만큼 완결된 표현 을 얻게 된다. [[떡을] 먹다]는 다섯이나 여섯 개쯤의 단추를 채울 수 있다.

초등학교에서부터 각 동사 낱말을 가지고 이런 훈련을 하면 학생들은 완결된 표현을 하는 버릇이 들게 된다.

형용사인 낱말의 '⟨' 부분을 [더. 덜]로 연접하여 표현하면 그만큼 더 객관화된 표현을 얻게 되어 형용사 낱말들이 지니는 표현의 주관성을 어느 정도 해소할 수 있다. 이런 일들은 학교 교육에서 '문법' 영역으로 문법에 관한 지식교육 뿐 아니라 문법 능력의 함양 중심으로 전환하여야 함을 전제로 하는 일이다.

주의할 일 두 가지를 덧붙인다. 하나는 여기서 도식으로 보인 품사 그림은 영어나 중국어, 한문에 적용되기는 어렵다. 본문 속에 암시했듯이 그들은 말 엮기 방식이 한국어와 근본적으로 다르기 때문이다. 둘째로 주의할 일은 우리말이 지닌 더 자세한 통사적 차이를 나타내기 위하여 여기서 보인 단추의 모양과 구멍의 모양을 더 자세하게 구분할 수도 있으나 모든 교육 행위가 그렇듯이 효과와 아울러 학생의 정신적 부담, 양쪽을 엄밀히 재어 보아야 할 것이다.

13

형용사 지도하기

– '문법＋사고＋문체'의 통섭 –

13.1 들머리

형용사의 특징 가운데 교육적으로 중요한 것은 두 가지이다.

하나는 형용사들이 화자의 느낌이나 대상의 속성을 표현한다는 점이다. 속성의 표현도 '원균은 16세기 한국의 장군이다.'처럼 대상 지향적 표현이 있고, '원균은 위대하다.'처럼 주관적 표현이 있는데 형용사에 의한 표현 가운데는 대상의 주관적 표현이 더 많다. 주관성은 그것만으로는 교육의 의의가 적다. 교육에서 더 중요한 일은 학생들이 주관을 객관화하고 대상의 실체에 더 가까이 다가서도록 하여 주관과 객관이 소통하게 하는 일이다. '순이가 키가 크다' 와 '순이가 키가 145센티미터이다'에서 보이는 바처럼 주관 표현과 대상 지향 표현을 아울러 지니게 함은 학교 교육 일반이 지향하는 대상 세계 이해와 인식의 밑바탕이 된다.

형용사의 둘째 특성은 비교 구문을 이끌 수 있다는 점이다. 이 현상은 통사적으로도 중요하지만 교육적 의의도 크다. 최현배(1965 : 474 이하)에서 형용사의 중요한 특질로 "모든 그림씨를 두 가지의 다름을 견줌에 쓸 적에는 그 견주는 다름을 드러내기 위하여 특별한 어찌씨를 그 위에 붙이느니라."라고 하여 비교의 속성을 중요한 특성으로 제시했다. 그러나 이 특징은 간과되고 말아서 서정수(1996)에서나 고등학교 심화 과목인 '문법'에서도 비교 구문의 진술은 형용사 부분이나 다른 어느 부분에서도 찾을 수 없다. 비교 구문에 의한 사태의 진술이 지니는 효과는 공통 속성을 지니는 대상에까지 확대하여 사물과 사태를 잡아낸다는 점에서 찾아진다. 이 점 역시 국어 교육을 포함한 교육 일반에서 대상의 이해에 필요한 학생의 능력이다.

지금까지의 교육에서는 이들 두 면을 제쳐두고 품사분류 정도에 머무르고 있는 실정이다. 단어 '위대하다'가 형용사라는 것을 탐구하더라도 '분류'라는 사고 행위를 익히는 것도 아니다. 분류하기는 일찍부터 전체 교과교육에서 훈련하는 일이다. 따라서 품사의 분류는 그 자체로서는 인간학적 효용이 모국인에게는 매우 적다. 인간학적 효용을 한국인의 말쓰기에 관한 자기반성적 인식으로 이해한다면 '한국어는 왜 1인칭 대명사가 열 개가 넘는가?' 수준의 물음을 만들어 외국어와 비교에 의해서 인식을 명확히 할 수 있다.

이 글은 '비교하기'를 제시하여 학교에서 모국인 학생을 대상으로 문법을 지도할 때는 문법에 속하는 하위 내용들을 의미와 사용에 치중해서 가르쳐야 교육적 효과를 본다는 점을 보이는 보기로 제시하는 것이다. 이런 문법을 체계적으로 구성하여 초등학교 1학년부터 가르치는 것이 온당하다는 생각을 이 글은 깔고 있다. 지금 이 시기까지 우리는 '문법'의 교육 내용을 국어학자들이 구성해 온 문법에 관한 지식의 전달이나 탐구에 두었음을 부정할 수 없다. 김광해(1997)에서 '탐구'한다는 내용도 그러하고 신명선(2007)이 추구하는 바도 그에서 크게 벗어나지 않는다. 그런 일들이 가능하고 또 필요한 학생이 있겠지만, 그에 우선하는 바는 '말을 바르게 하고 글을 바르게 쓰'는데 필요한 내용을 가르치는 문법, 즉 '학교문법' 또는 '교육문법'이 교육의 초기부터 이루어져야 함을 우리는 이제까지 눈감고 있다. 학자들이 구성한 이론은 문법에 관한 지식 체계이며 이것이 말과 글을 바르게 쓰는 데 직접 소용되지 않는다는 사실을 애써 눈감아 온 것이다.

13.2 형용사의 지도

13.2.1 형용사의 구분

사전편찬자가 아닌 일반인에게는 '[이 고추는] 매워서'가 형용사라는 사실은 이상태(2009) 정도의 의미뿐이다. 모국어로 한국어를 쓰는 이는 어린이라고 할지라도 어순이나 논항에 조사 붙이기 등 구문 구성의 형식은 충족하여 표현한다. 게다가 품사 구분에서 어떤 어휘 항목은 학생들에게 혼란스럽다. '이런, 그런'은 관형사로 사전에 등록되어 있고 바꿔 쓸 수 있는 '이러한, 그러한'은 기본형에서 멀지 않으므로 형용사로 등록된다. 전자와 후자 어휘는 사용상 세대 차이나 문체 차이를 나타낼 뿐 다른 차이는 없다.

사고와 사용과 의미를 묶어서 가르치는 교육문법의 관점에서 보면 형용사를 이루는 어휘들의 의미와 쓰임을 교육의 초기에 가르칠 필요가 있는 것이다. '슬기롭다'의 품사가 형용사라는 사실이 중요한 것이 아니라 이 단어의 의미와 쓰임을 익히는 일이 중요하다. 이 단어는 어떤 대상에 쓰는지, '똑똑하다'와 어떤 점이 같고 다른지 등을 훈련하는 일이 중요하다. 따라서 교육 계획자들은 형용사를 이루는 어휘들의 구분에 관심을 가진다. 학생들의 이해나 개념 형성상의 난이도에 따라, 또는 형용사 어휘들이 표현하는 대상세계의 부류에 따라 교육의 순서를 정할 수 있기 때문이다.

형용사의 하위 구분에서 현재의 고등학교 '문법'은 문제가 많다. 거기서는 형용사를 성상형용사와 지시형용사로만 나누고 있다. 따라서 '있다, 많다, 같다' 등이 성상형용사로 귀속될 뿐이다. 그러나 이들 단어의 의미에 '성질과 상태'의 의미는 없고 이들을 뭉칠 의미상의 공통 특성도 없다.

최현배(1965 : 470-475)에서는 형용사의 갈래를 자체의 의미 속성류(屬性類)나 함께 쓰이는 논항의 의미류(意味類)에 따라 아래 [1]로 나누었다.

[1] 최현배(1965)의 그림씨 구분

  (1) 속겉

    [ㄱ] 감각적 [5감] : 푸르다, [맛이] 쓰다, 맵다, 시끄럽다, 거칠다

              [평형감각] : 어지럽다

              [유기감각] : 답답하다, 마렵다, 고프다

              [시공감각] : 멀다, 빠르다, 크다, 둥글다, 길다, 높다

    [ㄴ] 정의적 [심리] : 기쁘다, 밉다, 그립다, 고맙다

             [평가] : 참되다, 착하다, 어질다, 이롭다, 옳다

             [이지] : 슬기롭다, 둔하다, 약다

             [행동] : 느리다, 재다, 재빠르다

             [변화] : 새롭다, 낡다, 헐다, 젊다

  (2) 있음 : 있다, 없다

  (3) 견줌 : 같다, 다르다, 낫다, 못하다, 비슷하다

  (4) 셈숱 : 적다, 많다, 작다, 크다

  (5) 가리킴 : 이러하다, 저러하다, 어떠하다

한편 서정수(1996 : 730~736)에서는 형용사를 [2]로 나눈다.

[2] 서정수(1996)의 형용사 구분

  (1) 일반 형용사

    • 성질 : 똑똑하다, 슬기롭다, 바보스럽다, 날카롭다, 바르다

    • 상태 : 높다, 시끄럽다, 조용하다, 거칠다, 둥그렇다

    • 심리 : 괴롭다, 언짢다, 그립다, 슬프다

  (2) 특수 형용사

    • 비교 : 같다, 다르다, 비슷하다, 닮다

    • 지시 : 이러하다, 이렇다, 그러하다, 그렇다

    • 의문 : 어떠하다, 어떻다

위의 [2]는 따로 '존재사'를 두기 때문에 [1]의 '있음그림씨'는 자기 분류에서 빠진 것이다. 그러나 [2]에서 '어떠하다'를 '의문 형용사'로 구분한 일은 온당하지 않다. 문장에서 '어떠하다'류에 의문의 의미가 생기는 것은 의문문 속에서인데 그 단어에 의문의 초점이 왔기 때문이다. '[집안 형편이] 어떻든지 [간에

아이가 미국 가겠다고 떼를 쓴다'에서 '어떻든지'에는 의문의 뜻이 없다. 따라서 이들 단어는 이상태(1986)에서 밝힌 바처럼 비확정 지시를 하는 말이기 때문에 [1]의 '가리킴그림씨'로 귀속하는 것이 온당하다. 그리고 [2]에서 형용사를 '일반-특수'로 구분할 때는 무엇이 '특수'인지 알 수 없다.

형용사 어휘들의 의미와 쓰임을 가르치려면 전체적으로 [1]의 하위구분이 더 온당하다. [1]에 제시된 하위 구분이 형용사 어휘들의 의미나 대상 세계들에 더 부합하도록 구분되어 있기 때문이다.

13.2.2 형용사의 지도방법

의미나 사용 중심으로 어휘를 가르치려면 문장이 바탕이 된다. 문장은 대상 세계를 표현하는 최소 덩이이기 때문이기도 하지만 동사나 형용사는 문장의 핵이기 때문이기도 하다. 형용사로 서술하는 문장[이하 '형용사문'으로 부름]을 가르치는 내용과 순서를 아래 요약해서 제시한다.

[3] 형용사문 가르치기
  (1) 문장으로 훈련한다.
  (2) 어휘류의 훈련 순서는 대개 위의 [1]에 열거된 대로 잡는다.
  (3) 교사는 특정 어휘가 대상 표현인지, 대상에 대한 화자의 느낌 표현인지, 대상에 대한 화자의 평가 표현인지를 확실히 구분하고 각각에 맞는 지도를 한다. '평가' 형용사는 주의를 요하며 더 높은 학년에서 다시 가르친다.
  (4) 요구하는 논항들을 모두 기워 문장을 만든다.
    [매워! - 이 고추가 맵다.]
  (5) 논항의 의미상 대치는 구체물〉추상체로 나아간다.
    [(이 고추〉그의 손끝〉바람끝〉계절)이 맵다.]
  (6) 논항의 구성상 대치는 단순 구조에서 복잡한 구조로 나아간다.
    [고마워.〉나는 그 친구가 고마웠다.〉나는 그 친구가 어려운 형편을 감추고 나를 도와준 일이 고마웠다.]

이제 이들에 대해서 항목을 달리하여 살펴본다.

(1) 형용사와 주관/대상 표현

'속겉(性狀)' 형용사 가운데서 감각 형용사들은 학생들이 일찍부터 써 온 것들이다. 이들을 문장으로 훈련하면 대상세계와 의미를 아울러 주는 효과가 있다. 이들 중에서 오감으로 느끼는 어휘들은 비교적 객관적 성질을 지닌다. 그 가운데서도 색을 나타내는 어휘들은 더 그렇다. '시공감각'을 나타내는 어휘들은 상대적으로 주관성이 강하다. 이렇게 주관성이 강한 표현을 대상 지향의 표현으로 바꾸는 훈련을 병행해 준다.

[4] 주관적 표현과 대상적 표현
　주관적 : 여기서 고향까지는 멀다.
　대상 지향적 : 수원에서 서울까지는 걸어서 하룻길이다.
　　　　　　　 수원에서 서울까지는 이백 리이다.

이렇게 하면 학생들이 주관과 객관을 아울러 바라보게 되어 자신과 대상의 양 쪽을 더 확실하게 인식하게 된다. 그리고 이들 형용사문장들은 문체학적으로 묘사문에 더 자주 쓰임을 알게 되면 문체를 익히는 바탕도 마련된다.

'셈숱' 형용사들도 위와 같은 훈련이 필요하다. '그 음악당에 사람들이 적다.'는 주관의 표현이고 '그 음악당에 사람들이 삼백 명쯤 왔다.'는 대상에 더 가까운 표현이다.

속겉 형용사 가운데서 '정의적' 형용사들도 어릴 때부터 학생들이 쓰는 것들이다. 이들을 문장으로 쓰면 문장 구성으로서는 완결되지만 대상 사태 표현으로서는 완결되지 않은 경우가 많다. '그 날 순이는 몹시 기뻤다.'는 표현을 할 때는 이어서 왜 기뻤는지, 기쁨의 내용이 무엇인지 등을 묻는 것이 당연하기 때문이다.

대상 사태가 거의 없고 느낌만 표현된 문장이 평가문이다. '이황은 위대한 철학자이다.'는 그 자체로서는 말한 사람의 이황에 대한 평가만 드러내었다.

어떤 점 때문에 그런 평가를 내리는지를 설명해 주지 않으면 사람들의 동의를 얻기 힘든 세상에 학생들은 살고 있다. '이명박 악법'이란 표현에서 '악(惡)'은 의미상 평가형용사를 지닌다. 무엇이 어떤 이유로 악한지에 대해서 논리적 설명을 해 줄 의무가 있다.

'견줌' 형용사들은 둘 이상 비교의 대상이 있는데 비교의 기준과 비교의 정도가 함께 표현되어야 완결성을 지닌다. 우리는 앞에서 형용사와 {더, 덜}, {훨씬} 등의 조각그림을 그렸는데 이를 합쳐서 보이면 아래와 같다.

[5] 비교 구문의 조각그림

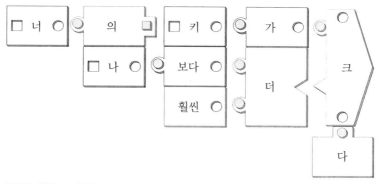

'견줌' 형용사 문장
한국인과 일본인은 유전자 구조가   거의   같다.
     [비교 대상]   [비교 기준]   [비교 정도]

이들이 드러나지 않더라도 문맥에 의해서 모두를 복원하지 않으면 바르게 의미 파악을 한 것이 아니다. 이를테면 '흥미롭게도 마당이론은 통계역학과 비슷한 면이 있다.'에서 견줌의 두 대상은 문장 안에 드러나 있지만 견줌의 기준은 드러나 있지 않다. 아래 예문은 견줌의 대상이 확실하게 드러나 있으나 좀 더 복잡하다.

[6] '같다'와 '다르다'의 용례

예를 들어, '지구 중심설'이냐 '태양 중심설'이냐 하는 문제에서 여러분들 대부분은 지구 중심설은 틀렸고 태양 중심설이 옳다고 생각할지 모르겠네요. 그러나 사실 두 가지 모두 훌륭한 이론 체계라 할 수 있습니다. 기본 원리는 **다르지만** 관측을 통해 감각 경험과 연결하면 두 가지 모두 현실성이 있다는 점은 **같습니다**. 행성의 운동을 설명할 때, 대부분 태양 중심설이 친숙하겠지만 지구 중심설로도 잘 설명할 수 있습니다[45].

[최무영 : 『최무영의 과학 이야기』 'Pressian'에서]

이런 점을 고려하면 '[무엇] 같은+명사'의 구조는 사용에 특히 주의해야 한다. 이 표현은 완화소로서 요즘 부쩍 많이 쓰이는데 '순이 같은 아이'에서 비교의 기준이 명확하게 드러나지 않으므로 대상을 도리어 모호하게 만든다. '같은 경우'가 되면 훨씬 심각하다. '미국 같은 경우에는 공권력이 확립되어 있다.'와 '미국에는 공권력이 확립되어 있다.'를 비교하면 전자에는 '미국' 말고 비교의 기준이 '같'은 대상을 청자가 마음속으로 특정해 내기 어렵다. 이런 점으로 볼 때 '이와 같은 현상'은 '이런 현상'으로 바꾸어 표현할 수 있다.

둘 이상의 대상에 대하여 특정 성질의 같고 다름을 판별하는 일은 명확한 인식의 출발점이다. 학교 교육에서 거의 모든 교과 내용에서 사용하는 개념들을 이해하기 위해서는 이 인식이 바탕에 깔린다. 이를 위하여 국어과에서 교육의 초기에서부터 구체적 대상을 가지고 이런 훈련을 하는 일이 중요하다.

한편, '가리킴' 형용사와 '있음' 형용사를 제하고 '속겉' 형용사와 '셈숱' 형용사들은 비교절을 앞세울 수 있다. 이상태(1994)나 황미향(1996)에서 보인 바처럼 형용사와 상당수의 부사들은 비교절을 이끄는데 비교에 의해서 표현이 더 객관화된다. 이 구문은 대상과 비교 대상과 비교의 기준과 비교의 차이 등이 표현되기 때문이다. 말 교육을 할 때 대상과 관련을 명확히 지으면서 관련되는 요인들을 더 충실하게 표현하는 훈련이 교육의 초기부터 필요함을 알겠다.

---

45) 이 예문이 나온 김에 글 속에 평가어 '틀리다/옳다/훌륭하다'가 어떻게 쓰이는지도 살펴보는 것이 유익할 것이다.

[7] 비교절에 의한 형용사문의 대상화

(1) 자연과학은 인문학에 가깝다.

(2) 자연과학은 인문학에 더 가깝다.

(3) 자연과학은 공학보다 인문학에 [조금/훨씬] 더 가깝다.

위의 표현 [7.3]일지라도 비교의 기준이 드러나 있지 않으므로 청자가 정보 처리를 해서 대상세계가 표현하는 내용을 완결되게 이해하기는 어렵다.

최상급을 표현하는 '가장'이 쓰인 문장에도 비교의 대상이나 범위가 들어 있다.

견주기는 형용사의 의미에 '정도'를 지니기 때문이다. '매우, 아주, 조금, 꽤, 어느 정도, 상당히' 등은 형용사 앞에 와서 그 형용사가 의미하는 성질의 정도를 표현한다. 이들 각 어휘에도 비교의 의미가 함축되어 있는데 비교의 상대는 대상이 일반적으로 지녔다고 생각하는 정도이다. 이들 어휘는 쿼크 등 (Quirk, et al, 1972 : 438 이하)에서 말하는 강화사(*intensifiers*)로서 이들이 붙는 어휘의 의미상 성질을 강화/강조(*emphasizers/emplifiers*)하거나 끌어내리(*down-toner*)는 구실을 한다. 그리고 이들 표현은 화/청자 사이에 '대상이 일반적으로 지녔다고 생각하는 정도'에 차이가 있을 수 있으므로 다시 계량화에 의한 표현이 나온다.

[8] 강화사 표현의 객관화

(1) 오늘 날씨가 꽤 덥다.

⇒ 오늘 기온이 섭씨 33도이다.

(2) 내일 비가 올 확률이 [매우, 꽤] 높다.

⇒ 내일 비가 올 확률이 [88퍼센트, 55퍼센트]이다.

(3) 비행기 사고가 날 가능성이 거의 없다.

⇒ 비행가 사고가 날 확률이 0.1퍼센트 이하이다.

이런 계량화는 '속겉(性狀)' 형용사들 가운데 상당수가 가능하다. 이들 어휘의 일반적인 의미 속에는 정도의 의미가 들어 있고 그 '정도'는 화/청자 사이나 말하는 이마다 서로 다를 수 있으므로 많은 성질과 상태들이 계량화된다. 사람

의 감정 상태, 이를테면 '미안하다, 고맙다, 황홀하다, 무섭다' 등은 아직 계량화
되기 어렵지만 대상과 관련되는 형용사의 의미들은 아래 [9]처럼 계량화된다.

[9] 형용사 의미상 정도의 계량화

멀다/가깝다	몇 리
시끄럽다/조용하다	데시벨
밝다/어둡다	몇 룩스
빠르다/느리다	시속 몇 미터
많다/적다	몇 개/사람
무겁다/가볍다	몇 근
넓다/좁다	몇 평/제곱미터
길다/짧다	몇 자/미터
두껍다/얇다	몇 치/미터
높다/낮다	몇 자/미터
깨끗하다/더럽다	오염도
넉넉하다/가난하다	재산

위에 보이는 형용사라도 모든 경우에 계량화를 쓰는 것은 아니다. '순이는
코가 크고 이마가 넓다.'를 '순이의 코 크기가 삼십 세제곱센티이고 이마 넓이
가 오십 제곱센티이다.'라고 하지는 않는다.

그러나 형용사의 이런 특성을 아울러 이해하고 표현을 다양하게 하는 훈련
은 대상을 독립적으로 바라보면서 그렇게 진술하게 하는 훈련이며 이는 과학
적 사고의 토대가 된다.

(2) '가리킴' 형용사와 지시관형사

가리킴[지시] 형용사 '그렇다'는 현재 통용되는 예들을 보면 활용형에 따라
'ㅎ'이 빠지는 경우가 많다. '네가 자꾸 그러면', '그가 또 그러니까', '쟤가 그러
다가', '형편이 그래서', 등에서는 'ㅎ'이 빠진다. '현재 형편도 그렇고', '네가 그

렇게 말하면' 등에서는 그 소리가 들어 있다. 이 어휘가 바탕이 되어 부사로 바뀐 어휘 중에는 '그러나, 그러면, 그렇지만' 'ㅎ'이 빠진 것도 있고 그것이 들어 있는 것도 있다. '그러한'과 '그런'은 둘 다 쓰이는데 사전에서 전자를 형용사로, 후자를 관형사로 등록한다. '[네가 자꾸 그러면'은 형용사의 활용형이고 '그러면 [이제 둘째 물음에 대해서 살펴봅시다.]'는 부사로 사전에 등재한다. 사전에서의 등록 차이가 우리 삶에 차이를 가져오지는 않는다.

'그 [이론]'과 '그러한 [이론]'은 대상 지시에 차이가 있다. 전자는 개체를, 후자는 속성을 지시하므로 구분해서 쓰는 훈련을 할 필요가 있다. 그런 훈련을 받지 않은 사람이 영어나 독일어 책을 번역한 텍스트를 보면 그 둘이 헷갈림을 본다. 아래 번역문 [11]에서 '이러한'들은 '이것'과 '이'로 각각 써야 한다.

[10] 개체 지시와 속성 지시

⑴ 어제 무현이 왔는데 동생이 그를 잘 대접했다.
⑵ 명제를 수학공식으로 표현하면 아름답다. 그런 명제를 만든 학자
는 많지 않다.

[11] 잘못 번역된 지시 형용사 보기 [출처는 밝히지 않음]

⑴ [원문] To see how **this** works, look again at [16] and [17].
[번역] **이러한** 규칙이 어떻게 작동되는지는 [16과 [17]을 다시 살펴
보자.
⑵ [원문] … … on **this** view … …. According to **this** proposal …
[번역] **이러한** 관점에서 보면　. **이러한** 주장에 따르면 …

한국어 표현에서 특정화된 속성을 확대/일반화하는 표현으로 '명사[와] 같은 류개념 명사'가 있다. 이를테면 '미국[과] 같은 나라, 순이[와] 같은 아이, 어제 [와] 같은 경우' 등은 이미 특정화된 속성이나 지시를 확대하고 일반화하려고 사용하는 것이다. 이 표현은 여기서 언급할 내용은 아니나 효과와 아울러 역효과도 지닌다. 그리고 이 연장에서 '그[와] 같은'의 표현도 있는데 이것은 대부분 '그런'과 바꾸어 쓸 수 있다.

개체와 개체의 속성은 엄연히 다른 것이다. 다른 것은 다르게 표현해 주는

훈련이 어릴 때부터 필요하다. 한 단어가 무슨 품사에 귀속되는지 가리는 일은 어느 만큼 자의적 요소가 개입하게 되는 경우도 있고 또 그런 분류의 기준 자체가 삶에 의미를 지니지 않는 일이 많다.

(3) 논항 채우기와 사태의 상세 표현

모국어 교육에서 매우 중요한 일이 표현을 상황에서 독립되게 하도록 훈련하는 일이다. 상황의존적인 표현은 교육을 받지 않더라도 불편 없이 쓰면서 산다. 그런데 '괴로워.'라는 표현만으로는 그것이 상황에서 독립되면 누가 언제 어디서 왜 무엇이 괴로운지 드러나지 않는다.

서술어가 상황에서 독립되려면 우선은 서술항이 요구하는 논항을 채워 주어야 한다. 문장에서 주어나 목적어나 보어를 찾아 채우는 실질적인 이유는 일차적으로 표현의 상황 독립성 때문이다. 그러나 한국어는 문장의 필수 성분이 통사적으로 안정되어 있지 않다. 주어나 보어나 목적어를 생략하고 말을 쓰며 보어의 범위도 정해져 있지 않다. 이런 현실에서 우리는 교육의 초기부터 동사나 형용사마다 논항들을 충분히 채워넣어 짧은글 쓰기 훈련을 할 필요가 있다. 말을 가르치는 중요한 목적은 학생들이 표현을 더 정확하고 더 참되게 하도록 하는데 있으므로 이를 위해서는 더 많은 논항들을 채우는 훈련을 교육의 초기부터 시행할 필요가 있다. 이것이 앞에서 말한 [3]과 [4]이다. 이 훈련에서 형용사 문장들은 적어도 네 요소 즉 '언제 어디서 누구[주체]가 무엇[대상]이'를 채워 문장을 완성하도록 훈련한다.

이에 더하여 각 논항을 단순한 통사 구조에서 더 복잡한 통사 구조로 바꾸어 가면서 대치(代置)하는 훈련이 필요하다. 통사 구조가 복잡하면 그 의미 내용도 그만큼 복잡해지는데 학생들이 더 복잡한 정보 내용을 한꺼번에 싸잡도록 하는 데 이 훈련의 의의가 있다.

동사 어휘들에 대해서 홍재성 외(1997)에서 각각 필요한 논항들을 자세히 진술했다. 거기서는 '듣다'를 통사적 특징에 따라 다섯으로 나누었는데 [듣다²]가 요구하는 논항들을 아래처럼 구분했다.

[12] 동사 {듣다²}의 논항 내용에 따른 구문 예시.(홍재성 등, 1997 : 153
   에 의함)

  (1) N0 = 인물   N1 = 소리, 방송 : 유미가 파도소리/방송을 들었다.
  (2) N0 = 인물/동물   N1 = [누구의] 말 ADV = 잘 : 유미는 내 말을 잘 들
     는다.
  (3) N0 = 인물   S-것을 : 나는 유미가 노래하는 것을 들었다.
  (4) N0 = 인물   N1 = 추상 ADV = Adj-게 : 나는 이야기를 재미있게 들었다.
  (5) N0   S1-것을   ADV : 나는 유미가 범인이라는 것을 그럴 듯하게
     들었다.
  (6) N0   N1   S1-것으로 : 나는 그의 이번 발언을 이번 비리 사건에 대해
     사과하는 것으로 들었다.

  형용사 어휘를 가지고 교육의 초기부터 이런 훈련을 시행하면 학생이 가진
문법을 확충하면서 사고의 폭을 넓힐 수가 있는 것이다.
  형용사를 서술어로 하는 문장들의 논항은 앞의 [1]의 분류에 준하는 논항
체계상의 구분을 대체로 지님을 본다. [13]이 그 보기이다.

[13] 형용사 문장의 논항에 따른 구문 예시.
  감각   N0 = 대상 [N1 = 대상의 특성] : 이 국이 [맛이] 쓰다.
  정서   N0 = 경험자 N1 = 인물[의 행동]/사태 : 그는 아기가 웃는 모습
           이 귀여웠다.
           N0 = 경험자 [N1 = 대상] : 나는 [속이, 그의 그런 처신이] 답답했다.
  존재/수량 N0 = 장소 N1 = 대상 : 순이네 집에 배나무가 있다/많다.
  비교   N0 N1 = 비교 대상 N2 = 비교 기준 ADV = 비교 정도 : 순이와 영
           이가 키가 거의 같다.
  평가   N0 N1 = 평가 대상   N2 = 가치 기준 : 순이 말이 영이의 말보다
           이치에 더 맞다.

  실제로 짧은 글쓰기 훈련을 할 때에는 여기에다가 시간과 공간을 한정해
주는 말을 더 넣으면 표현이 더욱 완결되며 앞서 다룬 비교 구문을 보태어
주면 더 많은 정보량을 싸잡아 안게 된다. 게다가 각 논항을 문장이나 절로

대치하는 훈련을 해 주면 매우 많은 정보량을 한꺼번에 표현하는 능력을 지니게 될 것이다.

(4) 비교와 비유와 유비추리

이들은 대상 세계를 둘 전제한다는 점과 비교[같고 다름 찾기]를 깔고 있다는 점에서 공통성이 있지만 문체상의 차이가 있어서 비교는 대상 인식을 위한 설명에 쓰이고 비유는 묘사문에 자주 쓰이며 유비추리는 논증이나 설득에 쓰일 수 있다.

비유는 청자가 잘 잡아내기 어렵다고 화자가 판단할 경우에 청자에게 익숙한 대상을 끌어와서 둘의 같은 점을 그려 보이는 일임을 우리는 알고 있다. 두 대상에서 같은 모습을 추상하는 능력이 화자에게 요구된다. 그리고 유비추리는 논증이나 설득을 할 목적으로 화자가 내리고 싶은 결론의 명제와 같다고 생각하는 대상을 찾아 둘의 같음을 보이는 일이다.

사람들의 인식이나 사고의 발달 과정에서 볼 때 형용사 '같다/다르다'의 의미 내용은 성장 과정에서 늦잡더라도 아기들이 낯가림 할 때 구체 대상, 이를테면 사람 얼굴에 대하여 지니는 기본 능력이다.[46] 자라면서 대상이 넓어져서 형제의 얼굴이나 쌍둥이의 모습에서 같고 다름을 잡아내게 되고 더 나아가서는 소와 풍산개와 오징어와 광어에서 같은 성질을 추상하게 되면 과학적인 동물분류가 이루어진다. 서로 다른 대상에 대해서 같은 성질을 잡아내는 일이 분류이므로 같고 다름은 인식의 기반이면서 분류 행위의 바탕이다.

모국어가 토박이의 사고의 도구라는 점을 국어교사가 인식한다면 위의 사실에 관한 통찰을 교사가 지녀야 함이 마땅하다. 이에 더하여 우리는 단어를

---

46) 영국 BBC에서 2007년 제작한 비디오 'Extraordinary Animals'에 의하면 캘리포니아 주 산타 크루즈에 있는 동물 인지행동 연구소[Joseph M. Long Laboratory]에서 1985년 강치를 대상으로 그림들을 보여주고 그가 같은 그림, 이를테면 야자나무 그림을 맞춘다는 것을 알아내었다. 그리고 아라비아 숫자와 알파베트를 보여주고 숫자와 글자를 구분해 내는 것도 알아내었다. 그 프로그램의 해설자 첫 마디는 "동물도 사고합니다. 데카르트는 틀렸습니다."이다[http://www.ental.co.kr/].
에델만(Edelaman, 1992)의 제1장 내용을 연상하게 하는 말이다.

단어만으로 볼 일이 아니라 그 의미를 생각해 환원해 주는 일도 필요하다. '比較, 比喩, 類比推理'라는 말의 의미에는 대상이 둘 이상인 점과 같고 다름을 찾는 다는 점이 들어 있다. 이 같고 다름은 강치나 침팬지나 어쩌면 쥐까지도 지니는 사고의 능력이며 우리는 태어나서 너댓 달 안에 지니는 사고의 능력이다. '같다/다르다'는 판단은 대상 둘을 '견주어' 보는 데서 생기는데 한자 '比'가 한국인 토박이에게 원래는 생소한 말이므로 어릴 때 동물의 연장선에서 익힌 이 사고 조작이 생소한 모습의 단어 '비교, 비유, 유비추리'등에 막히는 경우가 생긴다. 말을 말로만 가르칠 때 더욱 그러하다.

13.3 '맞다, 옳다'와 판결명제 및 텍스트의 구성

'옳다/그르다'는 형용사이지만 '맞다'는 동사로 쓰이기도 하고 형용사로 쓰이기도 한다. 이들은 대상에 대한 화자의 판결을 표현한다. '맞다'가 대상을 표현하려면 아래 [14.1]의 구조를 지닌다. '옳다/그르다' 문장에서는 보통 판결의 준거나 상대 판결이 드러나지 않는다. 이 점을 고려하면 일상에서 자주 쓰는 이 말은 대상 세계의 전체 모습을 드러내지 않기에 매우 소략한 표현임을 알겠다.

그런데 판결문, 이를테면 헌법재판소 결정문[판결문]의 주문은 [14.2]인데 이를 '맞다'를 써서 같은 의미로 환원하면 [14.3]이 된다. 아래 두 판결에서 (1)은 구체적이면서 단순한 사태에 대하여 진술한 것이고 (2)는 매우 복잡하고 어느 정도 추상적 개념들을 동원해야 하는 진술인 점에서 차이가 있다. 그러나 둘째 진술과 첫 진술은 뼈대가 같다.

> [14] '맞다' 판결문의 구문구조
>   (1) 이 신발이   내 발에   [저것보다 더]   맞다.
>   [판결 대상]   [판결 준거]   [비교 대상]   [평가어]

⑵ 신행정수도건설을위한특별조치법[법률 제7062호]은 헌법에 위반
된다.

⑶ 법률 제7062호는 헌법에 맞지 않다.

민사재판의 판결은 원고와 피고가 존재하므로 판결대상이 둘이 되므로 비교 구문을 이끌게 되어 있다. 그러나 위의 판결은 대상이 하나만 존재하고 상대 대상은 없으므로 비교 구문을 이끌지 않는다.

판결은 흔히 명령문이나 청유문 또는 '-어야 한다'의 형식을 띠고 간략하게 표현된다. 이상태(2005)에 의하면 판결명제인 명령문이나 청유문은 [15]처럼 상세히 진술할 수도 있다.

[15] 입말 대화에서의 판결명제 보기

네가 어머니를 모셔라/모셔야 돼! ⇒ [상세 진술]
네가 어머니를 모시는 것이 동생이 모시는 것보다 너의 도리에 더 맞다.

그런데 [15]에는 판결문 텍스트의 전체 의미 구조가 녹아 있음을 유의할 필요가 있다. 그 텍스트들의 의미 구조는 판결명제가 지니는 여러 요소들 모두가 진술되어 전체 텍스트의 통일성을 유지하게 된다. 헌법재판소의 이 판결문은 이백자 원고자로 280장, 단어 수로 12,000개에 이르는 방대한 정보량을 지닌다. 정보량이 방대한 이유는 관계되는 사태가 많고 복잡하기 때문이다. 이 판결문에는 [15]의 항목들이 이 사태에 적합하도록 변경되어 그런 방대한 정보들이 체계화되어 있다. 판결 주문(主文) [14.2]는 전체 판결문의 '주제'이기 때문이다. 모든 글에서 글의 내용을 의미상 지배하는 명제가 주제이다. 그런데 판결명제를 제외하면 주제문이 형용사 문장이 되는 글들은 찾기가 매우 어렵다.

13.4 마무리

한 개별어에서 문법의 기능을 사고나 논리의 면에서 파악해 주면 개념들을 명제로 묶고 단순 명제를 다양한 복합 명제로 다시 묶는 데 있다. 우리는 모국어 교육에서 가장 중요한 이 기능을 몰각(沒覺)해 왔다. 그러면서 토박이에게 별 효용이 없는 말의 구조상의 명칭 교육을 멋도 모르고 오래 시행해 오고 있다. '선어말어미'를 알아 토박이가 얻는 것이 무엇인가를 모르고 가르치는 것이다.

학교에서 문법을 가르칠 때 그 기능에 중점을 둔다면 모국어의 어휘나 문법 요소들이 지니는 사고(思考) 연산(演算)의 면을 정면으로 가르치지 않을 수 없다. 이 글에서는 이런 의식에서 형용사들을 가지고 그것들이 대상 세계를 어떻게 의식화하는지, 사고의 어떤 면을 감당해 내는지 등을 따져 살폈다.

여기서 떠오르는 문제 하나가 이런 문법을 언제부터 가르칠 것인가 하는 것이다. 이런 문법을 초등학교 낮은 학년부터 6학년까지 중점적으로 별도의 책을 만들어서 집중적인 훈련을 해 주면 우리 학생들이 말과 사고와 대상 세계 사이를 긴밀히 관련짓게 될 것이다. 사고가 치밀해지고 그에 따라 말이 영글며 대상을 바라보는 안목이 깊어지고 그들을 해석하는 논리가 바르면서 치밀하게 될 것이다.

14

입말 텍스트의 말본새 기술 틀

14.1 들머리

언어를 매개로 한 의사소통에서 메시지(*message*)가 전달되는 통로를 전통적으로는 입말[음성언어]과 글말[문자언어]로 나눈다. 그런데 이 두 가지는 구분이 너무 소박하여 강연이나 토의, 토론이나 대화 등을 포괄할 때에는 그들 각각의 특징을 잡아내는 '문체'상의 공통/차이를 모두 드러낼 수 없다. 인터넷을 통한 화상토의(畵像討議)는 입말의 특징인 공간의 제약을 허물어 버리면서도 입말의 특징을 지니지만 그렇다고 해도 친구간의 대화보다는 문장의 구성이 탄탄한 특징을 지닌다. 또 인터넷이 발달하여 채팅이나 댓글은 그대로의 문체상의 특징을 드러내는데 이들은 글말이면서도 문장 성분의 생략이 많고 방언이나 은어가 자주 쓰인다는 특징을 보인다. 또 방송에서 뉴스는 입으로 말해서 들려주지만 잘 짜여진 글말의 특징을 고스란히 지닌다.

따라서 이제는 이들 모두를 비교하여 특징을 잡아내는 준거의 틀을 마련해 줄 필요가 생긴 것이다. 게다가 대표적인 입말인 대면(對面) 대화에서도 사람마다 각각 서로 다른 '문체'를 지니고 있음도 우리는 직관으로 알고 있다.

소설이나 수필의 문체에 해당하는 입말 구성상의 특징을 '입말 문체'라고 부를 수 있겠으나 '입말'과 '문체' 사이에는 의미상의 충돌이 느껴진다. 그런데 우리는 입말이나 글말을 막론하고 말의 모양새나 본새, 말하는 버릇이나 말투를 통틀어 '말본새'라고 부른다. 소설이나 산문들에 대하여 글 구성상의 특징을 '문체'라고 부른다면 입말의 구성상의 특징을 '말본새'라고 부를 만하다[47]. '문체'라는 용어가 글 구성상의 특징에 제한적임에 비해 '말본새'는 글말과 입말을 아우를 수 있겠다. 더욱이 지금은 인터넷 글쓰기에 의해서 입말과 글말의 경계가 무너지고 있고, 나아가서는 글쓰기에 더 많은 사람들이 참여함으로써 글로 쓴 텍스트에서도 입말의 특징이나 개인적 말투가 많이 나타나고 있다. 이런 점을 보면 글말 텍스트의 '문체'를 아우르는 '말본새'가 입말이나 글말 모두에 적용되는 것이다.

입말의 텍스트 특성 연구가 이상태(1983)에 보이나 거기서는 어절의 반복과 생략에 치중하여 반복되는 요소의 특성을 주로 다루었다. 또, 서상규(2002)에는 입말 텍스트의 말뭉치 연구가 보이나 특징들을 따로 체계화하지는 않았다. 장소원(1991, 1995)에서는 이 논문에서 시도하는 '말본새'의 개념과 비슷한 개념을 '어체'로[그의 박사학위 논문을 요약한 학술진흥재단의 개요에 나타냄] 나타내는데 역시 이 글에서 명세화한 만큼 다루지 않았다.

이 글에서 필자는 대화에서부터 개인 사이에 주고받는 편지나 대중을 상대로 하는 강의에 이르기까지 텍스트 구성상의 표층적 특징, 즉 말본새를 기술할 준거의 틀을 마련해 내려고 한다. 이 준거의 틀에 의하면 대화, 토의, 토론, 강의뿐만 아니라 채팅 등 인터넷 글의 특징도 잡아낼 수 있으며 같은 대화라고 할지라도 개인에 따른 특징을 계량화해서 잡아낼 수 있게 된다. 그뿐 아니라 이를 더 확장하면 판소리 사설 등의 특성도 잡아낼 수 있다.

---

47) 이문구의 소설 '관촌수필 6 : 관산추정'에 '말뽄새'가 이렇게 나타난다.
"아따, 게 앉어 혼자 충청감사 구만 허구 팔다리 걷어 붙이구 나서봐."
송방 주인이 좋지 않게 뜨고 있던 눈을 돌리며 말했다.
"젊은 것이 뭐 알간. 집이두 내 나이 돼보게. 한번 허구 나면 무르팍 풀려 뒷물시켜 놓구두 생각 가실 텡께." 복산아버지는 언제 어디서 무슨 말을 하든 얼마만큼이 농담이고 어디까지가 진담인지 들어도 알 수 없이 하기로 알려진 사람이었다.
"저 싸가지 읎는 것 **말뽄새** 보게. 언내들 듣는 디서는 말을 해두 다 다 그러큼 쓰게 허야 쓰느니." 같은 또래의 봉대아버지가 송방 주인을 엡들었다.

이 글에서 다루는 대상 텍스트는 입말[음성언어]의 특징을 지니는 것들이 위주가 된다. 그러나 현재는 글로 쓰이는 채팅이나 일부 인터넷 문서에도 이 입말 특징이 드러나므로 그들도 여기에 싸잡았고 글말[문자언어]은 참조용으로 보인다.

14.2 텍스트의 말본새

글말 텍스트에서 문체를 이루는 요소는 사용된 어휘류, 표면 문장의 길이, 비유의 질과 종류 등이다. 문체는 텍스트를 구성하는 요인이면서 개인의 색채를 드러낸다. 대화나 강의 등 입말 텍스트에서도 개인의 색채가 드러나는데, 텍스트 종류에 따라서도 다르고, 개인에 따라서도 다르다. 어휘 차원에서는 특정 방언의 사용, 고유어/한자어의 선택, 감정 표현의 빈도 등에서 차이가 있고, 문장의 완성도에 차이가 있으며, 정보 반복도에서도 차이를 드러낸다. 사람마다 말본새가 다름을 우리는 직관으로 어느 정도 알고 있다.

한국인의 말엮기[48]를 필자는 여섯으로 구분한다. (ㄱ)감정 표출하기, (ㄴ)감정 섞어 말하기, (ㄷ)점검하며 말하기, (ㄹ)완곡하게 말하기, (ㅁ)강의 말하기, (ㅂ)글말하기 등이 그들인데 각각의 보기를 아래 [1]로 보인다.

[1] 말의 모습 [보기]

(ㄱ) 어허, 아이, 후유.

(ㄴ) 어허, 이 날씨 말이야. 아이, 더워 사람 미치겠네. 후유.

(ㄷ) 음, 저기, 네 친구가, 있지? 숙정이가 어제 와서, 있잖아, 저기, 네가
     준 거라면서. 말 할까 말까. 애라, 모르겠다. 좋아, 까짓것. 말해 버

---

48) 화자(話者)가 자기 마음에 떠오르는 생각을 언어화하는 일을 '말엮기'라고 한다. 영어 'syntax'는 syn-[엮다, 통합하다]와 'tax'[말, 특히 단어]를 합성한 말이다. 문법 용어로서 이 말을 '통사론'으로 번역하나, 화자가 생각을 말로 만드는 과정에 초점을 맞추면 이를 '말엮기'라고 말한다.

리지 뭐. 네가 준 거라면서 조그만 거울 하나 보이면서, 그지? 예쁘
다고 자랑하데? 아니, 그거 네가 걔한테 준 것 맞아? 응?

(ㄹ) 저 **같은 경우**에는 오늘 같은 경우 저것들이 여기 나와서 **말입니다.**
저들이 떠들어 쌓는 경우를 볼 **경우에 뭐랄까** 참을 수 없는 분노 **같은**
것들이 치미는 **것을 금할 수 없다는 생각이** 애 **또 누구나 들 것 같다는**
마음이 들지 않을 수 없을 것이라고 단언하고 싶단 말입니다. 안 그래
요? 형씨!

(ㅁ) 그러한 엄청난 변화가 그거보다 더하면 더했지, 엄청난 격변의 시대
가, 그 시대가 어느 시댈 것 같애요? 이것이 고려 말에서 조선 왕조
초기로 넘어가는 시대가 엄청난 격변의 시대였습니다. 그 그 변화라
는 것은 어마어마한 거그던요. 애애, 그것은 뭐냐 하면 엄청나게,
예를 들면 종교, 뭐, 국가적 형태도 바뀌고, 종교의 파라다임도 바뀌
고, 뭐, 문화도 바뀌고, 복속도 바뀌고, 주거도 바뀌고. 다 바뀌어요.
제사 지내는 방법도 달르고, 가족, 친족 관계도 달라지고. 모오든
게 바뀌는, 그런 어마어마한 변혁의 시기가 고려 말에서 이조, 어.
조선, 아, 그러니까, 조선 왕조 초기에 걸쳐서 일어났습니다. 그런데
이런 변혁을 주도한 사람들이 고려 말에서부터 이렇게 생겨나기 시
작합니다. 애. 그러니까 그만큼 고려 말 사회가 문제가 많았다는 애
기예요. 부패가 심했고. 애애. 지금 이 지금 얘기가 너무 어려워지는
것 같애서, 어어, 이런 얘기를 해 보죠. 어, 복잡하게 들어가질 말고.
우리가 최근에, 인제, 우리가 혁명이라는, 혁명이라는 걸 한 번 생각
해 보죠. 혁명. 그, 그, 그, 혁명이라는 거는 뭡니까, 이게? 명을 간다
는 거거든요. 이게 갈 혁자예요. 혁이라는 게, 이게 가죽 혁자이지마
는, 주역에 혁괘라는 게 있습니다, 혁괘. 괘상이 하나의 괘로 있거든
요. 그런데 혁괘라는 게, 이게 가죽을 무두질하면서 완전히 근본적
으로 가죽의 성격이 근본적으로 변화되는 그런 것을 상징해 가지고
'완전히 근본적으로 바꾼다'. 그런 의미가 있어요. 그래 가지고 혁명이
라고 하는 게 이게 '명을 간다', 이런 의민데 〈아래 생략〉 〈193단어〉
[MBC 텔레비전 김용옥의 '우리는 누구인가'
강의 일부를 글자로 적음]

(ㅂ) 엄청난 변화가 19세기말보다 더했던 시대가 있었다. 바로 고려 말에
서 조선 왕조 초기로 넘어가는 시대로서 그 때는 여러 면에서 [19세
기 말보다 더한 격변을 겪었다. 국가의 형태, 종교의 패러다임이 크

게 바뀌었을 뿐 아니라, 문화의 여러 부면, 이를테면 복속, 주거, 제
사 지내는 방법, 가족, 친족 관계도 달라졌다.

　　그런데 이런 변혁을 주도한 사람들이 고려 말에 생겨나기 시작했
다. 고려 말 사회에 부패가 심했고, 문제가 많았다.

　　'혁명'이라는 말은 '하늘의 명을 갈아준다'는 의미이다. [한자 글자
들은 명사와 동사에서 의미가 달라지는 예가 많은데] 한자 革은 [명
사로] '가죽'의 뜻과 [동사로] '갈아준다'는 뜻을 지닌다. 둘째 뜻은 주
역의 혁괘(革卦)와 관련되는데 가죽을 무두질하면서 가죽의 성격이
근본적으로 변화되는 것을 상징하게 되는 데서 [이 의미가] 생겼다.

〈101단어〉　　　　　　　　　　　　[[1ㅁ]은 필자가 글말로 바꾸었음]

　위의 (ㄱ)은 감정에[주로 감탄사로 분류됨]만으로 이어진 감정 표출로서 개가
짓는 일의 연장(延長)에 있는데 이런 말엮기만 하면서 사는 이는 거의 없다.
(ㄴ)은 거기에 지시적인 단어가 보태어진 말엮기인데 중간에 들어가는 감탄사
는 화자의 감정의 기복(起伏)이나 음주(飮酒) 여부 등 정서적 상태에 따라 많
아지기도 하고 적어지기도 하며 감탄사의 질(質) 또한 다르다.

　(ㄷ)은 정보 소통의 말로서 마디마디에 상대의 태도를 확인하기도 하고, 자신
의 생각을 언어화하는 데 걸리는 시간을 말로 때우기도 할 때 엮어지는 표현
이다. 전자에는 '응?, 있지?' 등이 들어가고 후자로서는 '애, 그, 어떤' 등을 구체
적 표현 대상 어휘에 앞세운다. 이런 말엮기가 가장 많이 행해지는 방식이다.

　(ㄹ)은 한국말의 말엮기 특징을 잘 드러내는 말하기 방식인데 국소적으로 체
언 뒤에 조사가 오고 관형형어미 뒤에 명사가 오는 식으로 말의 연결은 되지
만 전체적으로는 쓸 데 없는 말이 많다. 말하는 이가 대상에 대해서나 명제
내용에 대해서 완곡하게 표현하려는 동기가 숨어 있는 것처럼 보이는 이런
말엮기가 요즘 일부 계층에서 유행하고 있다.

　(ㅁ)은 학문적 내용을 입으로 강의하는 말엮기를 보인 것이고 그 내용을 전형
적인 글말로 적어서 (ㅂ)으로 보였다. (ㅂ)의 내용을 입말로 할 때는 누구나 (ㅁ)으
로밖에 표현할 수 없는 것은 아니다. 강연을 하더라도 글말인 (ㅂ)그대로를 입
말로 엮어내는 이도 있음을 우리는 특히 유의할 필요가 있다. (ㅁ)에는 정보

반복과 머뭇거림이 자주 나타나며, 강의자가 마음속으로 떠오른 개념을 어휘화하는 과정도 '어, 그' 등의 형태로 나타난다. 게다가 위의 말에는 문단의 의미상의 비약도 보인다.

입말과 글말의 텍스트 구성상의 차이를 더 잘 잡아내기 위해서 주제나 제재가 같지만 매체가 다른 두 표현, 전화와 편지를 비교해서 살펴보자.

[2] 전화와 편지의 텍스트 비교

㉠ 전화 대화 [문장 성분이 생략된 곳은 [ ]로 표시함]

    연주 : 여보세요?

    동진 : 아. 엄마요?

    연주 : 그래. 동진이구나. 반갑다, 야, 전화도 할 줄 알고, 다 컸대이. 훈련 잘 받고? 훈련이 견딜 만하냐?

    동진 : 훈련이 다 그렇지 뭐.

    연주 : 아침에 몇 시에 일어나는데? 벌점은 안 받았고?

    동진 : 또 잔소리. 아침에 여섯 시에 [ ]. 한 시간 뛰고 아침 먹는다구요.

    연주 : 여긴 추운데 거긴 어때?

    동진 : 견딜 만해요. 그런데 전기면도기 좀 보내 줘요.

    연주 : 네 책상 위에 있는 면도기 말이냐? 면도기만 [ ]?

    동진 : 면도기하고 또 면도기에 딸린 충전기하고 함께 [ ].

    연주 : 전기면도기하고 충전기만 부치면 되냐?

    동진 : 아니, 휴대전화에 저어 충전기도 함께 보내 주시고, 으응. 또 손톱깎이도 [ ].

    연주 : 그 충전기는 어디 있는데?

    동진 : 내 책상 서랍장, 있지요, 오른쪽 서랍장, 응? 둘째 서랍장 안에 [ ].

    연주 : 오냐, 알았다. 그거 말고 더 필요한 건 없고?

    동진 : 없어요. 참. 3월 29일에 어쩌면 외박 갈지 몰라요.

    연주 : 외박이라니? 집에 온단 말이야?

    동진 : 예, 외박 가려면 벌점 없어야 하는데 그새 벌점 안 받아야 할 텐데요.

    연주 : 네가 왜 벌점을 받겠니? 조심해라. 네가 말한 거 붙여 줄게.

    동진 : 알았어요. 그만 [ ] 끊읍시다. 몸조심하세요.

연주 : 오냐. 너도 몸조심 잘 하고, 그리고 벌점도 받지 말고. 그쟈? 벌
　　　점이 없어야 3월 29일 외박 나올 수 있다면서?

동진 : 자알 알았습니다. 끊어요오. [수화기에서 짤깍.]

[내용만 188단어]

(ㄴ) 편지

어머니께

아버지, 어머니, 잘 계시지요?

염려해 주시는 덕분에 저도 훈련 잘 받고 있습니다. 아침에 여섯 시에 일어나 한 시간을 뛰고 아침을 먹는 생활을 합니다. 아버지께서 그렇게 바라시는 생활을 군에 들어와서 한답니다. 흐뭇하시지요? 아침에 일찍 일어나 규칙적인 생활을 하니 몸도 가뿐하고 마음도 더 맑아지고 참 좋습니다.

사관후보생 신분이라 전화를 집으로 올릴 수 없어 소식을 글로 몇 자 적습니다. 여기 1주일을 살아 보니 필요한 게 있기도 하고요.

휴대전화는 20일 뒤에 쓸 수가 있는데 충전기를 집에 두고 와서 그걸 좀 보내 주셔요. 그것은 제 책상 오른쪽 서랍 둘째 칸에 있습니다. 그리고 제 책상 한쪽에 제가 쓰던 전기면도기 아시죠? 그것도 충전기와 함께 부쳐 주시고 손톱깎이도 하나 부쳐 주셔요. 부치실 주소는 제가 입고 들어온 옷 보낼 때 소포 겉에 씌어진 주소로 하시면 됩니다.

어머니께서는 아들 걱정 접으시고 건강에 유의하십시오. 아버지와 산에도 더 자주 다니시고 맛있는 것 많이 사 드시기 바랍니다.

여기 생활에 규칙들이 많은데 그걸 어기면 벌점을 받게 되고 벌점이 쌓이면 3월 29일 집으로 이틀 보내는 외박을 보내지 않는답니다. 저야 벌점이 없으니 그 날 집에서 훨씬 건강해진 아들을 만나시게 될 것입니다. 그날 뵐게요. 안녕히 계십시오.

[169단어]
2월 27일 저녁
아들 동진 올림

이 두 텍스트를 비교하면 대화 쪽이 정보 반복이 심하고 문장 성분의 생략이 많이 나타남을 볼 수 있다. 전달할 정보량이 비슷한 두 텍스트에서 전화가 문장 성분이 여섯 군데 이상 생략되었음에도 불구하고 스무 개 정도 정보량이 더 많은 이유는 대화 상대가 정보의 확인을 위한 반복을 했기 때문이다.

이제 대화나 강의 등 입말과 채팅 등 인터넷 텍스트들의 특징을 잡아내는 말본새 구성 자질들을 아래 [3]으로 정리해 보자. 편의상 전형적 입말과 글말의 보기로 대화와 책의 글을 보기로 들었다.

[3] 전형적 입말과 전형적 글말의 말본새

텍스트 / 말본새		전형적 입말 [친구 사이의 대화]	전형적 글말 [학문 내용을 해설한 책]
말/글		말소리와 표정, 몸짓	글자
시공간과 참가자 역할		같은 곳, 같은 시간 [대화 주고받기]	다른 곳, 다른 시간 [일방적 소통]
높임		높임의 차이가 남	중립적 표현을 쓴다
어휘	방언	방언을 쓴다	표준어를 쓴다
	은어	쓴다	은어를 피한다
	판단어	필자나 텍스트의 목적에 따라 다르다	
	한자어 등	고유어를 더 많이 씀	한자어나 전문어도 쓰임
문장	문장길이	비교적 짧다	비교적 길다
	물음, 청유	물음과 청유가 많음	거의 없음
	미완성문	쓸 수 있다	거의 없다
	성분생략	생략이 많다	생략을 덜 쓴다
	종결어미	'-거든, -단말이야' 등	중립적 종결
지시어		화맥지시 표현	문맥지시는 쓴다
반복	자기반복	어휘, 구절 반복이 많다	반복이 적다
	상대반복	상대의 말을 반복한다	그러지 않는다
삽입	'있지, 응'	그런 표현을 끼운다	그런 표현을 삼간다
	감정어	감정어를 많이 쓸 수 있다	감정어를 절제한다
	명사 뒤에	'-같은 경우, -라는 것'	
내용 흐름		연상의 흐름에 따라	사고와 논리에 따라

위의 아홉 자질[자세히는 19자질]이 말본새 구성의 요소들이다. 이들 가운데는 계량화되는 것도 있는데 전체 정보량과 비교해 본다든지, 내용은 같으면서 다른 텍스트로 변환 [이를테면 뉴스 방송의 한 꼭지를 기사문으로] 해서 비교한다든지 할 수도 있다.

아래에서 이들 말본새 자질 각각에 대해서 더 자세히 알아보자.

'말/글'은 일찍부터 인식되어온 매체 특성이다. 이전 시대에는 이것이 다른 인자들을 지배하는 요인이었다. 즉 위의 표 [3]에 보이는 다른 요인들은 '말/글' 요인에 대부분 종속되었다. 그것은 글말이 지니는 공식성 또는 준공식성에서 말미암는다. 그러나 다양한 매체가 발달한 요즘, 특히 인터넷을 통한 의사소통이 보편화되어 이의 지배력이 떨어졌다. 채팅은 글자에 의한 소통이지만 서로 다른 장소에서 동시에 이루어지며 방언이나 은어를 자유로 쓰고 표현상 생략이 빈번하게 드러날 뿐 아니라 입말을 전사(轉寫)하면서 형태를 비틀기도 하여 '샘[선생님], 안뇽[안녕]' 등도 보인다. 글말도 예전에 비해 문체가 훨씬 개성화되었다. 진중권의 '네 무덤에 침을 뱉으마'는 책이지만 독특한 문체를 보인다.

'시/공간'과 '참가자의 역할' 자질은 위의 '말/글' 자질에 지배되어 왔다. 그러나 전화나 인터넷에 의해서 입말이 지니는 공간 제약이 해소되어 먼 거리에 있는 참여자 간의 상호 소통도 가능하게 되었다.

'높임' 자질도 '말/글'에 지배되는 자질이다. 글말에서는 편지나 관공서에 보내는 청원 등을 제외하고는 높임이 중화되어 표현되고, 입말에서는 공식적 표현을 상대 높임으로 드러내는 반면 사사로운 소통은 당사자 사이의 관계에 의존된다. 강연이나 뉴스 방송은 입말이지만 글말처럼 생략이나 어휘나 명제의 반복이 거의 없고 공식적이므로 상대 높임을 쓴다.

'어휘'는 텍스트를 구성하는 중심이므로 말본새 구성에도 이것이 중요한 요소이다. 이는 다시 네 하위 요소가 있다. **방언**이 얼마나 쓰이는가, 자기네끼리만 통하는 **은어**를 얼마나 쓰는가, **주관적 판단 어휘**가 얼마나 쓰이는가, **전문어**가 얼마나 많이 쓰이는가 등에 따라 말의 본새가 달라진다. 방언과 은어는 대화와 채팅에 많이 나타나고, 전문어는 전문적인 토론에 나타난다.

한자어와 고유어는 우리말의 말본새 차이에 큰 영향을 미치는 요소이다. 2010년 문화방송에 '광복 60주년 기념 스페셜'로 외국에 나가 거기서 영주권을 얻은 청년들이 그 나라의 시민권을 포기하고 한국 군대에 들어와 훈련을 받는 장면이 방송되었다. 그 속에 훈련 조교의 말이 [4ㄱ]으로 나오는데 교포 청년이 우리말을 어느 정도 잘 구사하지만 그 말을 못 알아들어 곁에서 다른 이가 [4ㄴ]으로 번역해 주었다. 조교가 군대의 말본새로 말길을 잡은 것이다.

[4] 군대의 말본새 보기
　　ㄱ. 여기 수령자 성명을 기재하고 그건 선반 좌측에 위치하라.
　　ㄴ. 여기 네 이름을 쓰고 그건 선반 왼편에 두어라.

어휘 중에서 아직 주목받지 못하고 있는 것으로 주관적 판단어[49]가 있다. 이는 '좋다, 나쁘다, 훌륭하다, 위대하다, 못되다, 착하다' 등 일부 형용사와 아래 보이는 명사들을 말한다. 판단어가 쓰인 문장을 판단문이라고 부르는데 이의 상대 개념은 대상 진술문이다. 필자의 개인적 특성에 따라 판단어나 판단문을 자주 쓰는 이가 있고 텍스트의 목적이 설득에 있거나 선전 선동에 있으면 이들이 자주 나타난다. 아래가 그 보기이다.

[5] 1997년 6월 27일 평양방송
　　김영삼 **파쇼 호전광**들이 공화국 북반부에 대한 새 **전쟁도발 책동**을 그 어느 때보다 강화하고 있는 가운데 최근 남조선에서 우리의 참을성에 종지부를 찍는 **가장 도발적인 사실**이 발생했다.
　　그것은 바로 언론재벌로서 **보수우익의 선두주자**로 행세하는 조선일보의 6월 24일부 반공-반북 사설 건이다. 조선일보는 사설에서 우리의 **존엄 높은** 정치체제를 **악질적으로 중상모독**했다. **험담과 날조**에 있어서 그 **악다구니짓**은 지난 기간 이 **반공모략지**가 떠들어온 **모략전선**의 내용과 도수를 뛰어넘어 우리에 대한 가장 **악의에 찬 중상과 비방 악담과 모해**로 일관되어 있다.
　　조선일보의 **망나니 험구질**은 그 **저열성과 모략성**으로 하여 구태여 반론을 가할 일고의 가치도 없는 것이지만 그것이 우리 인민의 생명이고 존엄

---

49) 형용사들은 대개 주관적 느낌을 나타낸다. 그 가운데서도 가장 주관성이 강한 어휘는 최현배(1937, 1965 : 470-472)의 '평가적'으로 명명된 '좋다, 나쁘다, 참되다, 어질다, 위대하다' 등이다. 명사로서 주관적 판단을 나타내는 어휘는 의미의 속성에 대상에 대한 평가가 들어 있는 어휘들이다. 이들은 대상 자체를 지시하는 기능이나 대상의 모습을 묘사하는 의미가 거의 없다.

인 우리의 체제에 대한 **전면도발**로 되는 조건에서 절대로 묵인할 수 없다.
〈이하 생략〉

[굵은 글씨는 필자가 표시한 것임]

'문장'은 텍스트 형성의 중요한 계층이므로 문장 자질도 텍스트의 종류에서, 그리고 개인에 따라 중요한 차이를 나타낸다. 여기에는 다섯 자질로 세분되는데 **문장의 길이와 미완성문** 사용 여부, **성분의 생략 정도, 종결어미상의 개성,** 그리고 **질문과 청유를 사용**하는 정도 등이 그들이다. 입말로서 대화는 강의나 강연보다 문장의 길이가 짧고 미완성 문장이 더 자주 나타난다. 후자는 책 텍스트보다 문장이 더 짧게 끊어지며 미완성 문장이 나타날 확률도 높다. 게다가 문장종결 양식 자질이 텍스트의 종류나 개인에 따라 특징을 드러낸다. 대화나 토론, 토의에서는 서술과 질문 등이 교대로 쓰인다. 질문은 대화에서 자주 나타나지만 강의나 강연에서는 자문자답이 더러 쓰이고 글에서는 화제가 바뀌는 경우에 문장 전환의 기제로 쓰이므로 자주 쓰이지는 않는다. 대화나 채팅에서 서술의 종결어미가 다양하게 나타나는 점이 주목된다. 개인적인 입말에서는 '-거든(요), -단 말이야, -단다, -다니까'가 강조를 겸하여 사용된다. 화자의 방언, 이를테면 '-다 아이가(아니냐), -소잉, -당께로, -다카이[끄네], -구먼[이라우]' 등이 입말이나 일부 채팅에 쓰인다.

'지시어' 자질도 텍스트의 성격을 드러내는 중요한 요인인데, 대개는 '말/글'에 종속된다. 입말들에는 상황지시가 많고 글말들에는 문맥지시가 많다. 그러나 입말이라도 강연이나 강의는 문맥지시를 쓴다.

'반복' 자질은 두 가지로 나누어 살피는 것이 더 정확하다. 자신의 말글 내용을 반복하는 텍스트는 개인의 말솜씨와 관련된다. 말솜씨가 좋은 이는 반복 대신에 지시어를 더 선호한다. 상대의 말을 반복하는 경우는 대화 텍스트에 나타날 수 있다. 이 경우라도 반복이 반드시 필요한 것은 아니다.

'삽입' 자질은 성격이 전혀 다른 두 종류로 나누어 살피는 것이 더 정확하다. 문장 가운데나 어절의 끝, 또는 그 중간에 '있지?, 응?' 등의 **확인어**를 끼우는 까닭은 대화나 일부 강의에서 자신의 말을 이해했는지 확인하려는 의도로 말을 끼운다. 한편 대화에서 '씨' 계열어나 다른 욕설을 끼우는 텍스트도 있고 '까짓거' 등의 말을 끼우는 텍스트도 존재한다. 여기서는 이들 말을 **감정어**라고 부른다. 감정어들은 입말에 주로 나타나는데 그것도 거의 친구 사이의 대화 중에 감정이 고조된 상태에서이다. 아래는 인터넷에 떠 있는 글말인데도 감정어가 보인다. 입말에서 말을 좀 더 고상하게 하려고 그러는지 명사 뒤에 별 의미 없이 '*-l와 같은 경우l에), -의 경우, -란 겟l은)* 등을 덧붙이는 일도 있다. 앞의 두 구절은 그 앞에 오는 명사 개체의 속성화사(屬性化辭)이고 끝의 구절은 들을이가 생소하다고 생각하는 지시체를 말할이가 끌어올 때 쓰이면 정상적이고 바른 용법이다.

[6] 글말에 감정어 쓰기

ㄱ. 괜히 이니셜 쓰니까 쓰는 넘도 헷갈린다.. 씨바.. 이 내용은 신문 및 방송에 이미 보도된 내용을 토대로 하는 것임을 쓸데없이 밝혀 두는 바임..　　　　　　　　　　　　　〈딴지일보 1998년 7월 20일자〉

ㄴ. 그러나 그 때의 populist 역시 'popular 해지려고 지랄을 하는 넘'이 라고 해석하믄 안 된다고 영어도 조또 모리는 넘들이 주장한다.
　　　　　　　　　　　　　　　　　　〈딴지일보 1998년 9월 8일자〉

ㄷ. 수구기득권 언론의 길은 정녕 이리도 힘이 들더란 말이냐.. 아.. 답 답한 우리의 현실.. 과연 우리에게 진정한 수구기득권 언론의 자유 는 언제나 올 것인가.. 오뎅 국물이 마시고 싶다.. 씨바..
　　　　　　　　　　　　　　　　　　〈딴지일보 1999년 10월 13일자〉

'내용의 흐름' 자질은 위와는 성격이 다르다. 이는 텍스트의 내용을 구성하는 주된 동인(動因)이 연상에 의한 진술인가 아니면 논리적인 진술인가를 살피는 일이다. 글말들은 후자에 의한 텍스트 구성이 많고 입말 가운데 대화는 전자에 의한 구성이 많으며 강의나 강연은 입말이지만 후자에 의한 구성이 많다.

지금까지 말본새를 구성하는 자질들을 살펴보았다.

이들 자질 가운데 화자의 지역을 반영하는 지표는 어휘 자질인 방언과, 문장 자질 중 문장종결어미 등이다. 화자의 세대를 반영하는 자질로는 은어와 삽입 자질들이다. 화자마다 텍스트를 구성하는 성향의 차이, 즉 개인적 말하기 본새의 차이도 드러낼 수 있는데, 위의 여러 자질과 주관적 판단어/판단문 사용의 빈도에서 현저한 차이를 보이는 이가 있다.

이런 자질들의 차이가 어떻게 나타나는지 앞서 보인 텍스트 [1 ㅁ,ㅂ]를 가지고 살펴보자. 전자는 방언과 은어가 없으므로 그 항목은 제외했다.

[7] 텍스트 [1 ㅁ, ㅂ]의 자질 비교표

말본새 텍스트	1 ㅁ [강의]	1 ㅂ [글]
총 정보량	193 단어	101 단어
말/글	입말	글말
높임	높임	중립
어휘 / 판단어	'엄청난, 어마어마한'	'엄청난'
어휘 / 한자어 등	'주역, 괘상, 혁괘'	'주역, 괘상, 혁괘'
문장 / 문장길이	비교적 짧음	비교적 길다.
문장 / 물음, 청유	자문자답 2, '-죠'	없음
문장 / 미완성문	5	없음
문장 / 성분생략	없음	없음
문장 / 종결어미	'-그던요, -거든요, -어요'	중립적 종결
지시어	이게[= 판서], 문맥지시 4번	모두 문맥지시
반복 / 자기반복	변화=5번, 조선=3번	없음
반복 / 상대반복	없음	
삽입 / '있지, 응'	'그, 뭐, 그런, 어, 애, 인제'	없음
삽입 / 감정어	없음	
삽입 / 명사 뒤에	'[혁괘]라는 게'	없음
내용 흐름	논리상의 전개, 간혹	논리상의 전개

말본새 자질로 텍스트의 특성을 잡아내면 의미가 같은 두 텍스트의 비교가 확연히 드러나고 개인 차이도 잘 드러나며 방송이나 신문 기사의 특성도 잘 드러나는 등 우리가 지나쳐 온 여러 특성이 잘 드러난다.

따라서 이 자질표는 개인의 말버릇을 점검하는 잣대로 활용할 수 있다. 5분 말하기나 면담, 면접, 발표 등에서 사람들은 각각 독특한 말버릇을 지니고 있는데 이 자질표로 점검을 하면 이런 개인의 말버릇상의 특성을 정확하게 잡아내어 텍스트 속의 각 어휘나 문장이나 자질상의 특성이 무슨 역할을 하는지 더 잘 이해하게 되고 나아가서는 불필요한 요소들을 교정하는 잣대로 활용할 수 있는 것이다.

14.3 텍스트의 터잡기 공간

말본새는 화자와 청자 사이에 소통되는 텍스트와 그 의미 해석에 관여한다. 화자와 청자 사이에서 특정 텍스트가 표현되고 이해되는 의미구조가 있게 되는데 이 네 요소들이 각각의 한 꼭지점을 이룬다. 즉 각각 얼마만큼 서로 분리된다. 화자=필재와 청자=독재는 각각 텍스트 생산자와 이해 수용자로서 나누어지지만 텍스트로 연결된다. 표층 텍스트를 화자가 생성하고 청자는 그 표층 텍스트를 듣고 그의 의미를 구성해 낸다.

그런데 나아가서 우리는 이들 네 꼭지점 가운데 셋이 한정해 주는 평면 넷을 만들 수 있다. 네 면은 각각 ㈀말본새, ㈁공감역/의미역, ㈂이해와 수용, ㈃표현 등이다. ㈀말본새는 화자와 청자와 텍스트를 꼭지점으로 하는데 화자의 특성과 청자에 대한 고려50)에 의해서 텍스트로 드러난다. ㈁공감역, 또는 공유 의미역은 화자와 청자가 텍스트의 의미를 해석해 내는 터이다. ㈂이해와 수용은 청자가 텍스트를 가지고 의미를 해석하고 수용하는 터이며, ㈃텍스트 형성은 화자의 마음속에 그려진 의미체를 텍스트로 형성하는 터이다.

이들 네 면은 서로 닿아 있다. 즉 서로 영향을 준다.

필자는 이를 필자 텍스트 터잡기 공간이라고 부르는데 아래 간단히 도식화해서 보인다.

---

50) 이를테면 직접적 입말인 경우에는 청자의 반응 확인이나 청자의 말투 등을 고려하는 일

아래 그림은 그 위의 4면체를 펼쳐서 네 면이 각각 무엇에 의해 규정되는지를 더 잘 보여 준다. 왼편과 오른편의 그림은 같은 4면체의 중심 면만 이동해서 보인 것이다.

[8] 텍스트의 터잡기 공간[a tetrahedron of text framing]

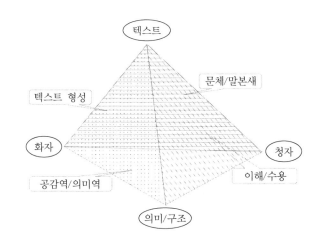

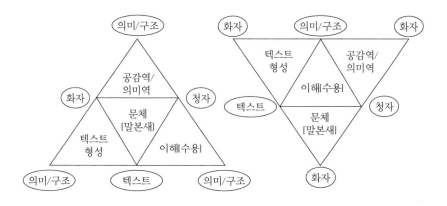

말본새의 면을 규정하는 요인은 그림에서 보이듯이 텍스트에 드러나며 화자와 청자를 이어준다. 이 면은 공통 의미 영역의 면과 닿아 있다. 화자와 청자가 소통하는 사회가 공통 의미 영역인데 이 세계에서 말본새가 텍스트에서 소통된다. 이 영역의 차이를 두드러지게 드러내는 자질은 어휘와 문장이다. 한자어나 한문, 외래어의 빈도, 독특한 은어 등이 의미 영역의 차이를 나타낸다. 의미 영역의 차이가 잘 드러나는 보기를 변강쇠가에서 볼 수 있다.

[9ㄱ] 판소리 사설 변강쇠가 [옹녀 소개 부분]

평안도 월경춘에 계집 하나 있으되, 얼굴로 볼작시면 춘이월 반개도화 옥빈에 어리었고, 초승에 지는 달빛 아미간(蛾眉間)에 비치었다. 앵도순 고운 입은 빛난 당채 주홍필로 떡 들입다 꾹 찍은 듯, 세류(細柳)같이 가는 허리 봄바람에 흐늘흐늘, 찡그리며 웃는 것과 말하며 걷는 태도 서시와 포사라도 따를 수가 없건마는, 사주에 청상살이 겹겹이 쌓인 고로 상부를 하여도 징글징글하고 지긋지긋하게 단콩 주어 먹듯 하것다. 열다섯에 얻은 서방 첫날밤 잠자리에 급상한(急傷寒)에 죽고, 열여섯에 얻은 서방 당창병(唐瘡病)에 튀고, 열일곱에 얻은 서방 용천병에 펴고, 열여덟에 얻은 서방 벼락 맞아 식고, 열아홉에 얻은 서방 천하에 대적으로 포청에 떨어지고, 스무 살에 얻은 서방 비상 먹고 돌아가니, 서방에 퇴가 나고 송장 치기 신물 난다. 이삼 년씩 걸러 가며 상부를 할지라도 소문이 흉악해서 한 해에 하나씩 전례(前例)로 처치하되, 이것은 남이 아는 기둥서방, 그 남은 간부, 애부, 거드모리, 새호루기, 입 한번 맞춘 놈, 젖 한번 쥔 놈, 눈 흘레 한 놈, 손 만져 본 놈, 심지어 치마귀에 상척자락 얼른 한 놈까지 대고 결단을 내는데, 한 달에 뭇을 넘겨, 일 년에 동반 한 동 일곱 뭇, 윤달 든 해면 두 동 뭇수 대고 설그질 때, 어떻게 쓸었던지 삼십 리 안팎에 상투 올린 사나이는 고사하고 열다섯 넘은 총각도 없어 계집이 밭을 갈고 처녀가 집을 이니 황평 양도 공론하되, "이년을 두었다가는 우리 두 도내에 좆 단 놈 다시없고, 여인국이 될 터이니 쫓을 밖에 수가 없다."

[9ㄴ] 판소리 사설 변강쇠가 [약선가 부분]

송봉사 무료하여 안개 속에 소 나가듯 하니 강쇠 아내 생각하되 의원이나 불러다가 침약이나 하여 보자.

함양 자바지 명의란 말을 듣고 찾아 가서 사정하니 이 진사 허락하고 몸소 와서 진맥할 때, 좌수맥(左手脈)을 짚어본다. 신방광맥(腎肪胱脈) 침지(沈遲)하니 장냉정박(臟冷精薄)할 것이요, 간담맥(肝膽脈)이 침실(沈失)

하니 절늑통압(節肋痛壓)할 것이요, 심수맥(心水脈)이 부삭(浮數)하니 풍열두통(風熱頭痛)할 것이요, 명문삼초맥(命門三焦脈)이 이렇게 침미(沈微)하니 산통탁진(酸通濁津)할 것이요, 비위맥(脾胃脈)이 참심하니 기촉복통(氣促腹痛)할 것이요, 폐대장맥(肺大腸脈)이 부현(浮弦)하니 해수 냉결(冷結)할 것이요, 기구인영맥(氣口人迎脈)이 내관외격(內關外格)하여 일호륙지(一呼六至)하고 십괴(十怪)가 범하였으니 암만해도 죽을 터이나 약이나 써보게 건재(乾材)로 사오너라. 인삼, 녹용, 우황, 주사, 관계(官桂), 부자(附子), 곽향(藿香), 축사(縮砂), 적복령(赤茯笭), 백복령(白茯伶), 적작약(赤芍藥), 백작약(白芍藥), 강활(羌活), 독활(獨活), 시호(柴胡), 〈중략〉 탕약(湯藥)으로 써서 보자. 형방패독산(荊防敗毒散), 곽향정기산(藿香正氣散), 보중익기탕(補中益氣湯), 방풍통성산(防風通聖散散), 자음강화탕(滋陰降火湯), 구룡군자탕, 상사평위산, 황기건중탕, 일청음(一淸飮), 이진탕(二陳湯), 삼백탕(三白湯), 사물탕, 오령산(五靈散), 륙미탕(六味湯), 칠기탕(七氣湯), 팔물탕(八物湯), 구미강활탕(九味羌活湯), 십전대보탕. 암만 써도 효험 없어 환약(丸藥)을 써서 보자. 소합환(蘇合丸), 천을환(天乙丸), 포룡환(抱龍丸), 사청환(瀉淸丸), 비급환(脾及丸), 〈이하 생략〉

위의 두 텍스트는 같은 판소리 작품이지만 앞과 뒤는 의미 영역이 전혀 다르다. 앞부분은 한자어가 비교적 적고 한자어라도 19세기 평민들도 쉬 아는 어휘들이지만, 뒷부분은 한의학의 전문어들로 이루어져 평민이 그 의미를 온전히 알기는 어렵다.[51] 이 부분을 이해하기 위해서는 한자, 한문과 한의학의 지식이 있어야 한다. 공유 의미 영역은 문체[말본새]의 바탕이 되는데 이것은 어휘 자질의 특성에서 잘 드러나고 여기서 다루지 않는 요인, 즉 비유의 질과 수준, 예시의 방향과 수준 등에서도 드러난다.

텍스트 생성과 이해의 면은 표층 텍스트와 그의 의미/구조가 두 각을 이루고 나머지 각은 각각 화자와 청자가 규정한다. 이들 국면도 다른 국면들과 닿아 있다. 화자[필자]는 자기가 표현하고자 하는 의미가 가장 잘 드러나도록 텍스트를 생성하는데 청자[독자]가 이해하기 쉽도록 배려하려면 공통되는 의미 영역의 범위 안에서 문체를 잡아야 한다.

---

51) 변강쇠가는 19세기 중반에 나온 '약성가(藥性歌)'에서 부분적으로 따왔다.

이 4면체적 요인들은 문학 작품이라고 해서 다르지 않다. 아래 [8]은 어느 신문에 실린 소설 당선작 심사평으로서 소설[쓰기, 생성]을 평가한 글인데 소설 작품이 작가, 독자, 의미, 텍스트[문장] 등의 요소와 함께 그들이 이루는 네 평면이 있음을 암시하고 있다.

[10] 소설 당선작 심사평

'친구야, 노래해'는 읽는 이에게 강렬한 인상을 남겼다. 이미지 비약이 심하고 동상(銅像)등 소재의 처리가 난삽한 데다 등장인물들의 역할도 지나치게 암시적으로만 처리되어 **작품의 의도가 독자에게 미치지 못하고 글쓴이의 독백으로 끝나버렸다**는 아쉬움이 있었다.

'내 의자를 돌려주세요' 또한 **독자를 향한 팔매질이 야물지 못하여 의미의 돌멩이[문장]들이 충분한 비거리를 확보하지 못했**던 것은 지적하지 않을 수 없다. 〈강조는 필자가 했음. 중앙일보 2008년 9월 18일〉

14.4 마무리

소통의 매체가 다양해짐에 따라 같은 내용을 글로 쓰기도 하고 입으로 강의하기도 하며 10대를 상대로 이야기하기도 하고 30대를 상대로 말하기도 한다. 컴퓨터 자판을 두드려서 보이지 않는 친구에게 잡담을 늘어놓기도 하고 전화를 하기도 한다. 이런 식으로 우리는 다양한 말본새를 생성하고 이해하며 산다.

여러 경우의 텍스트 특성을 기술하고 여러 생산자의 텍스트 생성 특성을 기술할 잣대를 앞에서 구성했다. 우리는 텍스트 특성을 재는 잣대로 크게는 네 부류, 자세히는 열아홉 자질을 명세(明細)화하고 그 내용을 [표3]으로 정리했다. 여기서 정리된 자질들을 이용하면 개성적 텍스트 생성의 시대에 나오는 여러 텍스트들의 특성이 잘 간추려질 것이라고 기대된다. 이 자질들은 교육적 효용이 크다. 일상의 대화뿐 아니라 면접의 응답이나 면담에서의 말버릇을 교정하는 데 이 자질 점검을 쓰면 버릇이 확실히 드러날 것이다.

나아가 텍스트 틀잡기에 관여하는 네 요소와 네 평면을 인식하고서 이를 텍스트 터잡기 공간 [그림8]로 구성했다. 텍스트 터잡기 공간은 텍스트의 생산과 이해에 관여하는 요인들을 구체화함으로써, 일상적인 의사소통뿐만 아니라 문학 작품의 생성과 해석에도 이용될 수 있다.

05

국어 정책

우리말의 표기법은 비교적 우리말의 논리를 바르게 반영하고 있으나 손볼 곳이 있다. 우리말의 발음법은 손볼 곳이 더 많다.

우리말을 사랑하는 구체 행위의 하나로 표기와 발음의 비논리적인 면을 고치는 일도 포함되어야 한다. 말은 객체로 존재하는 것이 아니라 쓰는 이들의 마음에 존재한다. 그들의 노력과 정성에 의해 이상을 향하여 발전하는 것이 더 바람직하다.

국어교육도 전체적인 차원에서 국어의 이상을 그려 놓고 다음 세대들이 그곳으로 나아가도록 이끄는 일도 포함된다.

15

말소리의 정책과 교육

15.1 들머리

한국어의 정서법과 발음은 관심 분야에 따라 세 군데에서 다루어진다. 이들은 연구의 대상으로는 국어학에서 음운론이나 형태음소론에서 다루고, 교육의 대상으로는 국어과에서 '문법 지식'의 일부로 다룬다. 정책의 대상으로는 표기법이나 표준 발음법들로서 법령에 준하는 규정을 만들어 전체 겨레의 문화 생산이나 소통에서 이들의 쓰임을 강제할 수 있다.

이들 세 분야 가운데 국어학에서의 연구는 제약이나 전제가 없다. 학문 추구에서 대상에 대한 가치의 선입견이나 이데올로기가 없어야 대상의 본질이 바르게 파악되기 때문이다. 그리고 이 학문의 성과를 다른 분야에서 어느 정도 이용하게 되는 것은 다른 두 분야가 어느 정도 응용의 성격을 지니기 때문이다. 같은 대상이라도 그것을 다루는 처지가 다르면 그것을 바라보는 시각이 다르고 효과와 역효과를 고려해야 하며 정책의 목적에 부합하는 정도도 따져야 할 것이다.

이 글은 우리말의 말소리 부면에 관한 정책과 교육에 관하여 몇 가지 점을 따져보는 데 목적이 있다. 교육 행위는 정책적 성격을 지닌다는 점과 그것은 정책 결정에 종속된다는 점 때문에 말소리의 정책을 먼저 살펴본다.

15.2 말소리 부면의 정책

말소리 부면의 정책으로는 어휘의 표기법 정하기와 표준 발음법 정하기가 있다.

15.2.1 {ㄹ}과 {니}계 한자의 표기

정책적 문제가 되는 표기법부터 살펴보자. 표기법은 전체 국민의 의사소통의 통로를 확정하는 일이므로 매우 정책적이다. 1953~1955년 사이에 있었던 맞춤법의 간소화 파동은 표기법이 정책적 사안임을 보여주는 보기이다.

정책명제를 논의할 때 반드시 고려해야 할 사항은 정책의 목적과 여러 대안들의 효과와 역효과를 따지는 일이다. 이승만 정부 시절의 이른바 표기법 파동에서의 정책 대안들은 1930년대에 정해진 맞춤법 통일안과 그 이전의 표기법이었다. 형태음소주의 표기와 음성 실현형 표기가 맞서서 결국은 전자가 더 효율적이라고 판정하게 된 것이다. 전자가 겨레가 어려움을 당하였을 때 지사적 애국행위를 한 때문에 그 일을 높이 사서 전자를 택한 것이 아니다. 그 소동을 겪으면서 형태음소주의의 표기법이 더 효율적임이 드러났다.

무엇을 위해서 효율적인가? 한국어는 다른 언어에 비해 많은 소리규칙을 지니는데 이런 언어는 음성이나 형태적 환경에 따라 한 형태의 발음이 달리 나타나는 일이 많아진다. 따라서 음성 실현형으로 표기를 하면 결국은 한 형태의 표기가 하나로 고정되지 않고 여럿이 되어 읽기가 더 어려워진다는 비효율성이 생긴다. 이처럼 형태음소주의는 의미전달과 의사소통에 매우 효율적인 표기의 원리인 것이다.

맞춤법 통일안을 계승한 현대의 표기법이 형태음소주의를 잘 반영하고 있는가? 여기에 우리가 고려해야 할 사항이 있다.[52] 한자어로서 [ㄹ]첫소리를 지니는 글자들, 이를테면 羅, 龍, 麗 등과 [≠ ni_]나 [≠ nj_] 계통의 글자들, 이를

---

49) 이 글에서 글자는 { } 속에, 발음은 [ ] 속에 적는다. 특별히 구분할 필요가 없는 경우에 발음을 한글로 적는다. 음절 끝 자음은 내파화한 음으로 본다.

테면 泥, 女, 尿 등은 지금의 표기법으로 위치에 따라 (라 - 나), (롱 - 용), (려 - 여) 등과 (니 - 이), (녀 - 여), (뇨 - 요) 등으로 달리 표기한다. 이들은 형태음소주의를 지키지 않는다. 따라서 이들은 해당 소리규칙이 적용되기 전의 표기를 하지 않고 그것이 적용되고 난 뒤의 표기를 한다. 그러면서도 서양 외래어는 머리소리 제약을 지키지 않는다. (radio, radon, lama, Roma) 등은 각각 (라디오, 라돈, 라마, 로마)로 적고, 또 (Nice, Nicaragua, nickel, neuron) 등은 각각 (니스, 니카라과, 뉴런)으로 적는다.

위의 한자들에도 형태음소주의를 적용하면 겨레의 기억 부담량을 덜어주는 효과가 있어서 표기나 의미 확인에 부담을 덜고 혼동을 줄이는 효과가 있다. 그리고 우리 표기의 대원칙에 부합한다. '아래한글'에 등재된 (롱)은 7자이고 (용)은 이들을 포함하여 63자에 이른다. (려)는 62자이고 (여)는 이들을 포함하여 102자에 이른다. 자세한 통계는 내지 않았지만 겨레가 많이 쓰는 한자만 두고 보면 이들을 구분하면 글자의 구분 효과는 매우 클 것이다. 현재 이런 한자의 형태음소주의를 지키지 않는 현실에서도 몇몇 성씨의 표기에서 柳, 呂, 羅 를 각각 (류, 려, 라)를 사용하며, 로마자 표기들에서도 각각의 성씨를 (R)을 밝혀 적는 데에는 이 원칙을 지키고자 하는 뜻도 포함된 것으로 보인다.

이들 한자 표기에 형태음소주의를 지키는 데는 부담도 있다. 이미 많은 문서가 이것을 지키지 않은 쪽으로 씌어 왔기 때문에 뒤의 사람들이 이 시기의 저작을 읽을 때 헷갈리는 면이 생길 수 있다.

정책은 현실의 일부를 바꾸는 대책이므로 현실안과 대안 사이에는 효과와 역효과, 또는 부담의 경중(輕重)을 재어 보아야 한다. 이들 한자의 표기에 형태음소주의를 지키면 우리 표기법의 큰 원칙에 더 부합하게 되고 동음이의(同音異義)가 많은 한자의 의미 구분의 부담을 어느 정도 던다는 효과가 있으며 어느 경우나 한 글자로 고정되므로 표기에 부담도 적다.

위에 지적된 역효과는 새 정책이 생태적으로 지니는 숙명이 포함되어 있다. 현실을 고치는 새 정책은 현실의 그 부면이 부정된다. '국민학교'를 '초등학교'로 바꿔 부르면 그만한 불편이 따른다. 말은 고칠 수 있는 대상이라는 언어관이 허용되면 표기를 고치는 일은 얼마든지 가능하다. 고치기 어려운 대상적 현실도 강물의 흐름을 막는 경우나 산허리를 무너뜨리고 길을 내는 경우처럼 고치는 시대에 살고 있다.

이 표기는 한국말을 쓰는 겨레의 3분의 1이 형태음소주의를 60년간 고수하고 있음도 고려할 필요가 있다. 우리가 통일이 되어 말과 글을 가지런히 해야 될 때가 올 터인데 이 문제는 경제의 힘이나 무력이 크다고 우길 일은 아니다. 오히려 이 문제가 연루하는 대상의 논리적 현실과 대안들의 효과에 의해서 풀어야 할 것이다. 그것은 형태음소주의를 고수하는 일이다. 우리가 유의할 일은 표기에서 남북의 어느 편을 드는 일은 어느 쪽의 이데올로기나 정체(政體) 편향과 관련이 없다는 점이다. 어휘나 문장 층위에는 그런 요인이 덧붙은 것들이 있지만 표기나 발음에는 그런 요인이 개재할 틈이 없다.

15.2.2 비음동화 어휘의 표준 발음법 설정 문제

한국어 발음법에 관한 관심이 처음 드러난 곳은 방송국이었다. 라디오 방송은 글말 소통이 아닌 입말 소통이므로 아나운서의 한자 발음이 해방 후에 곧 점검되고 교정되기 시작했다. [高地]의 첫 글자를 길게/짧게 소리 낼까, 그 글자를 낮게/높게 소리 낼까 등이 문제였다. 한자의 모음 장단은 출신지나 한자 이해도 등에 따라 개인차이가 많음을 김효숙(1980)의 조사에서 보아도 알 수 있다. 방송국에서는 이들을 나름대로 정하여 지침서[53]를 만들기도 했다. 이런 관심이 고유어와 한자어를 포함하는 발음사전의 편찬에까지 나아가게 되었다. 지금까지 나온 우리말의 발음사전을 아래에 보인다.

[1] 우리말의 발음사전 [끝의 둘은 **표준발음**이 표시된 일반사전]

전영우(1962) 표준 국어 발음사전, 공보부.
전영우(1984) 표준 한국어 발음사전, 한국방송공사 방송사업단.
전영우(1992) 표준 한국어 발음사전, 집문당.
남광우·이철수·유만근(1984) 한국어 표준 발음사전, 정신문화연구원.

---

50) 1970년대 초까지 뉴스 방송원고에는 한자가 많이 쓰였다. 아나운서 지침서에는 한자 읽기와 한자의 고저장단 읽기가 크게 다루어졌다.

이은정(1992) 우리말 발음사전, 백산출판사.

한국방송공사(1993) 표준 한국어 발음대사전, 어문각.

연세 언어정보 개발연구원(1998) 연세 한국어사전, (주) 두산동아.

국립 국어원(1999) 표준 국어대사전, (주)두산동아.

이 글에서 문제 삼는 것은 이른바 자음동화(장애음의 비음화)가 적용되는 어휘들의 발음이다. (國民)을 [궁민]으로 발음하도록 강요하면 (窮民)과 구분이 되지 않고, (잣나무)를 [잔나무]로 발음하면 (잔 나무)와 소리로 구분이 되지 않는다.

표준 발음 정하기에서 이 규칙 또는 버릇의 적용 여부가 정책적 성격을 띤다는 점을 먼저 이해할 필요가 있다. 말소리의 많은 규칙은 실제로는 말의 버릇이다. 국민이 어떤 소리결합을 전혀 발음할 수 없기 때문도 아니고 전체 인류가 그런 것도 더더욱 아니다. 한국인은 (국민, 잣만)을 [국민, 잗만]을 잘 발음할 수 있다. 이들이 남의말을 배울 때면 (take me)나 (let me)를 곧잘 [태익미]나 [렌미]에 가깝게 발음한다. 처음에는 [태잉미]나 [렌미]처럼 발음하긴 하지만 이는 모국어의 버릇이 오염되어 그렇고 이는 곧 교정된다.

복합어에서 형태 동사상의 의미를 지니는 소리규칙이 있다. 그러나 이 한국어의 규칙은 영어의 주 강세 배분규칙이 담당하는 그런 형태 통사상의 기능을 부담하는 것도 아니다. 대부분의 개론 책에서 이 규칙의 동기를 '발음경제'라는 말로 얼버무리는데 그 뜻은 말을 더 수월하게 한다는 것으로 우리 국민의 반성 없는 버릇이 고착된 것이다. 그래서 (국만 (드시고))와 (잣만 (먹고))은 복합어가 아니므로 각각 [국만], [잗만]으로 발음함이 더 온당하지만 이것들도 [궁만], [잔만]으로 발음하라는 폭력을 구사한다. (먹는)을 현재는 단어 하나로 보지만 이를 두 단어로 보면 여기도 문제가 생긴다.

이런 면으로 보면 발음에서 이 규칙의 적용 여부는 정책적 과제이다. '표준'을 정하는 일도 정책적이다. 표준 정하기는 다양한 사태 가운데 어느 하나를 선택하여 그것을 강제하는 면이 있다. [국민]이나 [잗만]으로 발음하지 못하게 할 때는 그만한 타당성이나 효과가 있어야 그 강제가 설득력이 있다. 따라서

이 규칙의 적용여부를 표준발음에 반영하는 일은 정책적이다.

이 규칙을 적용한 발음을 표준으로 삼으면 아래 역효과가 생긴다. 우선 이 규칙이 적용되면 현실 발음으로는 동음이의어를 많이 생산하게 된다는 흠결이 생긴다. 입말 의사소통이 날로 중요해지는 때에 이는 중요한 소통의 장애를 일으킬 수 있다. 그리고 {줌-다, 줌-는, 줌-으면} 형태는 한국어로 사용가능한 예비 형태인데 {줍는} 때문에 이 형태에 의미를 부여하여 단어 목록에 올릴 길이 막힌다. 이런 가용 자원이 막히는 예는 매우 많을 것이다.

이 규칙이 적용되는 어휘는 개인의 인식상의 형태와 발음상의 형태가 달라 개인의 마음에 일정한 부담을 주는 것도 사실이다. 그 뿐 아니라 전자읽기[전자 장치와 그 프로그램을 이용하여 글을 사람처럼 읽기]나 전자적기[전자 장치와 그 프로그램을 이용하여 사람이 하는 말을 적기]를 위해서는 기계적 조작을 한 무리 더 해 주어야 한다. 이를테면 이경님 등(2000)에 의하면 후자를 위하여 [전자에도 거의 같다] '음소변동 규칙'으로 34개의 세부규칙을 지닌 '장애음 비음화' 단계를 두어야 하는 것이다. 전자읽기에서 {국민}을 [국민]으로 읽게 처리하면 규칙의 수도 줄고 듣는 이의 의미변별도 더 확실하게 되는데도 그 쉬운 길을 돌아가는 것이다.

이 규칙이 적용된 발음을 강요하면 그것만큼 입말과 글말이 동떨어져서 아기들의 표기법 익히기에 어려움이 더 많아진다. 받아쓰기를 시킬 때 [잔만 멍는 궁미니]로 말하는 것보다 [잔만 먹는 국미니]로 말하는 편이 {잣만 먹는 국민이}를 복원하기가 더 수월하다. 같은 맥락의 불편이 외국인에게 한국어를 가르칠 때에도 생긴다. 성인인 외국인이 한국어를 배울 때는 대부분 글말을 통하여 입말을 익힌다. 그들, 이를테면 미국인은 [국민]에 가까운 발음을 충분히 할 수가 있는데도 불구하고 {국민}을 [궁민]으로 발음하게 하여 헷갈리게 하는 것이다.

한국인의 이 버릇을 적용한 발음을 표준으로 삼는 이점은 한 가지 있다. 한국인의 말버릇은 그렇다는 것이다.

이 말버릇을 표준 잡기에 강제하느냐 마느냐는 정책의 문제로서 다른 요건들을 따져야 한다. 그런 점들은 위에서 말한 바대로이다. 이미 표기법은 형태음소주의를 채택해서 말과 글을 분리했다. 이를 한 발짝만 더 밀고 가면 발음의 표준도 글말에 다가섰을 터인데 그러지 못한 것은 소리규칙의 본성과 교육과 정책과 국어의 이상 등 네 가지에 대한 바른 인식 부족 때문이라고 생각된다.

대안은 이렇다. 이 규칙이 적용되지 않은 발음을 표준으로 삼고 적용된 발음을 허용하는 방식이 점진적 국어 개선이나 입말과 글말의 간극을 좁히는 데나 효과적이다. 표준발음을 말 구사의 전문가인 아나운서가 앞장서서 먼저 쓰고 교사와 대통령이 따라서 노력을 하면 곧 이것은 정착될 것이다.

앞에서 본 {ㄹ}, {ㄴ}계 초성 한자들이 든 어휘의 발음 등도 같은 정책을 펴는 것이 위의 여러 면에 효율이 더 크고 사리에도 더 부합할 것이다. {論文}의 발음을 [론문]으로 표준을 삼고 [논문]을 허용한다.

15.3 말소리 부면의 교육

교육 내용을 선정하는 일은 교육과정 구성의 관점에서 보면 정책적이다. 모든 지식이나 정보는 아는 것이 모르는 것보다 더 낫다고 말하는데 그러면 모든 지식과 정보를 학교에서 가르쳐야 한다. 그런데 학교교육은 그렇게 무한한 시간을 뻗칠 수도 없다. 또 무엇보다 교육은 목적과 목표 지향의 행위이다. 목표 달성에 가까운 내용은 가르칠 필요가 더 많다. 즉 '특정 내용이 다른 내용보다 목표 달성에 더 효율적이다', 또는 '특정 내용이 다른 내용보다 목표 달성에 더 부합한다'는 것은 정책명제의 전형적인 표현 형태이다(이상태, 2005 참고).

말소리 부면에서 가르칠 수 있는 내용을 아래 열거하고 이들 각각이 교육의 목표 달성에 얼마나 부합하는지 따져보자.

　[2] 말소리 부면의 교육 가능한 내용
　　ㄱ. 표준어 음소의 인식과 통달

ㄴ. 표기법의 통달
ㄷ. 음소체계 관한 지식, 또는 체계구현 실습을 통한 탐구
ㄹ. 음운 규칙에 관한 지식, 또는 규칙 구성 실습을 통한 탐구

이들 가운데 [2ㄱ]은 교육의 목표 달성에 부합할 뿐 아니라 극히 중요하다. 교육의 중요한 목적이 개인의 사회화에 있는데 나라가 정한 표준 발음을 위한 음소 인식은 원활한 의사소통이라는 사회화의 들머리에 존재한다. 대부분의 학생은 입학 이전에 거의 모든 음소를 인식하고 있으나 일부 방언에서는 표준어의 몇 음소를 구분하지 못한다. 그런 지방에서는 초등학교에서 표준어 음소 인식 훈련을 집중적으로 할 필요가 있다. 그래야 그 방언사용 때문에 생기는 표기법의 혼동을 근원적으로 막을 수 있기 때문이다. 즉 후자를 위해서 전자는 매우 효율적인 수행행위인 것이다.

[2ㄴ]도 목표 달성에 부합할 뿐 아니라 극히 중요하다. 글말은 나라의 중요한 의사소통의 도구이기 때문이다. 말과 글은 문화의 소통과 창조의 필수 도구이며 개인으로 볼 때에도 문화 창조가 글말로 갈무리되기에 이는 매우 중요하다.

[2ㄷ]과 [2ㄹ]을 위해서는 암기교육과 구성교육이 마련되어 있다.

[2ㄷ]은 앞의 둘과 대상적 세계는 같지만 성격이 확연히 다르다. 학생 편에서 보면 [2ㄱ,ㄴ]은 훈련을 통해서 통달에 이를 수 있지만 [2ㄷ]은 그렇지 않고 크게 두 단계를 수행한다.

첫 단계는 개별 음소의 체계표를 암기하는 과제를 학생이 받는다. 그래서 학생은 이를테면 {ㄱ}은 자음이며 연구개 평음이며 {ㄷ, ㅂ} 등과는 어떤 관련을 지니고 {ㄲ, ㅋ, ㅇ}과는 각각 어떤 관련을 지니는지 암기하기를 요구당한다. 그래서 이를 '문법 지식'이라고 교육과정에서는 말한다. 이 과제는 다른 교과, 이를테면 화학과에서 원소의 주기율표를 암기하는 일과 인지적 과제는 아주 유사하다. 음소는 수가 30개쯤이고 원소는 수가 100개쯤 되며 전자는 후자에 비해 추상적이지만 관여 속성이나 분류표지가 학생의 내면에 있는 반면, 후자의 분류표지는 대상세계 속에 있어서 인식하기에 어려움이 더 많은

속성도 존재한다.

이것을 암기해서 얻는 교육적 효과는 무엇인가? 수많은 지식 가운데 하나인 지식 하나를 잠깐 지니게 될 뿐이다. 여기에 더하여 얻는 정서적 효과로 세종에 대한 찬탄을 동반할 것이다.

그런데 구성주의 교육으로는 지식의 암기에 머무르지 않는다. 둘째 단계로 학생들은 그런 체계표를 만들 수 있는 인지적 탐구 능력의 구성을 요구받는다. 화학과의 11학년 심화과정에서 원소 주기율표의 생성과정을 학생들이 내면화하는 작업을 하는 것과 같다. 즉 한글 창제자의 창제 과정을 내면화하는 것으로 시작하여 이 교육의 완성은 미국 대학의 언어학과에서 음운 실습을 하듯이 이를테면 몽고어나 밤바어 자료를 가지고 그 말들의 음소체계표를 구성하는 일로 완성된다. 즉 학생을 예비 음운학자로 기르는 것이다.

이것을 가르칠 필요가 얼마만큼 있는가, 그리고 가르친다면 어느 학년에서 가르치는 것이 효과를 얻을 것인가? 꼭 집어 말하기 어려우나 원소의 주기율표를 암기하는 정도의 교육 효과가 있다고 할 수 있고 그것을 가르치는 학년 정도에서 가르칠 수 있겠다. 왜냐하면 지식의 암기나 지식 구성 과정의 체현인 점에서 이 둘은 동일하다고 하는 것이 공평하기 때문이다. 화학을 심화과목으로 선택한 학생에게 후자를 가르친다면 전자는 인문계를 심화 계열로 선택한 학생에게 가르치는 것이 적당하다.

7차 교과서의 '문법 지식' 영역 교육의 모습을 가장 잘 알 수 있는 '문법' 교과서[고등학교 심화과목]는 이 수행교육을 바르게 하도록 충분한 자료를 준비하지 못하고 있다. 하다못해 음소체계화 훈련에 영어나 일본어의 소리를 자료로 하여 우리말 자음, 모음의 분류지에 적용해 보는 훈련 정도는 할 수 있는데도, 그리고 그것이 체계표의 구성과정이나 두세 언어의 더 깊은 인식에 더 효과적일 텐데도 그런 훈련을 정면으로 진지하게 하지 않는다.

그런데 문제가 더 있다. 음소 기반의 음운이론에서 분류표를 만들고 나면 음소들 간의 관련은 필연적으로 자질기반의 음운론으로 나아갈 수밖에 없다. 음운자질을 이해해야 음운 분류표를 더 완전히 이해하는 것이다.

그런데 더 큰 문제가 있다. 음소는 환경에 따라 변이음을 지니며 이는 뒤에 다룰 음운규칙을 기술해야 음소 기술도 완결된다. 한국어는 음운규칙의 수가 매우 많으므로 특히 그러하다.

무슨 이론이든지 이론이라고 생겼으면 완전한 설명과 완전한 기술을 목표로 하기 때문에 예비 학자는 이론 구성상 완전함을 추구하는 이 태도를 익혀야 학자들이 지니고 또 지녀야 하는 정서적 함의까지[이를 우리 교육에서는 보통은 '태도'라고 부른다]를 익히는 것이다. 고등학교에서 이 일을 하는 것이 온당할까, 할 수 있기나 할까? 대학의 음운론 강의에서도 이를 성공하는 예가 그리 많지 않음을 교육과정 구성자들이 바르게 알아야 온당한 교육과정을 구성할 수 있다.

[2ㄹ]은 앞의 [2ㄷ]과 교육의 성격이 같다. 그러나 이의 암기교육은 부작용을 포함할 수 있고 이를 구성교육하기에는 대상세계가 너무 복잡하다

후자부터 먼저 밝혀보자. 음운 규칙은 세 층위를 지닌다. 기술의 층위를 음소로 하느냐, 변이음으로 하느냐, 음운 자질로 하느냐가 그들이다. 변이음을 규칙설정의 층위로 잡고 이상억(1998)에서는 한국어 음소변동을 기술하는 규칙을 29개를 설정한다.[54] 그러나 전자적기를 위해서 이경님 등(2000 : 198)에서는 큰 규칙 17개 안에 모두 725개의 세부규칙을 둔다. 이를테면 {옳고, 없고, 훑기} 등을 위하여 '자음군 단순화'를 개별 음소나 음성을 규칙의 입력이나 출력으로 잡으면 256개의 세부규칙으로 기술하는 것이다. 음운자질을 규칙의 입/출력으로 잡으면 규칙의 모습이나 수가 영판 달라진다. 이렇게 이 분야는 복잡하고 정밀한 개념체계를 함의한다. 특히 한국어는 더 복잡하다.

그런데 7차 교과서 '문법'에서는 음운규칙으로 '음절 끝소리 규칙, 자음동화[비음화, 유음화], 구개음화, 모음동화, 모음조화, 축약, 탈락, 사잇소리 현상' 등을 들고 있다. 모음조화는 의존형태소 '-어/아'와 '-었/았-' 등의 선택에 관

---

51) 이상억(1998 : 109) 1) 음절말 유성자음 불파화 2) 유성음화 3) 장모음화 4) 설측음화 5) 경음화 6) 음절말 장애음 중화 7) ㅅ 구개음화 8) 음절조정 규칙 9) 단모음화 10) ㄴ구개음화 11) 외-웨 12) 비음화 13) ㄴ-ㄹ 14) 두음법칙 15) 구개음 뒤의 y-탈락 16) 위-wi 17) ㄹ 구개음화 18) 격음화 19) ㅎ 탈락 20) 유음화 21) 의- 으/이 22) 사이 ㅅ-ㄷ 23) ㄴ 삽입 24) 의-에 25) 자음군 단순화 26) ㄷ 구개음화 27) 변자음화 28) 예-에 29) y-활음화

한 문제이어서 다른 규칙과 성질을 달리하는 것이다. 더구나 그 항목의 '탐구' 활동에 나오는 {졸졸} : {줄줄}, {찰찰} : {철철} 등은 변이형태 관계가 아니라 음운규칙으로 볼 때에는 별개의 형태들이다.

그리고 이들의 구성 훈련이 그 교재에는 없다. 단지 표기법의 환기 정도를 '탐구'한다고 적어 두었는데 이는 11학년에서 할 일이 아니라 늦어도 2, 3학년에서 접근을 달리하는 훈련으로 완성된다.

음운규칙에 관하여 인지적 구성을 훈련하는 일의 초기 단계는 쉽게 말하면 학생들이 한글맞춤법을 만든 이들의 마음속에 들어가 함께 탐구해 보는 일이며, 더 정밀하게는 우리말 음성을 전자 적기 프로그램으로 만드는 일에 비유할 수 있다. 이 훈련을 하려면 먼저 한국어 음운 변동현상을 규칙으로 기술한 여러 가지를[이를테면 위에 보인 세 가지라되] 들어주고 그들 각각이 대상세계를 어떻게 개념화했는지 찾아보게 훈련하는 일부터 해야 효과를 볼 수 있다. 나아가서는 미국 대학의 언어학 훈련 교재에 나오는 것처럼 벰바(Bemba)어나 루안다(Rwanda)어 자료를 학생에게 주고 그 언어의 음소체계를 구성한 뒤에 그 언어에 내재하는 음운규칙을 음운 차원에서, 변이음성 차원에서, 음운자질 차원에서 잡아내는 훈련을 하여야 완성된다. 이를테면 단순해 보이는 구개음화를 들고 보더라도 한국어 음소 차원에서 보면 {굳이}가 [구지]로 소리 나는 정도로 인식하지만 한국어의 음성 차원까지 내려가면 {시루}의 /ㅅ/은 [구개음화한 ㅅ, 즉 ɕ]으로 발음된다. 그런데 이 음성을 한국인인 학생이 인식하기는 매우 어렵다.

그런데 개별어를 자료로 하여 그의 음운 체계 구성 훈련과 뒤따르는 훈련을 우리나라 대학의 음운론 강의에서 시행한다는 말을 듣지 못했다.

'문법'으로 음운규칙 형성교육은 근방에도 가지 못하고 규칙 이름 암기교육만 하고 있다. 그런데 이들은 학생들이 2-3학년에 표기법이 정착되면서 심리적으로 내면화하였고 7-9학년[중학교]에서도 이들 규칙이름을 암기하였던 것들이다. 초등학교나 중학교에서 필요한 규칙의 이름을 귀띔해주는 정도로 그칠 일이다.

왜 끈질기게 이를 암기하게 하는가? 11학년이 되어도 맞춤법에 틀리는 학생이 있다고 한다면 그것은 합당한 규칙이름 암기교육의 합당한 이유가 되지 못한다. 규칙 이름 암기와 맞춤법 맞히기는 직접 연관이 없다. 맞춤법 익히기는 체계적 훈련과 쓰기의 훈련이 더 효과적이다. 체계적 훈련 교본을 만드는 교육계획자는 이 지식을 형성자의 수준으로 아는 것이 더 자격을 갖춘 이이다. 규칙 이름을 몰라도 맞춤법을 맞추는 1–2학년 학생이 많다. 이것은 어느 정도 단순하여 컴퓨터 프로그램으로 쉽게 만들어 지금 통용되고 있다. 또 이렇게 부진 학생에게 핑계를 대면 교육과정이 필요 없다. 전체 학년에 걸쳐 전체 내용을 반복해서 가르쳐야 하기 때문이다.

교육과정을 구성할 때는 한국어 소리규칙의 본성이 한국인의 말버릇이라는 사실을 알아야 한다. [굳이]를 [구디]로 발음하는 지역이 있고, 한편 [김치]를 [짐치]로 발음하는 지역이 있으며 [과학]을 [가악]으로, [경제]를 [갱제]로 발음하는 인사도 있다. 한국어 소리규칙은 한국인의 말버릇인 것이다. 한국인 전체의 말버릇도 있고 특정 지역의 말버릇도 있고 개인의 말버릇도 있다. 고등학교 '문법' 책에서도 '모음동화'로 나오는 [먹이다] → [메기다] 등과 [미시오] → [미시요] 등을 들고서 이 발음은 표준어 규칙으로 인정하지 않는다고 써 놓았다. 이왕 이를 지적하려면 이런 더 넓은 사실도 알려주어야 더 완성된 인지 체계를 학생들은 지니게 될 것이다. 그리고 적어도 이들 말버릇은 형태-통사론적 기능이나 동기가 없는 것들이란 사실도 학생들이 알아야 불필요한 변화를 억제하고 국어를 지키는 정의(情意)적 태도를 구체적으로 체득하게 된다.

소리규칙이 정작 학생이 내면화해서 규칙구성의 훈련을 시키기에는 문제가 너무 복잡함을 교육과정 구성자나 교재 편찬자는 확실히 인식해야 한다. 그래야 쓸데없는 일을 덜어준다.

마지막으로 교육과정 구성자나 국어정책 수립자는 국어의 이상에 대한 전망이 확실히 서야 한다. 소리규칙의 수가 많은 언어는 입말과 글말의 거리가 더 멀어지며 음소의 통시적 변화를 촉진한다는 사실을 알아야 한다. 지금 한국어에 존재하는 소리 버릇들은 역사적 산물이다. 그리고 현실적으로 1990년대 이후에는 일부 인사들이 경음화를 상스럽게 느끼고 또 이를 글말에 더 가까이 발음해야겠다는 인식이 퍼지면서 이를 덜 쓰고 있다.

소리규칙을 가르칠 때 가장 우선되는 교육 내용의 하나가 이들이 특정 언어에 국한되거나 지역에 편차가 있으며 개인적 편차가 있는 말버릇이라는 사실을 가르치고 이것들이 많은 언어는 입말과 글말의 괴리가 더 심하다는 사실을 깊이 심어주는 일이다.

15.4 마무리

말의 여러 부면을 연구할 때는 판결하지 않는다. [꽃을]을 [꼬들]로 발음하는 사람은 그만한 인지심리적 이유가 있고, [꼬슬]로 발음하는 사람의 마음에는 또 그런 이유가 있을 터이며 [꼬즐]이나 [꼬츨]로 발음하는 사람의 뇌에는 그만한 인지적 이유가 있다. 지금까지 음운 현상을 설명하는 이론의 틀이 여러 개가 발견되어 있는데 이런 현실을 더 일관되게 더 간결하게 설명하는 이론의 틀이 더 완벽한 틀이 될 것이므로 학문은 더 완결되고 예측이 더 잘되는 틀을 구성하는 데 온 힘을 기울인다.

그러나 같은 단어를 두고 여러 가지 발음이 나올 때 어느 하나를 국민교육에 실어서 발음하기를 권장할 때에는 정책적 판단이 개입된다. 이 판단을 위해서는 음운 이론에 조회를 하여 [꼬츨]이 이론상 유도규칙이 가장 단순하다는 사실을 참고한다. 그리고 국어의 바른 사용이라는 효용을 참조하여 이 음성형태가 대안들에 비해서 의미 표현에 가장 부합한다는 판단을 내린다.

교육을 포함한 정책적 판단을 위해서는 음운 이론과 함께 실질적 쓰임을 고려하는 것이다. 이런 두 측면을 [ㄹ] 첫소리 한자와 [nj-]계 한자의 표기에 적용할 때 이들에 적용되는 머리소리 규칙을 적용하지 않은 표기를 해 주는 것이 음운 이론에도 더 부합되고 현재 표기법의 상위 원칙인 형태음소주의에도 더 부합할 뿐 아니라 동음이의(同音異義)가 많은 한자음의 음절 기능부담량을 줄이는 데도 더 효과적이다.

한편, 한국말의 말소리 분야의 '문법 지식'을 가르칠 때 인지론적인 구성 훈련을 학생에게 부과하려면 교육과정 편찬자가 예상하는 것보다 훨씬 넓은 범위의 세계가 연루되고 더 깊은 지식체계를 이해해야 훈련이 가능해진다. 그러므로 2007년 교과서 체계의 '문법' 영역이 내용을 교과서화한 '문법'은 말소리 분야에서 이 수준의 탐구를 전혀 이루려고 하지는 않는다.

말소리 부면에 관한 이론구성의 인지론적 내지는 구성주의적 훈련을 하려면 대학의 음운론에서조차 별로 시도하지 않을 정도로 복잡한 대상세계[여러 나라 말의 음성 기술 등]를 필연적으로 요구하면서 여러 층위의 이론 구성을 요구한다. 이는 보편교육을 추구하는 고등학교의 11학년급에서 다루는 것이 무리이므로 그 교재에서 이 세계를 대상으로 하여 이 훈련을 시도하지 않음은 바른 판단이다. 그러나 그 결과 해당 교재의 이 부분은 학생들이 훨씬 아래 단계에서 약정적으로 이해한 지식의 반복에 불과하게 되었다.

인용 문헌

강일석(1987) 국어 문장 이해도 검사 연구, 경북대 석사논문.

고병욱(1998) 중등학생의 바탕글 이해의 척도 설정 연구, 경북대 교육대학원 석사논문.

고영근(1993) 『우리말의 총체 서술과 문법체계』, 일지사.

＿＿＿＿(1999) 『텍스트 이론』, 이르케.

＿＿＿＿(2001) 『한국 텍스트학의 제 과제』, 역락.

고춘화(2009) 바른 표현을 위한 문법 교육의 내용 체계 구성 연구, 경북대 박사논문.

권태균(1993) 포르-롸얄의 일반이성문법의 실체 : 그 역사적 배경과 현대적 적용, 경북대학교 박사논문.

김광해(1992) 문법과 탐구학습, 『선청어문』 20.

＿＿＿＿(1997) 『국어지식교육론』, 서울대 출판부.

김대행·이성영·염은열(2004) 『고등학교 작문』[고등학교 국어과 2종도서], (주)천재교육.

김수업(1989) 『국어교육의 원리』, 청하.

＿＿＿＿(1997) 『국어교육의 길』, 도서출판 나라말.

＿＿＿＿(2006) 『배달말 가르치기』, 나라글.

김수연(1994) 읽기 수준 검사 개발을 위한 기초연구, 숙명여대 대학원 석사논문.

김종록 엮음(1997) 『한국언어문화론』, 영한문화사.

＿＿＿＿(2008) 『외국인을 위한 표준 한국어 문법』, 박이정.

김영정(1997) 『언어, 논리, 존재 - 언어철학, 논리철학 입문』, 철학과현실사.

김영필(1999) 『언어와 논리』, 태일사.

김정대(2006) '통일 표준어' 선정 작업을 위한 제언, 『단산학지』 9 : 9-32.

김현연(2005) 텍스트 구조 지도가 읽기에 미치는 영향 연구, 경북대학교 석사논문.

김효숙(1980) 국어발음사전 편찬을 위한 설문, 『어문연구』 8/3 : 331-342.

남기심(1996) 『국어 문법의 탐구』, 태학사.

남기심·고영근(1985, 고침 ; 1993) 『표준 국어문법론』, 서울 : 탑출판사

노명완(1989) 『국어교육론』, 한샘출판사.

문선모(1985) 교재구조의 거시방략과 거시명제의 회상, 경북대 박사논문.

_____(1997)『교재학습 연구』, 학지사.

문장수(2006) 글쓰기와 인식,『국어교육연구』39 : 1-30.

려증동(1973)『국어교육론』, 형설출판사.

류순덕(1994) 아동의 문장의미 통합능력에 관한 조사연구, 경북대학교 석사논문.

박계원(2008) 사고과정 모형을 통한 설명문 읽기/쓰기 지도 연구, 경북대학교 석사
　　　논문.

박만규(1976) 개부랄꽃은 요강꽃으로 고치고,『뿌리깊은나무』1976년 5월

박수자(1994) 독해와 읽기 지도, 국학자료원.

박수자(1998) 구성주의와 언어학습 경험,『국어교육』5집

박영목 등(1995)『국어교육학원론』, 교학사.

박정준(1994) 프레임, 스크립트 이론과 텍스트 정보처리 과정, 텍스트언어학 2 :

박해숙(2005) 어휘 학습 프로그램을 통한 중학생의 어휘력 신장 방안 연구, 경북대
　　　학교 석사논문.

서상규 엮음(2002)『한국어 구어 연구 1』[구어 전사 말뭉치와 활용], 한국문화사.

서울대국어교육연구소(2005)『문법』, 교육인적자원부.

서울특별시교육청 초등교육과(2002) 초등학교 학업성취도 평가 문항 예시.

서정수(1996)『국어문법』, 한양대학교 출판원.

석귀화(1995) 국어의 텍스트 언어학적 분석 연구 : 심청전 이본을 중심으로, 경북대
　　　학교 석사논문.

송숙영(2009) 사고력 함양을 위한 글쓰기 교재 개발 연구, 경북대학교 석사논문.

송창선(2010)『국어통사론』, 한국문화사.

신명선(2007) 문법교육에서 추구하는 교육적 인간상에 관한 연구,『국어교육학연구
　　　28』: 423-458.

신헌재, 권혁준, 우동식, 이상구(1993)『독서교육의 이론과 방법』, 서광학술자료사.

심영택(1994) 문법지식의 확대사용 전략에 관한 연구, 서울대학교 박사논문.

위기철(1992)『반갑다 논리야』, 사계절출판사.

_____(1994)『논리야 놀자』, 사계절출판사.

_____(1998)『고맙다 논리야』, 사계절출판사.

윤정옥(1997) 판결문의 시기별 문체 연구, 경북대학교 석사논문.

이경님, 정민화(2000) 한국어 연속음성인식을 위한 발음 사전 구축, 한국정보과학회
　　　가을학술발표대회 논문집 27/2 : 197-199.

이규호(1968)『말의 힘』, 제일출판사.

_____(1972)『앎과 삶』, 연세대 출판부.

이기동(1993) *A Korean Grammar on Semantic-Pragmatic Principles*, 한국문화사.

이대규(1995) 『수사학』, 신구문화사.

이문규(2004) 『국어교육을 위한 현대국어 음운론』, 한국문화사.

_____(2005) 『생활 속의 화법』, 정림사.

_____(2008) 문법 교육의 성격과 학교 문법의 내용, 『언어과학연구』 46 : 23-41.

이삼형(1998) 언어 사용 교육과 사고력-텍스트의 이해를 중심으로, 『국어교육』 5집.

이상억(1998). 외국인용 한국어 교재에 포함된 문법사항의 비교 평가. 『한국어교육』
      9/2 : 105-119.

이상태(1978) 『국어교육의 기본개념』, 한신문화사.

_____(1979) 읽기의 과정과 그 검증, 『배달말』 4 : 1-44.

_____(1983) 입말에 대하여, 『모국어교육』 1 : 21-41.

_____(1986) |어느, 어떤, 무슨|의 의미와 쓰임, 『백민 전재호박사 회갑기념 국어학
      논총』.

_____(1990) 중등학생의 국어 문장 이해도 검정에 관한 연구. 『국어교육연구 22』 :
      39-80.

_____(1993) 『국어교육의 길잡이』, 한신문화사.

_____(1994ㄱ) |-만큼| 구문의 통사론적 연구, 『부산한글』 13 : 87-106.

_____(1994ㄴ) 말본 기술의 틀과 씨가름, 『우리말의 연구』 : 권재선 교수 회갑기념
      국어학 논총

_____(1995) 라디오 뉴스 방송말의 전달 효율성과 효과에 관한 국어학적 분석 연구,
      『방송연구』 41 : 244-271.

_____(1999) 국어 텍스트의 결속표지 기능 연구, 『중등교육연구』 43 : 85-98.

_____(2002) 사고력 함양 중심의 작문 교육 계획, 『어문학』 75 : 61-75.

_____(2003) 『고등학교 작문』[고등학교 국어과 2종도서], 형설출판사.

_____(2004) 『고등학교 작문 교사용 지도서』, 형설출판사.

_____(2005) 논술명제의 유형에 관하여, 『중등교육연구』 34 : 61-75.

_____(2008ㄱ) 교육문법의 체계 구성에 관한 연구, 『어문학』 102 : 125-143.

_____(2008ㄴ) 입말 텍스트의 말본새 기술을 위한 틀 연구, 『언어과학연구』 47 :
      57-73.

_____(2009) 품사 개념의 지도를 위한 한 방식 : '품사 그림' 만들기, 『국어교육연구』
      44 : 87-102.

이인제 등(1999) 『가교국육과정에 근거한 성취 기준 및 평가 도구 : 독서』, 한국교육
      과정평가원

_____(2005) 『국어과 교육과정 개선 방안 연구』, 한국교육과정평가원.

이재승(1997) 국어교육의 원리와 방법, 박이정.

이창근(2007) 초등학교 문법 교육 연구, 한국교원대학교 박사논문.

이춘근(2002) 『문법교육론』, 이회.

이해심(1993) 언어와 논리적 사고, 『과학과 사상』, 1993년 봄/여름 합병호, 99-107.

임규홍(1995) 논설문 문단 지도의 원리, 『새국어교육』 51, 한국 국어교육학회.

_____(1996) 국어 생략 현상에 대한 연구, 『어문학』 57 : 281-320.

임두순(1989) 독해전략 훈련의 학습 효과 연구, 중앙대학교 박사논문.

임지룡(1992) 『국어 의미론』, 탑출판사.

_____(1997) 『인지의미론』, 탑출판사.

임지룡·이은규·김종록·송창선·황미향·이문규·최웅환(2006) 『학교문법과 문법
　　　교육』, 박이정.

장소원(1995) 국어학에서의 구어성, 『남학 이종철 선생 회갑기념논총』, 국학자료원.
　　　291-305.

장소원(1991) Coréen parlé et Coréen ecrit: Déscription Contrastive au Niveau Syntaxique
　　　[한국어의 구어와 문어 : 통사적 층위에서의 대조적 기술], Univ. de Paris V
　　　[Univ. René desCartes].

장순자(1994) 글의 유형에 따른 회상의 효과 검증, 경북대 교육대학원 석사논문.

장석진(1985) 『화용론 연구』, 탑출판사.

_____(1993) 『화용과 문법』, 탑출판사.

_____(1993) 『정보 기반 한국어 문법』, 언어와 정보사.

장은정(2010) 조선시대 생활사를 반영한 국어사 내용구성 방안, 경북대 교육대학원
　　　석사논문.

전병선(1995) 『본문언어학』, 평양 : 과학백과사전종합출판사.

전영우(2000) 발음사전의 편찬에 대하여, 『어문연구』 28/2 : 45-58.

정유상(1993) 텍스트 결속성에 대한 연구, 부산대 박사논문.

제갈현소(2000) 중학교 국어과 언어 영역의 분석적 연구, 경북대학교 석사논문

조선희(1992) 설명적 교재의 구조와 독자의 구조인식이 교재의 회상과 요약에 미치
　　　는 영향, 경북대 박사논문.

조윤금(2000) 논설 텍스트의 쟁점부각 요소 분석 연구, 경북대학교 석사논문.

주세형(2004) 학교문법 다시 쓰기, 『국어교육학연구』 20 : 461-498.

_____(2006) 국어지식 영역에서의 지식의 성격과 내용체계화 방법론 연구, 『국어교
　　　육학연구』 25 : 105-148.

주시경(1910) 『국어문법』, 박문서관.

중앙일보, 2008년 9월 18일, '중앙 신인문학상 소설 부문 당선작 심사평'

최규홍(2009) 문법 현상 인식 중심의 초등학교 문법 교육 연구, 한국교원대학교 박사논문.

최웅환(2000) 『국어 문장의 형성 원리 연구』, 도서출판 역락.

최현배(1937, 1965) 『우리말본』, 정음사.

한국고문서학회(1996) 『조선시대 생활사1』, 역사비평사.

_____(2000) 『조선시대 생활사2』, 역사비평사.

_____(2006) 『의식주, 살아있는 조선 풍경』, 역사비평사.

헌법재판소 판결문(2004년 10월 21일 선고) 신행정수도건설을 위한 특별조치법 위헌확인.

홍재성 등(1997) 『현대 한국어 동사 구문 사전』, 두산동아.

황미향(1996) {더/덜} 구문의 통사와 의미, 『어문학』 57 : 341-360

_____(2005) 『읽기의 이해와 글의 계층구조』, 도서출판 영한.

Adler, M. J. & Charles van Doren(1972) *How to Read a Book*, Simon and Schuster Inc.

Anderson, J.(1992) *MacTexan, a Tool to Analyze Texts*, Adelaide : Flinders University.

Armstrong, D., W. Stoke, & S. Wilcox(1995) *Gesture and the Nature of Language*, Cambridge Univ. Press. 김영순·백혜정·이준석 옮김(2001) 『몸짓과 언어 본성』, 한국문화사.

Baumann, J. F.(1986) *Teaching Main Idea Comprehension*, Delaware : International Reading Association. 문선모 역(1995) 『중심내용의 이해와 수업』, 교육과학사.

Beaugrande, R & W. Dressler(1981) *Introduction to Text Linguistics*, London : Longman. 김태옥·이현호 역(1990) 『담화 텍스트 언어학 입문』, 양영각.

Beboul, O,(1989) *La Rhetorique*, Presses Univ. de France. 박인철 역(1999) 『수사학』, 한길사.

Bloom, B. S. eds (1956] *The Taxonomy of Educational Objectives*, 임의도 등 역(1981) 『교육목표 분류학』, 교육과학사.

Britton & Black(1985) *Understanding Expository Text : a theoretical and practical handbook for analyzing expository text*. Hillsdale, New Jergey : Erlbaum

Brooks, A. & Don Ross eds(2002) *Daniel Dennett*, Cambridge University Press. 석봉래 옮김(2002) 『다니엘 데넷』, 몸과마음.

Brooks, C. & R. P. Warren(1970) *Modern Rhetoric*, Harcourt, Brace & World.

Colby, A., Lawrence Kolberg, B. Speicher, A. Hewer, D. Candee, J. Gibb, C. Power (1987) *The Measurement of Moral Judgment*, Cambridge University Press.

Dannett, D.(1996) *Kinds of Mind*. 이희재 옮김(2006) 『마음의 진화』, 사이언스북스.

de Saussure, F.(1915) *Course de la Linguistique Generale*, 오원교 역(1973) 『일반언어학강의』, 형설출판사. Wade Baskin(1968) *Course in General Linguistics*, the Philosophical Library Inc.

Dik, S.(1978) *Functional Grammar*, North-Holland.

Edelman, G.(1992) *Bright Air, Brilliant Fire-on the Matter of Mind*. 황희숙 옮김(1998) 『신경과학과 마음의 세계』, 범양사출판부.

Givon, T.(1979) *On Understanding Grammar*, Academic Press.

_____(1984) *Syntax : a Functional-typological Introduction Vol. 1 & 2*, John Benjamins Co.

Grimshaw, J.(1990) *Argument Structure*, MIT Press.

Halliday, M.A.K. & R. Hasan(1976) *Cohesion in English*, London: Longman

Hinds, J.(1979) Organizational Patterns in Discourse. *Syntax and Semantics* 12.

Jackendoff, R.(1990) *Semantic Structures*. Cambridge, MIT Press.

_____(1993) *Patterns in the Mind : Language and Human Nature*, London ; Harvester Wheatsheaf

_____(1997) *The Architecture of Language Faculty*. Cambridge, MIT Press.

_____(2002) *Foundations of Language*, Oxford Univ. Press. 김종복 등 옮김(2005) 『언어의 본질』, 박이정.

Kintsch, W.(1974) *The Representation of Meaning in Memory*, Lawrence Erlbaum Associates.

_____(1985) Text Processing : A Psychological Model, *Handbook of Discourse Analysis* Vol.2

Klare, G. R.(1975) Assessing Readability, *Reading Research Quarterly* 10[1] : 62-102.

Lambrecht, K.(1994) *Information structure and sentence form : topic, focus, and the mental representations of discourse referents*, Cambridge Univ. Press.

Langacre, R. E.(1983) *The Grammar of Discourse*. Plenum Press.

Lyons, J.(1977) *Semantics 1, 2*. Cambridge Univ. Press.

Mann, W. C. & S. A. Thompson(1988) Rhetorical Structre Theory : toward a functional Theory of Text Organization. Text 8 : 243-281.

Martin, S.(1954) *Korean Morphophonemics*, Linguistic Society of America.

_____(1992) *A Reference grammar of Korean*, Charles E. Tuttle Co.

Meyer, B. J. F.(1975) *The Organization of Prose and its Effects on Memory*, Amsterdam : North-Holland

_____(1985a) *Prose Analysis : purposes, procedure, and Problem, Understanding Expository Text*, Britton, B.K. & J.B. Black[ed], Lawrence Erlbaum Associates.

_____(1985b) *Signaling the Structure of Text*, The Technology of Text II (Jonassen, D.H. ed.) Educational Technology Publication.

_____ & G. E. Rice(1982) The Interaction of Reader Strategies and the Organization of Text, Text 2[1] : 92-155

Nisbett, R.(2003) *The Geography of Thought*, Brockman Inc. 최인철 옮김(2004) 『생각의 지도』, 김영사.

Ong, W.(1967) *The Presence of the Word*, Yale Univ. Press. 이영걸 역(1985), 『언어의 현존』, 탐구당.

_____(1982) *Orality and Literacy : the Technologizing of the Word*, London : Methuen 이기우 · 임명진 옮김(1995) 『구술문화와 문자문화』, 문예출판사.

Petoefi, J. ed.(1988) *Text and Discourse Constitution*, Berlin: Walter de Gruyter.

Quark, R. *et al.*(1972) *A Grammar of Contemporary English*, New York : Seminar Press.

Reboul, O.(1989) *La Rhetorique*, Presses Univ. de France, 박인철 옮김(1999) 『수사학』, 한길사.

Renkema, J.(1983) *Discourse Studies*, Amsterdam/Philadelphia : John Benjanin Publishing Co. 이원표 역(1997) 『담화연구의 기초』, 한국문화사.

Searle, J.(1998) *Mind, Language and Society*. Brockman Inc. 심철호 옮김(2000) 『정신, 언어, 사회』, 해냄.

Shiffrin, D.(1987) *Discourse Markers*, Cambridge Univ. Press.

_____(1994) *Approach to Discourse*, Blackwell Publishers.

Sturtevant, E. H.(1978) *An Introduction to Linguistic Science*, AMS Press.

Taylor, W. L.(1953) Cloze Procedure : a New Tool for Measuring Readability, *Journalism Quarterly* 30 : 415-133.

Taylor, T. J.(1980) *Linguistic Theory and Structural Stylistics*, Oxford Univ. Press. 양희철 · 조성래 역(1996) 『구조문체론』, 보고사.

Tenny, C. L.(1994) *Aspectual Roles and the Syntax-Semantics Interface*, Kluwer Academic Pub.

Thorndike, P. W.(1977) Cognitive Structures in Comprehension and Memory of Narrative Discourse, *Cognitive Psychology* 9 : 77-110.

Unger, Ch.(1996) The Scope of Discourse Connectives : implications for discourse organization. *Journal of Linguistics* 32. 403-438.

van Dijk, T. A.(1980) *Textwwissenschaft : eine interdiziplinare Einfuerung*, Tuebingen : Niemeyer. 정시호 역(1995) 『텍스트학』, 민음사.

_____(1985) Semantic Discourse Analysis, *Handbook of Discourse Analysis* Vol.2

van Dijk, T. A.& W. Kintsch(1983) *Strategies of discourse analysis*, New York: Academic Press.

von Wright, G. H.(1971) *Explanation and Understanding*, Cornell University Press 배영철 옮김(1995) 『설명과 이해』, 서광사.

Whorf, B.(1965) Language and Thought, MIT Press.

Wilson, E.(1998) *Consilience : the Unity of Knowledge*, 최재천 · 장대익 옮김(2005) 『통섭』, 사이언스북스

Wilson, J.(1963) *Thinking with Concepts*, Cambridge Univ, Press.

http:/www.lelycee..org/(검색일 : 2006년 3월 20일)

http:/www.lycee.francais victor Hugo/(검색일 : 2006년 3월 21일)

http://www.ental.co.kr/[2009, 02, 01] 'Extraordinary Animals-Sea Lion'

찾아보기

이상태

경북 칠곡 동명 출생
경북대학교 사범대학 국어교육과 졸업
경북대학교 대학원 문학석사
계명대학교 대학원 문학박사
경상대학교 사범대학 조교수
경북대학교 사범대학 교수, 학장 역임

〈논저〉
국어교육의 기본개념(1978, 한신문화사)
국어교육의 길잡이(1993, 한신문화사)
국어 이음월의 통사·의미론적 연구(1995, 형설출판사)
고등학교 작문(4차, 5차, 6차, 7차 교육과정. 형설출판사)
외 다수의 저서와 논문이 있음

사고력 함양을 위한
국어교육 설계

초판 인쇄 2010년 10월 4일
초판 발행 2010년 10월 10일

지 은 이   이상태
펴 낸 이   박찬익
책임편집   이기남

펴 낸 곳 도서출판 **박이정**
주   소 서울시 동대문구 용두동 129-162
전   화 02)922-1192~3
전   송 02)928-4683
홈페이지 www.pjbook.com
이 메 일 pijbook@naver.com
온 라 인 국민 729-21-0137-159
등   록 1991년 3월 12일 제1-1182호

ISBN   978-89-6292-126-7 (93370)

* 책값은 뒤표지에 있습니다.